Am Schlusse dieses Bandes befindet sich ein

Nachweis wichtiger Gesetzesausgaben,

in dem die meisten Bände der jetzt über **240 Nummern** umfassenden

Guttentagschen Sammlung Deutscher Reichs- und Preußischer Gesetze

sowie größere und kleinere Kommentare, Lehrbücher, Sammelwerke, Entscheidungssammlungen und Zeitschriften verzeichnet sind.

Guttentagsche Sammlung
Nr. 55. Deutscher Reichsgesetze. Nr. 55.
Textausgaben mit Anmerkungen u. Sachregister.

Das Recht der Beschlagnahme von Lohn, Gehalt und Diensteinkommen

Auf Grundlage des Reichsgesetzes vom 21. Juni 1869, der Verordnung über Lohnpfändung vom 25. Juni 1919 nebst Abänderungen und der Zivilprozeßordnung

dargestellt von

Justizrat Georg Meyer,
Rechtsanwalt bei den Landgerichten Berlin und Notar.

Siebente, vermehrte Auflage.

Berlin und Leipzig 1930.

Walter de Gruyter & Co.

vormals G. J. Göschen'sche Verlagshandlung — J. Guttentag, Verlagsbuchhandlung — Georg Reimer — Karl J. Trübner — Veit & Comp.

Druck von Walter de Gruyter & Co., Berlin W 10.

Vorwort zur siebenten Auflage.

In der neuen Auflage ist die Anordnung des Stoffes, die sich wohl als zweckmäßig erwiesen hat, beibehalten, im übrigen aber vieles geändert und ergänzt worden. Berücksichtigt ist das Reichsgesetz vom 27. 2. 28, ebenso die Rechtsprechung der Gerichte, insbesondere des RAG. bis in die neueste Zeit hinein, weil diese für die Auslegung des LBG. und der VO. von Bedeutung ist. Umgearbeitet sind u. a. die Ausführungen zu § 1 der VO. und unter Hinzuziehung der Rechtsprechung des OLG. und des RAG. der Abschnitt „Vereinbarungen betreffs Vereitelung der Pfändung". Ausgebaut wurde das Recht der Beamten und ihnen nach der ZPO. Gleichgestellten an ihren Bezügen. — Neu hinzugekommen ist ein Abschnitt, der die Pfändbarkeit von Arbeitsentgelten der zu einer gemeinsamen Arbeit — insbesondere in Form einer Gruppe — zusammengeschlossenen Arbeitnehmer, die Rechtsstellung der Gruppenführer und Zwischenmeister sowie die Pfändbarkeit ihrer Bezüge behandelt. Die Frage des Steuervorrechts bei Lohnbeschlagnahmen ist ausführlich erörtert worden. In dem Verzeichnisse der Behörden, welche den Fiskus als Drittschuldner bei Pfändung von Beamtenbezügen vertreten, sind inzwischen eingetretene Veränderungen berücksichtigt.

So zeigt die neue Auflage vielfach ein neues Gesicht.

Ich gebe mich der Hoffnung hin, daß auch sie allen Rechtsuchenden ein brauchbarer und zuverlässiger Führer in den vielen oft schwierigen Fragen der Beschlagnahme von Dienstentgelten aller Art sein wird.

Berlin, im August 1930.

Der Verfasser.

Inhaltsübersicht.

Literaturverzeichnis und Abkürzungen.

Bezold: Das Reichsgesetz betreffend die Beschlagnahme des Arbeits- oder Dienstlohnes. Vom 21. Juni 1869.

R. Koch: Über die Zulässigkeit der Beschlagnahme von Arbeits- und Dienstlöhnen. 1869.

Keidel: Die Novelle zum Lohnbeschlagnahmegesetz und zur Reichszivilprozeßordnung vom 27. März 1897 in Seufferts Blättern für Rechtsanwendung zunächst in Bayern. (15. Ergänzungsband S. 225 f.) = Keidel.

Dr. Pick: Die Lohnbeschlagnahme nach österreichischem und deutschem Rechte = Pick.

Dr. Sinzheimer: Lohn und Aufrechnung = Sinzh.

Oertmann: Die Gesetzgebung über Lohn- und Gehaltsbeschlagnahme mit Nachtrag = Oertmann.

Schüler: Pfändung von Lohn und Gehalt = Schüler.

Brand: Das Beamtenrecht 2. Aufl. = Brand.

Staudinger: Die Einführung norddeutscher Justizgesetze als Reichsgesetze in Bayern. Abteil. II = Staudinger.

Gaupp-Stein-Jonas: Zivilprozeßordnung 12./13. Auflage = Gaupp.

Falkmann: Die Zwangsvollstreckung. 2. Auflage = Falkm.

Goldmann: Die Zwangsvollstreckung in das bewegliche Vermögen. Berlin 1913 = Goldm.

Georg Meyer: Pfändung und Sicherung von Lohn und Gehalt in Gegenwart und Zukunft. Berlin 1914 = Meyer.

Büsing: Der Gruppen-Arbeitsvertrag.

Conrad: Die Pfändungsbeschränkungen zum Schutze des schwachen Schuldners. 1906 = Conrad.

Dr. W. Müller: Die Wirksamkeit des Pfändungspfandrechts. 1907 = Müller.

Lotmar: Der Arbeitsvertrag. 1902 = Lotmar.

Kaskel: Arbeitsrecht. 3. Aufl. = Kaskel.

Müller: Die preußische Justizverwaltung. (6. Auflage.)

Busch: Zeitschrift für deutschen Zivilprozeß.

Seuffert: Archiv für Entscheidungen der obersten Gerichte.

Gruchot: Beiträge zur Erläuterung des deutschen Rechts.

Planck: Bürgerliches Gesetzbuch nebst Einführungsgesetz.

Staudinger: Dasselbe. (5./6. Aufl.) = Staud. BGB.

Dernburg: Das bürgerliche Recht. (3. Aufl.)

Laband: Staatsrecht des Deutschen Reichs.

v. Schicker: Gewerbeordnung für das Deutsche Reich.

Staub: Kommentar z. Handelsgesetzbuch (12./13. Aufl.).

Düringer u. Hachenburg: Dasselbe = Dür.-Hach.

Entscheidungen des Reichsgerichts in Zivilsachen = RG.

Entscheidungen des Reichsoberhandelsgerichts = ROHG.

Entscheidungen des Reichsarbeitsgerichts = RAG.

Die Rechtsprechung der Oberlandesgerichte v. Mugdan und Falkmann = OLG.

Blätter für Rechtspflege im Bezirke des Kammergerichts = Bl. f. Rpfl.

Deutsche Juristen-Zeitung = DJZ.

Juristische Wochenschrift = JW.

Kaufmanns- und Gewerbegericht = Kf.- u. Gwg.

Stenographische Berichte über die Verhandlungen des Reichstags des Norddeutschen Bundes 1869 = StenBer.

I.

Einleitung.

Zur Geschichte des Reichsgesetzes vom 21. Juni 1869.

1.

Die Frage, ob und inwieweit die Beschlagnahme des noch nicht verdienten, zukünftig geschuldeten Lohnes unzulässig, beziehungsweise zu beschränken ist, betrifft einen Gegenstand, welcher an sich in die Zivilprozeßordnung unter das Kapitel „Zwangsvollstreckung" gehört; ihn durch besonderes Gesetz vorweg zu regeln, erschien auch den gesetzgebenden Faktoren im Jahre 1869 nicht unbedenklich. Aber die Verschiedenheit der Meinungen und Rechtsprechungen in diesem Zweige der staatlichen Tätigkeit und die hierdurch herbeigeführte Unsicherheit in einer Frage, welche das Wohl und Wehe zahlreicher Arbeiterklassen täglich und stündlich unmittelbar berührte, wurde als ein sehr ernstes, schleunige Abhilfe erfordernbes Übel anerkannt. Das schnelle Eingreifen der Gesetzgebung erschien um so gebotener, je mehr sich die Anschauung Bahn gebrochen hatte, daß bei aller schuldigen Rücksichtnahme auf den Gläubiger die persönliche Leistungsfähigkeit des Arbeiter-Schuldners, der Hauptfaktor seiner Vermögenswerte, durch Schwächung seiner Schaffensfreudigkeit bei einer Lohnbeschlagnahme nicht eingeengt oder nur angetastet werden dürfte.

Der von der Regierung vorgelegte Gesetzentwurf, der die Beschlagnahme „des Arbeits- oder Dienstlohns ohne Unterschied, ob derselbe bereits verdient war oder nicht, nur insoweit vorsah, als er nicht zum notdürftigen Unterhalte des Schuldners und seiner Familie erforderlich war", wurde indessen als unannehmbar abgelehnt. Die zu seiner Beratung eingesetzte Kommission des Reichstages erblickte in der Vorlage ein Ausnahmerecht für einzelne Berufskreise, einigte sich aber über zwei große Gesichtspunkte, welche der Ausgangspunkt für die endgültige Gestaltung des Gesetzes wurden. Erstens wurde die natürliche Grenze festgestellt, bis zu welcher allgemein — ohne Beschränkung auf bestimmte Klassen von Personen — und ohne Verletzung sittlicher und rechtlicher Fundamentalsätze der richterliche Zwang zum Zwecke der Lohnbeschlagnahme angerufen werden könne; sodann wurde die gesetzliche Regelung auf solche Verhältnisse beschränkt, welche eine gewisse Stetigkeit aufweisen, und welchen der Arbeitende, wenn nicht seine ganze, so doch seine hauptsächliche Erwerbstätigkeit widmet. — Auf dieser Grundlage wurden die Abänderungsanträge gestellt und zum Gesetz erhoben.

Das Gesetz wurde am 21. Juni 1869 verkündet, trat für das Gebiet des Norddeutschen Bundes am 1. August 1869 in Kraft, wurde durch Gesetz vom 16. April 1871 Reichsgesetz und ist als solches jetzt auch in Helgoland und den Konsularbezirken in Geltung.

2.

Das Gesetz hat im Laufe der Jahre weitgehende Umgestaltungen erfahren.

a) Die Zivilprozeßordnung v. 30. Januar 1877 nahm in § 749 unter den der Pfändung nicht unterliegenden Forderungen unter Nr. 1 „den Arbeitslohn oder Dienstlohn nach den Bestimmungen des Reichsgesetzes vom 21. Juni 1869" auf, änderte aber die Bestimmungen des § 4 Ziffer 3 und 4 des Gesetzes dahin ab, daß

1. der Gehalt und die Dienstbezüge der im Privatdienst dauernd angestellten Personen nur soweit der Pfändung unter-

worfen wurden, als der Gesamtbetrag die Summe von 1500 M. für das Jahr überstieg,

2. die Pfändung ohne Rücksicht auf den Betrag zulässig erklärt wurde, wenn sie zur Befriedigung der Ehefrau und der ehelichen Kinder des Schuldners wegen solcher Alimente beantragt war, welche für die Zeit nach Erhebung der Klage und für das diesem Zeitpunkt vorausgehende letzte Vierteljahr zu entrichten waren.

b) Das Reichsgesetz vom 29. März 1897 wegen Abänderung des Gesetzes betreffend die Beschlagnahme des Arbeits- oder Dienstlohnes und der Zivilprozeßordnung dehnte das Pfändungsvorrecht der Ehefrau und ehelichen Kinder wegen ihrer Unterhaltsbeiträge (§ 4 Nr. 3 d. Ges.) auf die Unterhaltsansprüche der geschiedenen Ehefrau und des unehelichen Kindes — letzteres allerdings in beschränktem Umfange (§ 4a d. Ges.) — aus und brachte die Zivilprozeßordnung mit dem Lohnbeschlagnahmegesetz in Einklang.

c) Durch das Einführungsgesetz zu dem Gesetze betreffend Änderungen der Zivilprozeßordnung vom 17. Mai 1898 wurde in § 4 Nr. 4 bei allen, nicht nur den dauernd Angestellten, die Lohnpfändung über den Jahresbetrag von 1500 M. hinaus schlechthin gestattet.

d) Die im Verlaufe des Weltkrieges einsetzende und ständig zunehmende Verteuerung aller Lebensbedürfnisse veranlaßte die Regierung zu ziffernmäßig immer weitergehenden Einschränkungen der Lohnpfändung, bis sie sich in der VO. v. 25. 6. 19 zu einem völligen Systemwechsel entschloß; aber auch diese ist wiederholt umgestaltet worden. Auf diese Weise ist jetzt nach § 850 Abs. 1 ZPO. unter Nr. 1 der Pfändung nicht unterworfen:

„der Arbeits- oder Dienstlohn nach den Bestimmungen des Reichsgesetzes vom 21. 6. 1869 (Bundesgesetzbl. 1869

S. 242 und 1871 S. 63, Reichsgesetzbl. 1897 S. 159, 1898 S. 332) und der Verordnung über Lohnpfändung vom 25. Juni 1919 (Reichsgesetzbl. 1919 S. 589, 1921 S. 1657, 1923 I S. 1186, 1924 I S. 25)"

und das **Gesetz, betreffend die Beschlagnahme des Arbeits- oder Dienstlohnes (LBG.) und die ergänzende Verordnung über Lohnpfändung (VO.)** *), deren Vorschriften an den passenden Stellen in den Text des LBG. eingefügt sind, hat jetzt folgenden Wortlaut:

§ 1 des LBG.

Die Vergütung (Lohn, Gehalt, Honorar usw.) für Arbeiten oder Dienste, welche auf Grund eines Arbeits- oder Dienstverhältnisses geleistet werden, darf, sofern dieses Verhältnis die Erwerbstätigkeit des Vergütungsberechtigten vollständig oder hauptsächlich in Anspruch nimmt, zum Zwecke der Sicherstellung oder Befriedigung eines Gläubigers erst dann mit Beschlag belegt werden, nachdem die Leistung der Arbeiten oder Dienste erfolgt und nachdem der Tag, an welchem die Vergütung gesetzlich, vertrags- oder gewohnheitsmäßig zu entrichten war, abgelaufen ist, ohne daß der Vergütungsberechtigte dieselbe eingefordert hat.

§ 1 der VO.

Der Arbeits- und Dienstlohn (§ 1 des Gesetzes vom 21. Juni 1869, Bundesgesetzbl. S. 242 und 1871 S. 63, Reichsgesetzbl. 1897 S. 159, 1898 S. 332) ist bei Auszahlung für Monate oder Bruchteile von Monaten bis zur Summe von monatlich 195 Reichsmark, bei Auszahlung für Wochen bis zur Summe von wöchentlich 45 Reichsmark, bei Auszahlung für Tage bis zur Summe von täglich 7,50 Reichsmark, und soweit er diese Be-

*) Abgeändert durch „weiteres Gesetz über Lohn- und Gehaltspfändung" vom 27. II. 1928.

träge übersteigt, zu einem Drittel des Mehrbetrags der Pfändung nicht unterworfen.

Hat der Schuldner seinem Ehegatten, früheren Ehegatten, Verwandten oder einem unehelichen Kinde Unterhalt zu gewähren, so erhöht sich der unpfändbare Teil des Mehrbetrags für jede Person, der Unterhalt zu gewähren ist, um ein Sechstel, höchstens jedoch auf zwei Drittel des Mehrbetrags.

Übersteigt der Arbeits- oder Dienstlohn die Summe von 650 Reichsmark für den Monat, von 150 Reichsmark für die Woche, von 25 Reichsmark für den Tag, so findet auf den Mehrbetrag die Vorschrift des Abs. 2 keine Anwendung.

Die Vorschriften des Gesetzes vom 21. Juni 1869 finden entsprechende Anwendung.

§ 2 der VO.

Ändern sich die Verhältnisse, die nach § 1 Abs. 1 *) für die Bestimmung des unpfändbaren Teiles des Lohnes maßgebend sind, so erweitert oder beschränkt sich die Pfändung nach Maßgabe der eingetretenen Änderung von dem auf deren Eintritt nächstfolgenden Zeitpunkt ab, an welchem der Lohn fällig wird. Auf Antrag des Gläubigers oder des Schuldners hat die Behörde, welche die Pfändung bewirkt hat, den Pfändungsbeschluß entsprechend zu berichtigen. Der Drittschuldner kann, solange ihm eine Berichtigung nicht zugestellt ist, nach Maßgabe der bisherigen Pfändung mit befreiender Wirkung leisten.

§ 2 des LBG.

Die Bestimmungen des § 1 können nicht mit rechtlicher Wirkung durch Vertrag ausgeschlossen oder beschränkt werden.

Soweit nach diesen Bestimmungen die Beschlagnahme unzulässig ist, ist auch jede Verfügung durch Zession, Anweisung,

*) Muß jetzt Abs. 2 heißen; im Ges. v. 23. 12. 21 unterblieb es, die Verweisung zu berichtigen.

Verpfändung oder durch ein anderes Rechtsgeschäft ohne rechtliche Wirkung.

§ 3 des LBG.

Als Vergütung ist jeder dem Berechtigten gebührende Vermögensvorteil anzusehen. Auch macht es keinen Unterschied, ob dieselbe nach Zeit oder Stück berechnet wird.

Ist die Vergütung mit dem Preise oder Wert für Material oder mit dem Ersatz anderer Auslagen in ungetrennter Summe bedungen, so gilt als Vergütung im Sinne dieses Gesetzes der Betrag, welcher nach Abzug des Preises oder des Wertes der Materialien und nach Abzug der Auslagen übrig bleibt.

§ 4 des LBG.

Das gegenwärtige Gesetz findet keine Anwendung:

1. auf den Gehalt und die Dienstbezüge der öffentlichen Beamten;
2. auf die Beitreibung der direkten persönlichen Staatssteuern und Kommunalabgaben (die derartigen Abgaben an Kreis-, Kirchen-, Schul- und sonstige Kommunalverbände mit eingeschlossen), sofern diese Steuern und Abgaben nicht seit länger als drei Monaten fällig geworden sind;
3. auf die Beitreibung der den Verwandten, dem Ehegatten und dem früheren Ehegatten für die Zeit nach Erhebung der Klage und für das diesem Zeitpunkte vorausgehende letzte Vierteljahr kraft Gesetzes zu entrichtenden Unterhaltsbeiträge;
4. insoweit der Gesamtbetrag der Vergütung (§§ 1, 3) die Summe von fünfzehnhundert Mark für das Jahr übersteigt*).

§ 4a des LBG.

Auf die Beitreibung der zugunsten eines unehelichen Kindes von dem Vater für den im § 4 Nr. 3 bezeichneten Zeitraum

*) Nicht direkt aufgehoben, aber ersetzt durch die VO. § 1.

kraft Gesetzes zu entrichtenden Unterhaltsbeiträge findet dieses Gesetz nur insoweit Anwendung, als der Schuldner zur Bestreitung seines notdürftigen Unterhalts und zur Erfüllung der ihm seinen Verwandten, seiner Ehefrau oder seiner früheren Ehefrau gegenüber gesetzlich obliegenden Unterhaltspflicht der Vergütung (§§ 1, 3) bedarf. Hierbei werden ausschließlich die Leistungen berücksichtigt, welche vermöge einer solchen Unterhaltspflicht für den nämlichen Zeitraum oder, falls die Klage zugunsten des unehelichen Kindes nach der Klage eines Unterhaltsberechtigten erhoben ist, für die Zeit von dem Beginne des der Klage dieses Berechtigten vorausgehenden letzten Vierteljahrs ab zu entrichten sind.

§ 3 der VO.

Auf die Pfändung des Ruhegeldes der Personen, die in einem privaten Arbeits- oder Dienstverhältnisse beschäftigt gewesen sind, finden die Vorschriften der §§ 1, 2 entsprechende Anwendung. Das gleiche gilt für die Pfändung der Bezüge eines Handlungsgehilfen, der auf Grund der Vorschriften der §§ 74 bis 75a des Handelsgesetzbuchs in der Fassung des Gesetzes vom 10. Juni 1914 (Reichs-Gesetzbl. S. 209) für die Zeit nach der Beendigung des Dienstverhältnisses eine Entschädigung beanspruchen kann.

§ 4 der VO.

Für die Bemessung der nach § 850 Abs. 3 der Zivilprozeßordnung der Pfändung nicht unterworfenen Beträge gelten die Vorschriften des § 1 Abs. 1 bis 3 und des § 2 entsprechend.

§ 5 der VO.

*) Die Vorschrift des § 850 Abs. 4 der Zivilprozeßordnung und des § 4 Ziff. 3 und 4a des Gesetzes vom 21. Juni 1869 finden

*) Gegenstandslos geworden.

auf Schuldner, die Kriegsteilnehmer sind oder waren, keine Anwendung wegen solcher Unterhaltsbeiträge, die der Schuldner für die Zeit seiner Kriegsteilnehmerschaft zu entrichten hat.

Kriegsteilnehmer im Sinne dieser Vorschrift sind außer den im § 2 Abs. 1 des Gesetzes, betreffend den Schutz der infolge des Krieges an der Wahrnehmung ihrer Rechte behinderten Personen, vom 4. August 1914 (Reichs-Gesetzbl. S. 328) bezeichneten Personen auch die Personen, die vermöge ihres Dienstverhältnisses, Amtes oder Berufs zu den immobilen Teilen der Land- oder Seemacht gehören sowie diejenigen Personen, die sich in Ausübung des vaterländischen Hilfsdienstes im Ausland aufhalten.

§ 6 der VO.

Gesetzliche Vorschriften, die über die Pfändung des Ruhegeldes der im § 3 bezeichneten Art abweichende Bestimmungen treffen, bleiben unberührt.

§ 7 der VO.*)

Diese Verordnung tritt mit dem 1. April 1928 in Kraft. Der Reichsminister der Justiz bestimmt, wann und in welchem Umfang sie außer Kraft tritt; sie tritt spätestens am 31. Dezember 1931**) außer Kraft.

Soweit mit dem Inkrafttreten der Verordnung eine Erweiterung des der Pfändung nicht unterworfenen Teiles der in §§ 1, 3 der Verordnung und im § 850 Abs. 3 der Zivilprozeßordnung bezeichneten Forderungen eintritt, finden die Vorschriften des § 2 entsprechende Anwendung. Pfändungen gegen Schuldner, die Kriegsteilnehmer sind oder waren, sind auf deren Antrag insoweit aufzuheben, als sie bei Anwendung des § 5 unzulässig gewesen wären***). Eine vor dem Inkrafttreten der

*) Ersetzt den ursprünglichen § 5 des LBG.

**) Geltungsdauer verlängert durch RGes. v. 27. 2. 1928 (RGBl. I 45).

***) Gegenstandslos geworden.

Verordnung erfolgte Aufrechnung, Abtretung oder Verpfändung verliert ihre Wirksamkeit, soweit sie bei Anwendung der Verordnung unwirksam sein würde.

Artikel III des Ges. v. 27. Februar 1928.

Das Gesetz tritt mit dem 1. April 1928 in Kraft.

Eine vor diesem Zeitpunkt erfolgte Pfändung beschränkt sich nach Maßgabe dieses Gesetzes von dem auf das Inkrafttreten nächstfolgenden Fälligkeitszeitpunkt an. Eine vor dem Inkrafttreten des Gesetzes erfolgte Aufrechnung, Abtretung oder Verpfändung verliert ihre Wirkung insoweit, als sie nach diesem Zeitpunkt unzulässig sein würde.

Auf Antrag des Gläubigers oder des Schuldners hat das Vollstreckungsgericht den Pfändungsbeschluß entsprechend zu berichtigen. Der Drittschuldner kann, solange ihm die Berichtigung nicht zugestellt ist, nach Maßgabe der bisherigen Pfändung mit befreiender Wirkung leisten.

II.

Erläuterung des Gesetzes und der Verordnung.

Vorbemerkung.

Beschlagnahme der Arbeits- und Dienstvergütung, insbesondere im Arbeits- und Dienstverhältnisse.

I. Die Vergütung für Arbeiten und Dienste ist an sich, wie jede andere Forderung, von jedem Gläubiger, zu jeder Zeit und in jeder Höhe der Pfändung unterworfen, sofern nur ihre rechtliche Grundlage gegeben ist.

Die Vergütung aller in einem A.- und D.-Verhältnisse stehenden Personen ist aber in Anerkennung ihrer besonderen Wichtigkeit für die wirtschaftliche Existenz der überwiegenden Mehrzahl von Volksgenossen grundsätzlich pfandfrei oder nur beschränkt pfändbar. — Soweit es sich um Bezüge von Beamten, Angehörigen der Wehrmacht, Geistlichen, Ärzten und Lehrern an öffentlichen Anstalten handelt, trifft § 850 Abs. 1 Nr. 8 und 9 ZPO. hierüber Bestimmung *).

Bezüglich aller in einem privaten A.- und D.-Verhältnisse stehenden Personen bildet § 850 Abs. 1 Nr. 1 die Grundlage für die Lohn- und Gehaltspfändung durch Verweisung auf das Lohnbeschlagnahmegesetz (**LBG.**) und die Verordnung über Lohnpfändung v. 25. 6. 1919 (**VO.** **). Aber auch die Regelung in diesen Gesetzen ist keine allgemeine, erstreckt sich vielmehr auf die Vertragsverhältnisse der genannten Personenklassen nur innerhalb der bestimmten, in § 1 LBG. gezogenen Grenzen.

Außerhalb dieses Rahmens ist die Vergütung wiederum, wie jede andere Forderung, der Beschlagnahme unterworfen (S. 52).

II. Das LBG. ist keineswegs durch die Verordnung aufgehoben. Es bildet nach wie vor die Grundlage für die Beschlagnahme des A.- und D.-Lohnes. Die VO. ist daneben nicht als besondere Rechtsquelle mit einem gegenüber dem LBG. selbständigen Inhalte anzusehen (Oertmann S. 25), sie verweist im Gegenteil in § 1 Abs. 5 auf dessen Vorschriften, die „entsprechende Anwendung finden sollen".

Nach dem LBG. bestimmen sich daher auch jetzt noch (vgl. Oertmann S. 24):

1. das Gebiet — nicht der Betrag — der unpfändbaren Forderungen (§ 1);
2. die Vorbedingungen, besonders die Zeitdauer ihres Schutzes (§ 1);
3. die Rechtsunwirksamkeit von Verträgen des Arbeitenden über Aufhebung oder Beschränkung des Pfändungsschutzes (§ 2[1]);
4. die Rechtsunwirksamkeit eigener Verfügungen des Arbeitenden über den Lohnanspruch (§ 2[2]);
5. der Bereich der aus dem Lohne bevorrechtigt, d. h. mehr oder minder unbeschränkt zu befriedigenden Ansprüche (§§ 4, 4a).

Die VO. enthält bezüglich der Lohnbeschlagnahme selbst Vorschriften lediglich in § 1 und 2; sie ändert nur die Höhe des

*) Sie sollen zu § 4[3] LBG. erläutert werden.
**) Abgeändert durch weiteres Ges. v. 27. 2. 28.

dem Zugriffe der Gläubiger entzogenen Lohnbetrages und die Art seiner Feststellung und trifft in § 2 Entscheidung bei Änderung der für die Bestimmung der Pfändungsgrenze maßgebenden Verhältnisse des Schuldners.

Es sollen daher zunächst die Vorschriften des LBG., und zwar im Anschluß an seinen § 1 die §§ 1 und 2 der VO. erläutert werden, weil diese Bestimmungen zusammenfassend die Grenze der Pfändbarkeit der Vergütung ergeben, und an die Erläuterung der weiteren Bestimmungen des LBG. soll sich eine Darstellung der §§ 3—7 der VO. anschließen, welche die Beschlagnahme wesensverwandter Ansprüche, des Ruhegeldes der Privatbediensteten, der Entschädigung des Handlungsgehilfen für Eingehung des Wettbewerbsverbots und der Geldrenten wegen Verletzung des Körpers und der Gesundheit betreffen.

§ 1 des LBG.

Die Vergütung (Lohn, Gehalt, Honorar usw.) für Arbeiten oder Dienste, welche auf Grund eines Arbeits- oder Dienstverhältnisses geleistet werden, darf, sofern dieses Verhältnis die Erwerbstätigkeit des Vergütungsberechtigten vollständig oder hauptsächlich in Anspruch nimmt, zum Zwecke der Sicherstellung oder Befriedigung eines Gläubigers erst dann mit Beschlag belegt werden, nachdem die Leistung der Arbeiten oder Dienste erfolgt und nachdem der Tag, an welchem die Vergütung gesetzlich, vertrags- oder gewohnheitsmäßig zu entrichten war, abgelaufen ist, ohne daß der Vergütungsberechtigte dieselbe eingefordert hat.

A.

Dieser Paragraph enthält die **Hauptbestimmung** des Gesetzes; er erklärt die **Beschlagnahme, d. h. das Ergreifen und Festlegen**

der Vergütung für Arbeiten oder Dienste auf Grund eines Arbeits- oder Dienstverhältnisses zum Zwecke der Zwangsvollstreckung (RG. 81, 148) **oder Sicherstellung** (Arrest § 916 ZPO.) **als Forderungspfändung grundsätzlich** (abgesehen von den Ausnahmefällen der §§ 4 und 4a) **nur dann für zulässig, wenn folgende Voraussetzungen zusammentreffen:** Es muß ein Arbeits- oder Dienstverhältnis vorliegen (S. 24); dieses hat die Erwerbstätigkeit des Vergütungsberechtigten vollständig oder hauptsächlich in Anspruch zu nehmen (S. 33); in ihm müssen Dienste oder Arbeiten geleistet sein (S. 36), für welche Vergütung zu entrichten ist (S. 38); der Tag ihrer Zahlung muß abgelaufen (S. 40), die Vergütung aber darf nicht eingefordert sein (S. 41 f.).

Vorweg sei bemerkt: **nur die Lohnforderung** ist durch das LBG. und die BO. **gesichert,** der ausbezahlte Lohn nicht mehr; er unterliegt der freien Verfügung des Vergütungsberechtigten.

1. Der Begriff **„Arbeits- oder Dienstverhältnis"** (Arbeitsvertragsverhältnis i. ArbGerGes. § 5 genannt) wird weder im Gesetze selbst, noch in seinen Materialien bestimmt (ebensowenig im BGB. und in der KO., welche ihn in den §§ 113, 617 f. bzw. § 22 aufgenommen haben), und soll in dem gemeiniglich im Leben damit verbundenen Sinne verstanden werden. Man wird darunter ein zur Leistung wiederkehrender Dienste oder Arbeiten innerhalb eines bestimmten Geschäftskreises des Dienstherrn verpflichtendes Verhältnis persönlicher Abhängigkeit zu verstehen haben (ähnlich Gaupp Anhang § 850 II b 1 u. RG. 71 S. 334, 91 S. 160; a. M. Oertmann S. 10). Die wirtschaftliche Abhängigkeit des Arbeitenden vom Arbeitgeber wird erst durch die verlangte vollständige oder hauptsächliche Betätigung im Dienste des Berechtigten zum Tatbestandsmerkmale des § 1 (S. 33).

Die Entstehungsart der Beziehungen zwischen Arbeiter und Arbeitgeber ist nicht bestimmend für die rechtliche Beurteilung des Verhältnisses: Ob von vornherein ein förmlicher Vertrag besteht oder zunächst ein rein tatsächlicher Zustand vorhanden war, der dann in einen dauernden vertraglichen überging, ist gleichgültig (StenBer. Bd. II S. 910); ein A.- oder D.-Verhältnis kann hier wie dort vorliegen. Ebensowenig aber, wie mit Sicherheit aus dem Vorliegen eines Vertrages auf dasselbe zu schließen ist, ebensowenig ist aus einem rein tatsächlichen Zustande gegen ein solches zu entnehmen. Es kann der Eintritt eines Arbeiters in eine Fabrik, eines Gesindes in einen Haushalt, eines Zeichners in ein Baugeschäft, eines sog. „Taglöhners" auf Gütern (JW. 1916 S. 1488) zur augenblicklichen Aushilfe leicht ohne Vertrag in einen dauernden Zustand, ein A.- oder D.-Verhältnis, übergehen. Auch die Zahlweise der Vergütung, die nach Tagen bemessene Entlohnung, berührt nicht das Wesen des Verhältnisses, ist vielmehr etwas rein Äußerliches, Wirtschaftlich-Technisches (Gruchot 50, 756), wenngleich eine periodische Auszahlung die Regel bilden wird. Es kann ein A.- oder D.-Verhältnis auch in der Art begründet sein, daß die Vergütung erst im ganzen bei Auflösung (Staudinger S. 147) oder auch täglich zu entrichten ist. — Auch die Vereinbarung täglicher Kündigung widerstreitet nicht der Natur des Verhältnisses (S. 27).

Das Verhältnis beginnt als Rechtsverhältnis mit dem Eintritt und endet mit dem Aufhören der rechtlichen Verfügungsgewalt des Dienstberechtigten über den Dienstverpflichteten. Demzufolge läuft es weiter an Sonn- und Festtagen (GewG. Hamburg HansGZt. 25 A 32), in Ruhepausen, Arbeitsbereitschaftszeit (ArbR. 27, 389), zum Aufsuchen anderer Stellung gewährter Freizeit (JW. 1929, 2636), während eines Urlaubs (RAG. i. Rechtspr. i. Asachen 1929, 253) zur Tag- und Nachtzeit, bei zeitweiser Unterbrechung z. B. durch Krankheit, oder wenn nach ausdrücklichem oder stillschweigendem Willen beider Teile der Dienstverpflichtete über die Unterbrechung der faktischen Dienstleistung hinaus zur Verfügung des Dienstberechtigten bleiben soll (Arch. f. b. R. 23, S. 238/39, RVersA. in JW. 1929, 1763).

Die Ausdrücke „Arbeits- und Dienstverhältnis" weisen nicht auf den Gegensatz von Dienst- und Werkverträgen (s. S. 29; Staudinger S. 159), sondern auf die vielseitige, alle Arten von Leistungen umfassende Tätigkeit hin, welche in das Gesetz einbezogen werden soll (umseitig). Ebenso wie die Begriffe „Arbeits- und Dienstverträge" nicht identisch sind, erstere begriffsnotwendig die Unselbständigkeit des Arbeitnehmers gegenüber dem Arbeitgeber, letztere aber nicht unbedingt Aufgabe der Selbständigkeit seitens des Dienste verpflichteten erfordern (Kaskel S. 111), so verhält es sich mit dem Begriff Arbeits- und Dienstverhältnis (s. S. 29 f.): Unter Arbeitsverhältnis wird ein solches verstanden, in dem niedere, meist körperliche Arbeiten geleistet werden, als Dienstverhältnis dagegen dasjenige angesehen, welches höhere — technische, geistige, kaufmännische, schöpferische, künstlerische usw. — Leistungen zutage fördert. Oertmann S. 37 faßt die Arbeitsleistung des Konkurs-, Zwangs-, Nachlaßverwalters, Testamentsvollstreckers als solches Verhältnis auf; aber es ist jedenfalls kein durch das LBG. geschütztes. Denn:

Begrifflich erforderliche Merkmale dieses Verhältnisses sind nach dem Gesetze:

a) Stetigkeit in den Beziehungen zwischen Arbeitgeber und Arbeiter, also fortlaufende, und zwar nicht nur zufällig sich ergebende Tätigkeit des letzteren bei ersterem. Einzelne oder mehrere, in keinem gewollten Zusammenhange stehende, wenn auch gleichartige Leistungen führen nicht zu einem Arbeitsverhältnisse. Von einem solchen kann daher füglich keine Rede sein, wenn jemand einmal diese, einmal jene Art von Diensten verrichtet, wie ein Tagelöhner (Ggsß. „Taglöhner" S. 25), oder seine Dienstleistungen zwar immer in demselben berufsmäßigen Erwerbszweige sich bewegen, aber heute hier, morgen dort oder jetzt diesem und etwas später jenem Dienstherrn geleistet werden, wie dies z. B. beim Holzhacker, Lohnkutscher, Lohndiener, Packer, Markthelfer, Musiklehrer, Krankenpfleger, Arzt, Heilgehilfen, der Hebamme, Näherin usw. gewöhnlich der Fall ist. — Dagegen steht der in einer Holzhandlung oder von einem Forsteigentümer fortlaufend beschäftigte Holzhacker, der von jemandem für seinen Sohn fest engagierte Hauslehrer, der in einem Krankenhaus fest angestellte Arzt — nicht der Kassenarzt OLG. 17 S. 311, 37, 183; RG. 91, 60 — und Heilgehilfe, die ebenso bedienstete Hebamme, die von einer bestimmten Person, z. B. einem Arzte, fest angenommene Fahrer, der in einem Konservatorium angestellte Musiklehrer, die in einer Wäschefabrik angenommene Näherin in einem Dienstverhältnisse. Ein solches wird also nur dann vorliegen, wenn gleichartige, ihrem Wesen nach in sich zusammenhängende Dienste geleistet werden. Aber nicht nur in der rein objektiven Art und Weise der Erwerbstätigkeit, sondern auch subjektiv in den Beziehungen zu einem bestimmten Arbeitgeber muß die Stetigkeit hervortreten, mögen die Dienste ihm persönlich oder für seinen Haushalt, Wirtschaftsbetrieb oder sein Erwerbsgeschäft geleistet werden. Die Notwendigkeit der Einheit in der Person des Arbeitgebers bestreitet Bezold S. 117 zu Unrecht: Als A.- u. D.-Verhältnis wird in den Materialien des Gesetzes nur ein „bestimmtes, individuelles" „Einheit und Identität des Rechtsverhältnisses" voraussetzendes anerkannt. (StenBer. III S. 76, RG. 71, 334; a. A. OLG. 29, 234.)

Kleineidam (DJZ. 12. Jahrg. 700) erachtet eine solche Einheit auch dann für vorliegend, wenn man, ausgehend von tatsächlichen Gesichtspunkten, die jeweilig Tage oder Wochen dauernde Tätigkeit bei einem von mehreren Dienstherren für sich betrachtet. Solche Arbeiten gehören aber zu den einmaligen Verträgen und Handlungen, auf welche das Gesetz sich nicht beziehen soll (StenBer. II S. 910; OLG. 29, 223; s. unten).

Die Stetigkeit in den Beziehungen von Arbeitgeber zum Arbeiter erheischt auch einen gewissen Zeitumfang; auf einen von vornherein bestimmten oder besonders großen kommt es dabei nicht an. Indessen muß das Verhältnis nach den sozialen Zuständen, Verkehrsgewohnheiten und -anschauungen doch von einer gewissen Dauer oder wenigstens als dauerndes gewollt (Dernburg II[2] S. 441, Staudinger S. 155), kraft Vertrages oder Beschaffenheit und Zweck der Dienste (z. B. Lehraufgabe) rechtlich oder faktisch auf längere Zeit angelegt sein (RG. 71, 334, Lotmar I S. 546, Arch. f. bürg. R. 23, 250; Gruchot 50, 756 f.). Deshalb liegt bei einer „versuchsweise", „auf Probe", für keine näher bestimmte Zeit eingegangenen Anstellung eine dauernde Vertragsbeziehung vor (OLG. 12 S. 423), keine solche aber bei einer schon ihrer Bestimmung nach von vornherein als vorübergehend gedachten „aushilfsweisen", wenn auch auf Wochen oder Monate sich erstreckenden Beschäftigung (RG. 107, 197, a. A. Oertmann S. 14, vgl. § 69 HGB.). — Die von Tag zu Tag gegebene Möglichkeit zur Lösung der Beziehungen nimmt denselben nicht die Stetigkeit (Gruchot 50, 765), ebensowenig die tägliche Auszahlung der Vergütung (HessRspr. 06, 931). Der mit Tagelohn angestellte Reservekraftfahrer, der fährt, wenn die fest angestellten Fahrer ihre freie Schicht haben, steht im ständigen Arbeitsverhältnisse (RAG. V, 137). — Trotz größerem Zeitumfange fallen in das Gebiet der einmaligen Leistungen (Staudinger a. a. O.) einzelne aufgetragene Arbeiten, welche sich aus einer zufälligen Bestellung von seiten individuell unbestimmter oder bestimmter (a. A. Staudinger S. 154) Personen ergeben, selbst wenn derartige Leistungen sich wiederholen und sogar die Arbeitenden den Lohn nicht unmittelbar nach der Arbeitsleistung erheben (s. S. 52).

b) Die Abhängigkeit des Arbeitenden vom Arbeitgeber wird zwar in den Gesetzesmaterialien als wesentliches Merkmal des Dienstverhältnisses nicht besonders hervorgehoben (und daher vom Kammergericht [OLG. 19 S. 14] und von Oertmann S. 9 abgeleugnet), muß aber dennoch als solches gelten (Gaupp § 850 Anhang II 1 b). Die Entstehungsgeschichte des Gesetzes führt nicht zu gegenteiliger Annahme. Der Entwurf betraf nur bestimmte Klassen abhängiger Personen und betonte, daß nur Bezüge solcher Personen, welche „nicht selbst Unternehmer" sind, der Wohltat des Gesetzes teilhaftig werden sollten (StenBer. III S. 73 f.). — Häufig spricht auch der Entwurf von den vielen treffenden Vergleichspunkten mit den Gehältern der in einem Staatsdienerverhältnisse, also in Abhängigkeit stehenden öffentlichen Beamten (a. a. O. S. 70, 74). — Das Reichsgericht (Bd. 62 S. 231) sieht ein wichtiges Begriffsmerkmal des Dienstverhältnisses und Sichverdingens (§ 61 Nr. 1 KO.) in der mehr oder weniger großen Aufgabe der Selbständigkeit des Arbeitenden, mag diese durch Unterwerfung unter ein persönliches Botmäßigkeitsverhältnis oder auch nur durch ausschließliche oder vorzugsweise Betätigung im Dienste eines Berechtigten herbeigeführt sein. Da letztere aber in § 1 des LBG. als besonders hinzutretende Eigenschaft des Begriffes „Dienstverhältnis" verlangt wird (S. 27 f.), so kann sie nicht zugleich dessen Wesensmerkmal sein. Es erfordert daher der Begriff ein gewisses Maß persönlicher Abhängigkeit des Arbeitenden vom Arbeitgeber, eine „Direktionsbefugnis" des letzteren (Kaskel S. 111), wenn er auch in seiner Stellung nach außen hin in seinem Handeln völlig selbständig ist. — RG. 71, 334 u. 91, 160 schließt sich ganz dem hier vertretenen Standpunkte an.

Diese Unterordnung unter die Leitung und Anordnung des Arbeitgebers (§ 618 BGB.) bezüglich der Tätigkeit im allgemeinen oder besonderen bringt einen mehr oder weniger großen Verzicht auf die freie Verfügung über Zeit und Arbeitskraft mit sich (JW. 06, 38; OLG. 15, 38; 17, 195; a. M. OLG. 19, 14), äußert sich dementsprechend in dem Befolgen von Dienstordnungsvorschriften und Weisungen, die auf Wohnsitz, äußeres Verhalten, Beginn, Zeitdauer, Reihenfolge, Ende oder Art der Arbeiten und Dienste, auf Unterwerfung unter Revisionen, auf Urlaub, Einsendung von Reiseberichten usw. sich beziehen. — Sie äußert sich aber auch in der Zahlung der Versicherungsbeiträge für Kranken-, Invaliden-, Angestelltenversicherung durch den Arbeitgeber (RArbGer. 82/27, Urt. v. 14. 3. 28 Voß. Ztg. Recht u. Leben Nr. 22).

In solcher Abhängigkeit befinden sich die verschiedensten Klassen von Arbeitenden, nicht nur die Seite 26 aufgeführten Personen, sondern auch Dienstboten, Gesellen-, Gewerbe- u. Handlungsgehilfen, Werkführer, Prokuristen, Bürobeamte, Forstbeamte, Privatsekretäre, Lehrer, Redakteure, Syndici, Ingenieure, Hausdamen, Schauspieler (unter Umständen Filmdarsteller JW. 1930, 433), Sänger, Tänzer eines Theaters (RG. 41, 53), Choristen, Musiker, technisches Personal eines solchen, Artisten einer Spezialitätenbühne (BlfRpfl. 1900 Nr. 3, RAG. i. JW. 1930, 471) Vorarbeiter, Kolonnenführer (S. 93), Besatzung der See- u. Binnenfahrzeuge und Luftschiffe, Guts- u. Hausverwalter (RG. 71, 334), gegen Entgelt als Handlungsgehilfen beschäftigte stille Gesellschafter, Rayonchefs der Warenhäuser, Vorsteher von Bank-Depositenkassen und Zweiggeschäften (JW. 02, 173), Geschäftsführer von Restaurationen und Gasthöfen (Seuff. 55 Nr. 215) u. viele andere. Bei den zuletzt Genannten wird allerdings der Inhalt ihres Anstellungsvertrages entscheidend sein (vgl. Bl. f. Rpfl. 1913 S. 30). — Eine Unterordnung des Arbeitenden unter die Leitung des Arbeitgebers tritt nicht nur bei den verschiedenartigsten Dienstverträgen ein, sondern ist auch bei der Werkverdingung durchaus möglich (S. 25 f.). — Eine untergeordnete gesellschaftliche Stellung des Arbeitenden seinem Dienstherrn gegenüber wird aber nicht vorausgesetzt (RG. 71, 334). Über die wirtschaftliche Abhängigkeit des Verpflichteten vom Berechtigten S. 33).

In einem Abhängigkeitsverhältnisse der oben bestimmten Art steht der Regel nach nicht der Agent zum Kaufmann (RG. 62, 232, 63 S. 73; Dür.-Hach. § 88 Anm. 17, Gaupp Anh. § 850 II 1 b u. die Zitierten; Goldmann 244; auch nicht der Kommissionsagent (RG. 69, 365), selbst bei garantiertem Mindesteinkommen (Bl. f. Rpfl. 01 S. 16; a. A.: RAG. 82/27, Urt. v. 14. 3. 28 Voss. Ztg., Recht u. Leben Nr. 22). Staub § 88 Anm. 22 u. Dür.-Hach. ebd. Anm. 17 fassen seinen mit dem Arbeitgeber geschlossenen Vertrag als Dienstverhältnis auf, erachten aber die Pfändung seiner Vergütung nur dann den Beschränkungen des LBG. und der VO. unterworfen, wenn es sich um dessen Haupttätigkeit handelt. Ehrenberg V 1 S. 18 f. stellt alles auf den einzelnen Fall ab, insbesondere hält er für entscheidend, ob der Agent für ein oder mehrere Häuser tätig ist und ob er seine Tätigkeit ganz nach seinem Willen einrichten kann (ähnlich Recht 01, 265, Falkm. 765). Letzteres entspricht dem Vorhergesagten: Es wird immer darauf ankommen, ob der Agent im Innenverhältnis der Direktionsbefugnis des Arbeitgebers unterliegt; gleichgültig ist, ob er sich Provisionsreisender nennt und damit als Angestellten bezeichnet. Gleichgültig für die Frage der Abhängigkeit ist auch, ob er für ein oder mehrere Häuser tätig ist (JW. 1927, 726).

Nach diesem Kriterium entscheidet sich auch die Frage der Unabhängigkeit des geschäftsführenden Gesellschafters der offenen Handels- oder Kommanditgesellschaft, des Geschätsführers der Gesellschaft m. b. H. im einzelnen Falle; an sich sind sie unabhängig im Sinne obiger Ausführungen (ebenso Staub, Kom. z. Ges. über G. m. b. H. § 35 Anm. 49 u. 66 Bl. f. Rpfl. 1916 S. 44; OLG. 32, 321, LG. Berlin I T. 55/09 und die bei Falkm. S. 764 Zitierten, a. M. Kammergericht OLG. 19, 14, Falkm. (a. a. O.), besonders der alleinige Gesellschafter-Geschäftsführer einer G. m. b. H. (Einmanngesellschaft). Das gleiche gilt vom Vorstande der Genossenschaft oder dem Liquidator irgend einer Gesellschaft von der Gesellschaft. — Der Direktor (Vorstand, stellvertretendes Vorstandsmitglied) einer Aktiengesellschaft steht zwar in einem Dienstverhältnisse, welches seine Kraft und Zeit in regelmäßiger Tätigkeit voll in Anspruch nimmt, ist aber als gesetzlicher Vertreter Organ der A.-G. „gewissermaßen ihr Prinzipal", seine soziale oder wirtschaftliche Abhängigkeit tritt bei seinem Wirkungskreise ganz in den Hintergrund (RG. 120, 300, Staub HGB. § 231 Anm. 23, § 59 Anm. 6; entgegengesetzt (RG. 68, 223; a. A. JW. 1926, 1592; RAG. i. JW. 1930, 85). — Aufsichtsratsmitglied ist stets unabhängig (RG. a. a. O.) (Jaeger KonkO. § 61[1], — ROHG. 13 Nr. 64; Staub HGB. § 231 Anm. 34; vgl. OLG. 19, 215 u. 32, 384). Der Hausgewerbetreibende (Begriffsbestimmung § 119 b GewO.; RVO. § 162 und Anleitg. d. RVersAmts betr. Kreis der Versicherten Personen v. 26. 4. 12 Nr. 15, Richtlinien des RVersAmts zu § 18 HausarbGes.) ist persönlich unabhängig vom Arbeitgeber. Er übernimmt nach freier Verfügung, wenn auch dauernd, von einem oder mehreren Gewerbetreibenden Einzelaufträge ohne Kündigungsfrist in eigener Betriebsstätte und ist persönlich ausschließlich oder überwiegend mit Leitung, wenig oder gar nicht mit Herstellung der Erzeugnisse beschäftigt, persönlich also unabhängig, aber wirtschaftlich abhängig; wenn er jedoch feste Vergütung für bestimmte Leistung bei einem Gewerbetreibenden bezieht und überwiegenden Teil seines Verdienstes aus eigener Arbeit am Stücke zieht, liegt Arbeitsverhältnis vor (Richtlinien a. a. O. vgl. § 5 Abs. 1 Halbs. 2 AGGes.). Dies unterscheidet ihn vornehmlich von dem Heimarbeiter (Außenarbeiter, detachiertem Arbeiter), der auf Grund eines bindenden Arbeitsverhältnisses für einen Arbeitgeber aus besonderen Gründen in eigener Betriebsstätte als gewöhnlicher von diesem abhängiger Lohnarbeiter tätig ist. Zur Feststellung der Grenzen beider, durch Vereinbarungen oft verwischter Begriffe s. oben Anltg. u. Richtlinien d. RVersAmtes. Da für die Heimarbeiter der Schutz des Gesetzes öfters in Zweifel gezogen war, so ist er im Hausarbeitsgesetz v. 30. 6. 23 § 45 noch ausdrücklich ihrem Entgelte zugesprochen worden; der neugebildete Begriff des Hausarbeiters, der kein wirtschaftlicher, sondern lediglich gewerbe-polizeilicher ist, deckt sich nicht durchaus mit demjenigen des Heimarbeiters, schließt ihn aber in sich. Es ist jetzt in § 18 des Hausarbeitsgesetzes Gleichstellung der Hausgewerbetreibenden und Zwischenmeister mit den Hausarbeitern durch Fachausschüsse unter bestimmten Voraussetzungen vorgesehen (s. S. 53f.) und bereits in einigen Fällen durchgeführt worden. — Der sog. Unternehmer, z. B. der Bau-

(Abbruch)unternehmer, Gewerbetreibende großen Stils, ja selbst der mit Gesellen oder fremden Arbeitskräften produzierende selbständige Handwerker genießt nicht den Schutz des Gesetzes. Mag er auch bei Ausführung von Werkverträgen oder anderen Aufträgen in einigen Beziehungen vom Willen des Bestellers abhängig sein, so stellt er doch seine eigene Arbeitstätigkeit nicht unmittelbar so in den Dienst einer anderen Person, daß ein Verzicht auf die freie Verfügung seiner Zeit und Arbeitskraft wie beim Arbeiter vorliegt. Da er sich für seine Produktion im allgemeinen fremder Arbeitskräfte bedient, wenn er auch selbst mitarbeitet (Staudinger S. 142), so hat seine Vergütung zum mindesten Teile den Charakter des Arbeitslohnes im Sinne des Gesetzes (s. S. 37 f.), repräsentiert vielmehr neben dem Ersatze für den Produktionsaufwand (Bezahlung von Arbeitslöhnen Dritter usw.) zugleich den sog. Unternehmergewinn und die Kapitalrente (Staudinger a. a. O.). Das Verständnis für den Gegensatz eröffnet RG. 4, 424. — Die Zimmervermieterin, die auch persönliche Dienste leistet, steht nicht in einer Abhängigkeit zum Mieter; ihre Vergütung ist Miete, nicht Arbeitslohn (KG. 8 W 2446/19). — Der Ziegelmeister kann selbständig sein, wenn ihm der Ziegeleibetrieb völlig allein überlassen ist (RG. 37, 278; 72, 281; Falkm. S. 764). — Die Ehefrau, die dem Manne im Geschäfte Dienste leistet (§ 1356 BGB.) und das Kind, das aus Kindespflicht in der Familie arbeitet (§ 1617 BGB.), erfüllen gesetzlich ihnen obliegende Pflichten; es ist nicht angängig, ein tatsächlich nicht vorhandenes A.- oder D.-Verhältnis künstlich zu fingieren, um für einen Gläubiger eine Zugriffsmöglichkeit zu schaffen (JW. 1930, 440). Es ist aber Tatfrage, ob nicht die Absicht auf Begründung eines Arbeitsverhältnisses gerichtet ist (Rspr. i. Arbeitssachen II 397). Bei Strafgefangenen, die aus öffentlich-rechtlicher Verpflichtung Arbeit leisten, ist der Arbeitsverdienst, aber im Wege der Forderungspfändung nicht angreifbar, da ein Rechtsanspruch auf Auszahlung dem Gefangenen während der Gefangenschaft nicht zusteht und erst bei Entlassung die ihm bis dahin gutgeschriebenen Beträge ausgehändigt werden (Wutzdorff i. Dtsch. Gefängniswesen S. 193). — Fürsorgeempfänger erhalten nicht pfändbare Unterstützungen (§ 850 Abs. 1 Nr. 3, VO. über Fürsorge v. 13. 2. 24 § 19); auch

Beträge, die ihnen für zugewiesenen Pflichtarbeit nebenbei zukommen, sind unpfändbar. Aber die Zuweisung solcher Arbeiten kann auch unter besonderen Umständen zur Begründung eines bürgerlich-rechtlichen Arbeitsverhältnisses führen und sind dann die Entgelte dieser Arbeiten pfändbar (RG. 121, 283).

Als Arbeitgeber im weitesten Sinne des Wortes kommen hier nicht nur Private jeder Art (auch Konkursverwalter RG. 55, 267), sondern auch juristische Personen, insbesondere Korporationen des öffentlichen Rechts, wie religiöse Korporationen, Gemeinden und der Staat selber in Betracht, soweit die Arbeitenden nicht die Beamteneigenschaft besitzen (§ 850 Abs. 1 Nr. 8 ZPO., s. S. 84).

c) Das Dienstverhältnis setzt weiter die Leistung der Dienste durch den Dienstverpflichteten in eigener Person voraus (StenBer. III S. 584; § 613 BGB.). Ausnahmen gelten für den sog. Gruppen-(Kolonnen)Akkord, das bei landwirtschaftlichen Arbeiten übliche Hofgänger-(Scharwerker-)System und auch sonst, wo sich aus dem Umfange der übernommenen Arbeitsleistung die Notwendigkeit der Hinzuziehung weiterer Hilfskräfte ergibt (Kaskel S. 111; s. S. 53 f.).

Begrifflich nicht erforderliche Merkmale des Verhältnisses sind:

a) Festsetzung einer Lohnperiode (s. S. 40).
b) Aufnahme in die häusliche Gemeinschaft des Arbeitgebers (§§ 617 f. BGB.),
c) Arbeitsleistung in der Betriebsstätte des Arbeitgebers (bezüglich Heimarbeit S. 31 f.),
d) vollständige oder hauptsächliche Inanspruchnahme der Erwerbstätigkeit des Arbeitnehmers, da diese zur besonderen Voraussetzung des § 1 gemacht ist. Denn:

2. **Das Arbeits- oder Dienstverhältnis muß die Erwerbstätigkeit vollständig oder hauptsächlich in Anspruch nehmen.** Mit anderen Worten: es muß ein Dienst- und Erwerbsverhältnis sein, auf dem sich die wirtschaftliche Existenz des Arbeitenden ganz oder wenigstens vornehmlich aufbaut (Hauptberuf JW. 1916, 284). Ein solches kann nur ein einzelnes sein. — Dadurch ist aber nicht durchaus bedingt, daß die hierzu erforderliche Tätigkeit des Arbeiters seine ganze Kraft und Zeit, also seine Erwerbsfähigkeit erschöpft oder überwiegend in Anspruch nimmt (OLG. 27,

134), wenn es auch die Regel bilden wird. Wird die Existenz des Arbeiters durch eine noch so geringfügige oder nur zeitweilige Tätigkeit begründet, und verwendet er seine übrige Zeit nicht noch anderweitig zur Arbeit, so ist immerhin bezüglich der Erwerbstätigkeit die Vorbedingung des § 1 erfüllt (OLG. 31, 121; Oertmann S. 40); den in solchem Fall erzielten Dienstlohn von dem durch das Gesetz gewährten Vorrechte auszuschließen (ROHG. 24 S. 363 f.), weil die Erwerbstätigkeit nur zu einem geringen Teile durch das Dienstverhältnis in Anspruch genommen wird und der Arbeiter noch zu anderem Verdienst fähig ist, erscheint nicht zutreffend. Daher unterliegt z. B. der Gehaltsanspruch des Hauslehrers, der täglich nur wenige Stunden seinen Zöglingen Unterricht erteilt und nebenbei seine freie Zeit mit Studien für sich ausfüllt, dem Gesetze.

Übt der Arbeitende noch eine weitere auf Erwerb gerichtete Tätigkeit neben derjenigen im Dienstverhältnisse aus, so ist diejenige Beschäftigung die hauptsächliche, überwiegende, auf die er den größten Teil seiner der Erwerbstätigkeit überhaupt gewidmeten Zeit verwendet. (Pick S. 44, Arch. f. bürg. R. 23, 258). Den Maßstab für die hauptsächliche Inanspruchnahme der Erwerbstätigkeit kann nicht die Höhe des Erwerbs, der Inhalt, die Art und Dauer, die Schwierigkeit oder Gefährlichkeit der Beschäftigung und die Höhe ihrer Entgeltung abgeben, wie Falkm. S. 765 es will. — Benutzt der Arbeitende die durch Ablehnung seiner Dienste von seiten des Arbeitgebers gewonnene Bewegungsfreiheit zu anderweiter Tätigkeit, so genießt die Vergütung, die er vom bisherigen Arbeitgeber zu erhalten hat (S. 85), nicht den Schutz des Gesetzes (RG. 91, 161).

Wenn das Gesetz nur Einnahmen aus der Hauptbeschäftigung schützt, so folgt daraus, daß Einkünfte aus einer daneben betriebenen Beschäftigung als Nebenverdienst der Pfändung nicht entzogen sind (StenBer. III S. 586 f.), gleichviel ob sie aus einem weiteren Dienstverhältnisse herrühren (z. B. Einnahmen einer Fabrikarbeiterin aus einer nebenher übernommenen täglich kurze Zeit erfordernden Aufwartung) oder außerhalb eines solchen erzielt werden (Goldm. 247), gleichviel ob sie als berufsmäßige und dauernde erscheinen (Bezold S. 116), z. B. der Nebenverdienst des Hauslehrers als Korrespondent einer Zeitung oder als Reichstagsstenograph, oder nur zufällige und nebensächliche sind, und gleichviel ob sie an sich größer sind, als die aus der Hauptbeschäftigung gewonnenen, z. B. das Einkommen eines Unterbeamten einer Privatgesellschaft als Hausverwalter (aM. LG. I Berl. 25 T. 438/07) und ob sie die untere Pfändungsgrenze (§ 1 der VO.) nicht erreichen. Selbst vor Leistung der Arbeiten und vor Fälligkeit der Vergütung sind sie pfändbar; unpfändbar werden sie aber solange Erwerb aus Hauptbeschäftigung wegfällt, auch wenn Arbeitslosenunterstützung bezogen wird (JW. 1929, 2435). — In dem seltenen Falle, daß die verschiedenen Tätigkeiten die Arbeitszeit gleich stark in Anspruch nehmen, entspricht es dem Geiste des Gesetzes, einen Bezug, und zwar den höheren, dem Schuldner zu belassen (Pick S. 48), während Falkm. S. 766 (ebenso OLG. Stuttgart i. JW. 1928, 1529) keinen der Bezüge der Pfändung entziehen will und Oertmann S. 41 bei ihrer Zusammenrechnung den sich ergebenden pfändbaren Betrag auf alle anteilsweise verteilt. Wenn keiner dieser Bezüge die Pfändungsgrenze erreicht, wohl aber die mehreren zusammen die Grenze übersteigen, so dürfte der Pfändung des einzelnen in der nach § 1 VO. zulässigen Höhe nichts im Wege stehen. In diesen Fällen sind dem Gerichte bekannte Tatsachen von Amts wegen zu berücksichtigen (JW. 1930, 562; vgl. S. 126, 128).

Wegen Zusammentreffens mehrerer Bezüge S. 127 f.

3. **Es muß die Leistung von Arbeiten oder Diensten erfolgt,**

4. **der Tag, an welchem die Vergütung zu entrichten war, abgelaufen** und darf

5. **die Vergütung nicht eingefordert sein.**

I. Vorbemerkungen zu 3.—5.

Diese Vorschriften bestimmen in ihrer Gesamtheit den Zeitpunkt, bis zu welchem die Beschlagnahme des die untere Pfändungsgrenze nicht übersteigenden Lohnes schlechthin (ausgen. §§ 4, 4 a LBG.) ausgeschlossen und von welchem ab sie gestattet ist (vgl. S. 45).

In ihnen findet der Grundgedanke des LBG. Ausdruck, uer im Erwerb begriffenen Arbeitskraft gegen jeden Angriff Schutz zu gewähren und den Arbeiter in den Stand zu setzen, das Produkt der Arbeitstätigkeit zunächst unangefochten in Besitz zu nehmen, um daraus unter Erhaltung seiner Arbeitskraft und -lust die für sich und die Seinigen für die Zeit bis zur nächsten Lohnzahlung unentbehrlichen Lebensbedürfnisse zu befriedigen, verkörpert sich weiter aber auch der gesetzgeberische Wille, von dem Augenblick ab, wo der zur Befriedigung der Lebensbedürfnisse des Arbeiters nicht mehr notwendig gebrauchte, in den Händen des Arbeitgebers daher belassene Lohn, die Natur eines erworbenen Kapitals des Arbeiters annimmt, ihn der Beschlagnahme selbst im kleinsten Umfange nicht mehr zu entziehen. — Wie das Gesetz diese Aufgabe löst, wird die folgende Darstellung der einzelnen Bestimmungen zeigen.

II. Einzelnes zu 3.—5.

Zu 3. a) Arbeiten und Dienste bedeuten nicht etwas begrifflich Verschiedenes; sie weisen nur auf die Vielseitigkeit der Leistungen im A.- u. D.-Verh. hin. Sie sind ihrer Art nach unbeschränkt, umfassen daher körperliche und geistige, untergeordnete und höhere, mechanische (technische) und kaufmännische, handwerksmäßige und künstlerische, reproduktive und schöpferische Tätigkeit, wie die Zusammenstellung der in solchem Verhältnisse stehenden Personen (S. 29) zeigt. Ohne Einfluß ist es, ob sie in oder außerhalb der Behausung beziehungsweise Betriebsstätte des Dienstberechtigten, ob sie von Personen geleistet werden, welche der häuslichen Gemeinschaft des Dienstberechtigten angehören oder nicht und ob es sich um wirtschaftlich bedeutsame Dienstleistungen handelt. — Gegenstand der Leistung sind sowohl die Dienste für sich betrachtet oder die Arbeiten als solche, wie auch der hierdurch herbeizuführende Erfolg, das Produkt der Arbeit. Meistens werden die Dienste und Arbeiten an sich gedungen sein, also Dienstverträge vorliegen (§§ 611 f. BGB.), indessen bilden auch Werkverträge (§§ 631 f. BGB.) den Vertragsinhalt, z. B. der fortgesetzte Transport von Personen oder Sachen (RG. 59, 309 unter der Annahme, daß der Schlepper zum fortgesetzten Schleppen der Schiffe der Gesellschaft in den Hafen gedungen war) oder das Schaffen wissenschaftlicher, künstlerischer, technischer und gewerblicher Leistungen, denen der Arbeitende lange Zeit seine ganze Arbeitskraft widmet.

Beispiele sind der Heimarbeiter S. 31, der Ziegelmeister (RG. 37, 278; 72, 281) S. 32, s. Falkm.; der Lehrer, der Lehrauftrag zu erfüllen hat (Staud. BGB., Vorbem. § 631 III 1 c). Auch hier kann Abhängigkeit in dem S. 29 erläuterten Sinne vorliegen. Ebenso Gaupp Anh. 850 II 1 b, Oertmann S. 11, Sinzh. S. 41, Koch S. 15, Staud. 159, OLG. 11, 361; 15, 43; Bl. f. Rpfl. 04, 60; aM. Pick S. 35. Der Vertrag eines zur Durchführung einer bestimmten Rolle oder zur Aufnahme eines Films verpflichteten Schauspielers ist Dienstvertrag (JW. 1930, 433). — Daß die Gesetzesvorschriften auf alle diese Arbeits- und Dienstleistungen bezogen werden sollten, deutet § 3 Abs. 2 des Gesetzes (s. S. 18, 80 f.) an, ganz abgesehen davon, daß der Gesetzgeber bei Durchführung der großen sozialpolitischen Gesichtspunkte, welche er verfolgte, nicht vor dem hier ziemlich bedeutungslosen Unterschiede der beiden Arten von Verträgen Halt machen wollte (Staud. a. a. O.). Auch Geschäftsbesorgungs-, Makler-, Verwahrungsverträge können zu A.- u. D.-Verhältnissen führen, wenngleich sie nur ausnahmsweise die S. 29 erörterte Bedingung erfüllen werden (Oertmann S. 37). —

b) Die Arbeiten oder Dienste, für welche die Vergütung zu entrichten ist, müssen bis zum Ende des Zeitabschnittes — vorbehaltlich etwaiger kleinerer Rückstände oder Nachbesserungen — geleistet sein, ehe eine Beschlagnahme der Vergütung eintreten darf. Vor Leistung der Arbeiten auf seiten des Arbeitenden — auch bei Vorauszahlung der Vergütung (S. 39) — im Rahmen dieses § 1 LBG. keine Beschlagnahme! Nur in den Fällen S. 73 f. wird vom Gesetze die Gleichstellung der Nichtleistung der Arbeit mit deren Leistung anerkannt, ist also trotz des entgegenstehenden Wortlauts des § 1 der Ausschluß der Pfändung ohne Arbeitsleistung anzunehmen (ebenso Lotmar I, (S. 41 f.).

Zu 4. a) Geschützt werden soll die Vergütung (Lohn, Gehalt, Honorar usw.), welche für Arbeiten oder Dienste in unmittelbarem Anschluß an diese beim Ende jeder Lohnperiode (S. 40 f.) als deren Lohn oder Entgelt („Arbeitslohn" in der Überschrift des Ges.) gegeben wird, also wirtschaftlich betrachtet der **Arbeitserfolg** StenBer. II S. 910; Pick S. 36 f., m. Auff. i. Bl. f. Rpfl. 02 S. 20). — Anderen aus dem Verhältnisse für den Arbeitenden sich ergebenden Ansprüchen wird der Gesetzesschutz nicht zuteil (S. 73), weil sie im Gegensatz zu der erarbeiteten Forderung arbeitloses Einkommen sind. — Die Vergütung behält die wirtschaftliche Eigenschaft als Erfolg der Arbeit solange, als der Arbeiter durch sein eigenes Verhalten, durch Tun oder Nichttun nach Fälligkeit nicht zu erkennen gibt, daß er die Vergütung als Entgelt seiner Leistungen nicht weiter in Anspruch nimmt, sondern zur wirtschaftlichen Bedeutung des Kapitals erhebt (Seuffert 42 Nr. 173, OLG. 29, 235). Einfache Anerkennung des Anspruchs ändert dessen Natur ebensowenig wie eine rechtskräftige Zuerkennung; ein Schuldanerkenntnis oder -versprechen gemäß §§ 780, 781, 518 BGB. oder Ausstellung eines Wechsels von seiten des Arbeitgebers und Annahme desselben durch die Arbeiter löschen dagegen den Charakter der Lohnforderung aus (Oertmann S. 44). — Ob die Abrede, einen Teil des Lohnes über den Zahltag hinaus stehen zu lassen, zu kreditieren (S. 42), nur den Zeitpunkt der Auszahlung des Lohnes hinausschiebt oder seine Natur als Lohn ändert, hängt von den Umständen des Falles ab (a. A. Falkmann S. 770 Anm. 36); wird der Lohnteil als Darlehn oder zum Ausgleich früherer Schulden oder als Kaution bis zu Ende des Vertrages dem Arbeitgeber belassen, so büßt er damit seinen Charakter und demzufolge den Gesetzesschutz ein (Seuffert 42 Nr. 173, 59 Nr. 175; m. Auff. K. f. Bl. 02 S. 20; Pick S. 41; Kaskel S. 152; vgl. S. 42; a. A. Falkmann 770; OLG. 25 S. 190). Die Überweisung von Arbeitsvergütung an eine Bank wird wohl stets eine Änderung ihres Charakters und damit Verlust des Gesetzesschutzes zur Folge haben (Ggf. Beamtenrecht S. 92). — Auch beim Übergange auf einen Dritten, Erben (a. M. Oertmann S. 50) oder Zessionar (OLG. 20 S. 359), wird die Lohnforderung, zum arbeitslosen Einkommen und damit schutzlos (Pick S. 41). Wegen Abfindungssumme s. S. 98.

b) Die Vergütung ist entweder vereinbart (§§ 611, 641 BGB.) oder als solche anzusehen (§§ 612, 632 a. a. O.) und wird nach Vereinbarung, Üblichkeit oder Gesetz entrichtet. Gemäß §§ 614, 641 a. a. O. hat ihre Zahlung nach Leistung der Dienste bzw. bei Abnahme des Werkes und, wo die Vergütung nach Zeitabschnitten bemessen ist, nach Ablauf dieser einzutreten. — Vereinbarungsgemäß kann die Vergütung allerdines auch im voraus (pränumerando) entrichtet werden. Sie ist aber alsdann, weil noch nicht verdient, im Rahmen des § 1 des LBG. (nicht des § 1 Abs. 1 der VO. (!)) so lange unpfändbar, bis auch die Arbeitsleistung innerhalb der Lohnperiode erfolgt, der sonst normale Zahltag also verstrichen ist (Staudinger S. 161, Falkm. S. 769, StenBer. III S. 587). — Vergütung ist auch Vorschuß- und Abschlußzahlung. Vorschußleistungen, d. h. Zahlungen auf den noch nicht fälligen postnumerando zu zahlenden Lohn hindern dessen Pfändung nicht, selbst wenn sie größer als die bereits geleistete Arbeit (s. S. 133); ebensowenig Abschlagszahlungen, d. h. Zahlungen auf den verdienten, aber noch nicht durch Berechnung festgestellten Lohn, z. B. Provision, Tantieme (Oertmann S. 45). Über Verrechnung bei Pfändung gilt das bezüglich der Vorschüsse Gesagte (S. 133). — Akkordlohn ist wie jeder andere Lohn pfändbar (S. 126). — Für rückständige, d. h. vor dem letzten Zahltage fällig gewordene, aber nicht beglichene Lohnforderungen gilt das Pfändungsverbot des § 1 LBG. nur bei vergeblich versuchter Einforderung nach Fälligkeit (ebenso Bl. f. Rpfl. 1910 S. 75, a. A. Falkm. 773 sub d) ohne Rücksicht darauf, ob Schuldner noch in der Stellung ist; in diesen Fällen wird aber die Einforderung durch den Schuldner bis zum Beweise des Gegenteils vermutet und daher die Pfändung ohne weiteres nicht zugelassen (LG. I Berl. T. 59/04); Gläubiger muß daher die Nichteinforderung beweisen. — Rückstände wie Vorschüsse bei Berechnung des pfändbaren Betrages zu behandeln (Arb. Rechtspr. 29, 13) erscheint unrichtig. — Im Konkurse des Arbeitgebers findet Bezahlung der nach Eröffnung des Verfahrens geleisteten Dienste als Masseschuld am Zahltage, unabhängig vom Gange der Verteilung der Masse, statt (§§ 59, 57 KO.); Lohnforderungen aus der Zeit vor Konkurseröffnung dürfen zwar, müssen dagegen nicht (wenngleich bevorrechtigt, § 61[1] KO.) unabhängig von den allgemeinen Verteilungen, nach Feststellung im Prüfungstermine berichtigt werden (§§ 170, 149 a. a. O.; OLG. 19 S. 93); sie sind daher im Gegensatze zu den zuerst genannten Lohnforderungen auch erst nach dem Prüfungstermine pfändbar (teilweise anders DJZ. 02 S. 300). — Die Höhe der Vergütung ist jetzt für ihre Pfändbarkeit nicht mehr gleichgültig (§ 1 VO. S. 44 f.) — (Wegen Begriffs und Arten der Vergütung im einzelnen s. S. 72 f.

c) Die Bestimmung, daß der Tag, an welchem die Vergütung zu entrichten war, abgelaufen sein muß, bevor sie pfändbar, soll verhindern, daß bei einem nach Zeitabschnitten festgesetzten Lohne die bis zu einem bestimmten Tage verdiente Lohnrate ausgerechnet, als kapitalisierte Forderung des Arbeiters betrachtet und gepfändet wird, ebenso bei einem Stücklohn (Akkordarbeit) eine Lohnpfändung mit Fertigstellung eines Stückes eintritt. Es wird daher der ganze Zeitraum von Beginn des Dienstverhältnisses an bis zum gesetzlichen, vertrags- oder gewohnheitsmäßigen Zahlungstage — nicht nur bis zu einem Tage allgemein üblicher Abschlagszahlung (Zeitschr. f. Bergrecht Bd. 55 S. 545) — und von diesem wieder bis zum nächstfolgenden Zahltage und so fort als ein geschlossenes Ganze — als eine Lohnperiode betrachtet, welche für die Frage der Zulässigkeit der Lohnbeschlagnahme nicht in Teile zerlegt werden darf, und ist aus diesem Grunde der Anfangspunkt der Exekutionsfähigkeit auf den nächsten Tag nach dem Ablauf der Lohnperiode verlegt (StenBer. III S. 582). Eine weitverbreitete aber unrichtige Ansicht will den ausgezahlten Lohn sofort unbeschränkt der Vollstreckung unterwerfen (s. bei Cohn in Gruchot 54, 761, Falkm. 759, Oertmann S. 51 und die Zitate).

Hiernach ist eine vor dem gedachten Tage bewirkte Pfändung oder Vorpfändung der noch ausstehenden Lohnforderung im Rahmen des § 1 des LBG. wirkungslos und wird auch nicht dadurch rechtswirksam, daß der Schuldner am Zahltage den Lohn nicht erhebt. — Dem Lohnberechtigten aber noch über den festgesetzten Termin hinaus ganz allgemein für einen den Verhältnissen entsprechenden Zeitraum den Lohn als unpfändbaren zu belassen, weil er meist nicht sofort bei Fälligkeit bezahlt wird (OLG. 10 S. 385), findet im Gesetz keine Stütze (vgl. aber S. 41 f.).

Zu 5. Nach dem aufgestellten Grundsatze müßte aber auch dann der dem Zahlungstage nachfolgende Tag als Anfangspunkt der Pfändung zulässig sein, wenn der Lohn zu entrichten war — aber aus irgendwelchen in der Person des Arbeitgebers oder Arbeiters liegenden Gründen nicht zur Auszahlung gelangte. Dieser Erwägung verdankte der Zusatz **„ohne daß der Vergütungsberechtigte dieselbe eingefordert hat“** seine Entstehung. Hierdurch wird es ermöglicht, den Arbeiter von dem Arbeitgeber unabhängig zu machen (Meyer 31 f.): nur durch Einfordern, d. h. Aufforderung zur Zahlung, sichert er seiner Lohnforderung — im Rahmen des § 1 des LBG.! — den Schutz gegen Beschlagnahme, andernfalls gibt er sie dem Zugriffe der Gläubiger frei. Dieser Grundsatz führt zu folgenden Konsequenzen: Hat der Arbeiter am Zahltage den Lohn **eingefordert, aber nicht erhalten,** so besteht das Verbot der Pfändung zeitlich und inhaltlich unbeschränkt über den Zahltag hinaus fort — auch bei Hinterlegung des Lohnes durch den Arbeitgeber bei der Hinterlegungsstelle (Bl. f. Ranwdg. 76, 494; Bl. f. Rpfl. 21 S. 75; Falkm. 758[4]); in diesem Falle hat die Forderung des Arbeiters gegen die Hinterlegungsstelle (S. 138) auf Auszahlung des hinterlegten Betrages dieselbe wirtschaftliche Bedeutung wie die Lohnforderung gegen den Arbeitgeber, und dies ist maßgebend (Conrad S. 344). Pfändbar wird sie aber in diesem Falle erst, wenn sie zufolge Verzichts auf die Rücknahme oder zufolge rechtskräftiger Verurteilung des Arbeitgebers bzw. eines Dritten in die Einwilligung zur Herausgabe an den Arbeiter (§ 376 BGB.) für letzteren frei verfügbar geworden und nicht unverzüglich abgehoben ist. Wegen rückständiger Beträge s. S. 39 f. Hat der Arbeiter den Lohn aber **eingefordert und erhalten,** so ist am nächsten Tage nach dem Zahltage die Möglichkeit seiner Pfändung gegeben (ebenso Oertmann S. 51 u. die Zitate); letzteres gilt auch dann, wenn der Arbeiter den Lohn **überhaupt nicht eingefordert hat.** — Der Verzug des Arbeitgebers mit der Zahlung zur festgesetzten Zeit (§ 284 Abs. 2 BGB.) macht die Einforderung der Vergütung nicht überflüssig.

Indessen erleiden diese Regeln dadurch einige Einschränkungen, daß **die Lohnforderung,** wie gezeigt (S. 35 f.), **nur als Arbeitserfolg geschützt** ist und durch Erhebung zum Kapitale den Schutz gegen Beschlagnahme einbüßt:

a) Trotz Einforderung wird die nicht bezahlte Lohnforderung pfändbar durch eine zwischen Arbeiter und Arbeitgeber nachträglich — auch vergleichsweise — getroffene Vereinbarung, daß sie weiterhin als Darlehen geschuldet (§ 607 BGB.) oder schlechthin, ohne Festsetzung von Fälligkeitsterminen, ganz oder teilweise dem Arbeitgeber etwa als Kaution belassen sein sollte (Seuffert 42 Nr. 173; S. 38). Dagegen streift der Arbeiter der Forderung noch nicht unbedingt den vom Gesetze zugestandenen Schutz durch Bewilligung von kurzfristiger Stundung oder Ratenzahlung mit fest verabredeten Rückzahlungsterminen ab, da er möglicherweise in der Nachsicht den einzigen, ihn schnell in Besitz der Vergütung setzenden Weg erblickt (ebenso SächsArch. 8 S. 607, Falkm. 771, Oertmann 45, Meyer 73 f., a. M. Gaupp § 850 III 3 c; s. S. 38), noch viel weniger durch eine vor Gericht oder außergerichtlich erzielte Anerkennung seiner Forderung (Seuffert a. a. O., OLG. 10 S. 384). Die Absicht, welche der Arbeitende mit seinen Maßnahmen verfolgt, wird in jedem einzelnen Falle entscheidend sein (vgl. S. 38).

b) Trotz Nichteinforderung bleibt die Lohnforderung unpfändbar, wenn nach den Umständen des Falles die Absicht des Lohnberechtigten, den Lohn durch Nichterhebung in Kapital umzuwandeln, ausgeschlossen ist, die Einforderung also wegen Krankheit oder Abwesenheit des Arbeiters, früherer Pfändung, vorheriger Zahlungsweigerung oder -unfähigkeit des Arbeitgebers nicht erfolgt (ebenso Seuff. 67 S. 422; Recht 07 S. 523; a. A. Falkm. S. 770 und die dort Anm. 38 Zitierten). Im allgemeinen unterstellt das Gesetz im Falle der Nichteinforderung am Fälligkeitstage den Willen des Arbeiters, den Anspruch zu kreditieren (LG. I Berl. T. 1359/02; T. 59/04; a. A. Falkm. a. a. O.).

Die Einforderung des Lohnes erfolgt formlos, rechtswirksam nur gegenüber dem Arbeitgeber in seinem Geschäftslokale, seiner Arbeitsstätte (OLG. 21 S. 66) oder sonstigem nicht gerade unpassenden Orte und ist ebenso, wie der Grund der Nichteinforderung im Rechtsstreite stets vom Arbeiter zu erweisen, der die Befreiung des Lohnes von der Beschlagnahme erstreiten will (JW. 1888 S. 196; OLG. 5 S. 455 u. StriethArch. 87 S. 280 f.). Daß diese nicht stattgefunden hat, ist so lange anzunehmen, als schuldnerischerseits nicht das Gegenteil glaubhaft gemacht ist (StenBer. II S. 981). Bei rückständiger Lohnforderung gilt die entgegengesetzte Vermutung (LG. I Berl. T. 59/04.) — Einforderung durch Bevollmächtigten genügt, nicht dagegen durch Zessionar, sofern Unwirksamkeit der Abtretung vorliegt (§ 2 Abs. 2 LBG.).

Die Einforderung kann zeitlich auch weit später als bei Fälligkeit rechtswirksam erfolgen (a. A. Falkm. a. a. O.) und hat dann von diesem Momente ab die Unpfändbarkeit des Lohnes zur Folge, wenn er nicht vorher schon gepfändet ist. Der Arbeiter hat in dieser Beziehung freies Bestimmungsrecht (vgl. S. 38).

Eine bedingte Pfändung für den Fall der Nichteinforderung ist unzulässig (25 T. 231/10 LG. I Berl.).

B.

Das Pfändungsverbot des § 1 besteht ohne Rücksicht auf:

1. den Rechtsgrund des Anspruches, um dessen Sicherung oder Befriedigung es sich handelte: er kann auf Vertrag oder unerlaubter Handlung beruhen (Ausnahme: § 4 Nr. 2 und 3, § 4a des LBG.);

2. den Schuldtitel, auf Grund dessen zur Sicherung oder Befriedigung die Pfändung vorgenommen werden soll; er kann im Wege des gerichtlichen — auch Vergleichs- oder Arrest- — wie des administrativen Verfahrens erlassen, auch eine nach § 794 Nr. 5 ZPO. vom Notar aufgenommene vollstreckbare Urkunde sein;

3. das Fortbestehen des Arbeits- oder Dienstverhältnisses zur Zeit der Lohnbeschlagnahme, wenn auf Grund desselben bei seiner Auflösung noch nicht fällige Bezüge, z. B. Provisionen (LG. Berl. I T. 531/03) gepfändet werden;

4. die Existenz anderer Vermögensbestandteile des Arbeiters, welche dem Zugriff des Gläubigers unterliegen; das Verbot der Beschlagnahme des Dienstlohnes gilt absolut, d. h. in jedem Falle unbeschadet sonstiger Vermögensbestandteile oder -einkünfte des Schuldners (Staudinger S. 158);

5. die Höhe der Vergütung bis zur Pfändungsgrenze; bei Nichteinforderung nach Leistung der Arbeit und Ablauf des Zahlungstages allerdings mit den S. 42 f., 45 — angeführten Einschränkungen und den Ausnahmen § 4 Nr. 3, § 4a LBG.);

6. die Art der Vergütung (S. 76);

7. die Art ihrer Zahlung (im voraus S. 39 oder nachträglich S. 39; täglich S. 27 oder periodisch S. 40);
8. die Hinterlegung der Lohnforderung (S. 41).

Wer sich auf die Unpfändbarkeit der Lohnforderung beruft, hat sie nachzuweisen, OLG. 31, 121, bei rückständigem Lohne hat Gläubiger die Nichteinforderung zu beweisen, weil das Gegenteil vermutet wird (S. 47).

Eine Übersendungspflicht gepfändeter Beträge an den Gläubiger besteht für den Drittschuldner nicht; die beschlagnahmte Forderung bleibt Lohnforderung und als solche Holschuld.

§ 1 der VO.

Der Arbeits- und Dienstlohn (§ 1 des Gesetzes vom 21. Juni 1869, Bundesgesetzbl. S. 242 und 1871 S. 63, Reichsgesetzbl. 1897 S. 159, 1898 S. 233) ist bei Auszahlung für Monate oder Bruchteile von Monaten bis zur Summe von monatlich 195 Reichsmark, bei Auszahlung für Wochen bis zur Summe von wöchentlich 45 Reichsmark, bei Auszahlung für Tage bis zur Summe von täglich 7,50 Reichsmark, und soweit er diese Beträge übersteigt, zu einem Drittel des Mehrbetrags der Pfändung nicht unterworfen.

Hat der Schuldner seinem Ehegatten, früheren Ehegatten, Verwandten oder einem unehelichen Kinde Unterhalt zu gewähren, so erhöht sich der unpfändbare Teil des Mehrbetrags für jede Person, der Unterhalt zu gewähren ist, um ein Sechstel, höchstens jedoch auf zwei Drittel des Mehrbetrages.

Übersteigt der Arbeits- oder Dienstlohn die Summe von 650 Reichsmark für den Monat, von 150 Reichsmark für die Woche, von 25 Reichsmark für den Tag, so findet auf den Mehrbetrag die Vorschrift des Abs. 2 keine Anwendung.

Die Vorschriften des Gesetzes vom 21. Juni 1869 finden entsprechende Anwendung.

Das Verhältnis der VO. zum LBG. im allgemeinen ist schon S. 22 behandelt worden.

Hier ist zu erörtern:

I. Das Verhältnis des § 1 des LBG. zu § 1 der VO.

Beide Vorschriften haben die gleichen sachlichen Voraussetzungen: Vergütung für Arbeiten oder Dienste auf Grund eines A.- oder D.-Verhältnisses, welches die Erwerbstätigkeit des Vergütungsberechtigten vollständig oder hauptsächlich in Anspruch nimmt. Beide Vorschriften regeln aber je nach der Höhe der Vergütung in durchaus verschiedener Weise die Frage ihrer Pfändbarkeit:

Der § 1 des LBG. läßt bei einer den unpfändbaren Mindestbetrag nicht übersteigenden Vergütung deren Beschlagnahme grundsätzlich nur bei Nichteinforderung nach dem daselbst bestimmten Zeitpunkte — dann aber in voller Höhe — zu, wie das bei Erläuterung der Vorschrift S. 40 f. dargelegt ist. — Der § 1 der VO. gestattet dagegen die Beschlagnahme der den unpfändbaren Mindestbetrag übersteigenden Vergütung, grundsätzlich nur in bestimmtem Umfange, aber unabhängig von einem Zeitpunkte und von der Einforderung, sobald nur in dem bestehenden Verhältnisse die Vergütung bestimmt oder hinreichend bestimmbar, wenn auch noch nicht fällig ist oder als erst künftige erwächst.

Beide Vorschriften ergänzen also einander und bestimmen zusammen die Grenzen, in denen Lohn-, Gehalts-, Honorar- usw. -Forderungen des Arbeitnehmers dem Zugriffe der Gläubiger unterliegen.

II. Die Bestimmung der Pfändungsgrenze.

A. Grundsätzliches.

Diese Grenze war in § 4 Nr. 4 des LBG. früher für alle Einkommen ziffernmäßig einheitlich, starr, ohne Berücksichtigung der Verschiedenheit der Lebensstellung und der wirtschaftlichen Lage und Unterhaltspflichten des einzelnen Arbeitenden bestimmt; der § 1 der VO. hingegen gestaltet die Pfändungsgrenze beweglich. Er erhebt die Höhe des Lohneinkommens in jedem einzelnen Falle zum Maßstabe seines pfändungsfreien und pfändbaren Teils, geht demgemäß von einer unteren Grenze aus (bis zu der es bei der Vorschrift des § 1 LBG. bewendet) und beläßt von dem diese übersteigenden Lohnbetrage noch einen gewissen, wiederum abgestuften Bruchteil dem Arbeitenden in dem Ausmaße, in dem er Unterhaltspflichten zu erfüllen hat.

B. Ausgangspunkt zur Feststellung der Grenze.

Wenn die Höhe des Lohneinkommens in jedem einzelnen Falle die Grundlage für die Feststellung der Pfändungsgrenzen bilden soll, so ist es geboten, zunächst darzulegen, was als Lohneinkommen anzusehen ist: Es ist das der in der früheren Nr. 4 des § 4 LBG. als „Gesamtbetrag der Vergütung" bezeichnete Entgelt des Arbeitenden für seine geleisteten Arbeiten oder Dienste in allen seinen Teilen, Arten und Formen (S. 38 ff. u. 76).

Für die Ermittelung der Pfändungsgrenze ist von dem Bruttobetrage dieses Entgelts auszugehen, wie jetzt nach den Entscheidungen des RG. i. JW. 1930, 416 u. RAGer. ebenda 466 endgültig anzunehmen ist, nachdem lange Zeit hierüber lebhaft gestritten wurde.

<u>Als Arbeitsentgelt sind daher für Feststellung der Pfändungsgrenze in Ansatz zu bringen:</u>

1. Die dem Arbeiter (nicht dem Arbeitgeber) obliegenden Beiträge zur Sozialversicherung (Angestellten-, Kranken-, Invalidenversicherung und die Lohn-(Einkommen)-steuer, die der Arbeitgeber nach gesetzlicher Vorschrift sofort bei Lohnzahlung in Abzug zu bringen hat. Für den Nichtabzug ent-

schieden JW. 1928, 2378; 1929, 1301; RFH. 14, 91 u. 209 sowie 15, 242; Arbeitsrecht 1925, 373; ebenso Oertmann S. 82/83, Titze in Ehrenberg Handbuch II S. 641; Dr. Pissel u. Koppe in EinkStGes. zu § 69 und der Verfasser dieses Buches; a. A. Jonas in Arb. Rspr. 1929, 16 u. JW. 1930, 467 und die dort Genannten.)

Wirtschaftlich, wenn auch nur mittelbar, kommen dem Arbeiter diese an die Staatskasse abzuführenden Beträge zugute: er wird dadurch von einer Staatsschuld befreit, die er sonst vom Barlohne zu tilgen gehabt hätte. — Hat Arbeitgeber freiwillig die Zahlung dieser Beträge übernommen, so sind sie natürlich dem Lohne im Ganzen zuzurechnen.

2. Die Beiträge, die der Arbeitgeber dem Lohne entnimmt und an Pensions-Unterstützungskassen oder ähnliche Einrichtungen (§ 117 Abs. 2 GewO.) nach Vereinbarung mit dem Arbeiter direkt abgeführt; auch hier wird der Lohn nicht gekürzt, nur seine Zahlweise geändert.

3. Vermögensvorteile, welche für die Dienste des Arbeiters seinen Familienmitgliedern zugewandt werden; jedenfalls insoweit sie nach der VO. den dem Arbeiter selbst (auch für die Unterhaltsberechtigten) zustehenden unpfändbaren Lohnteil nicht überschreiten. In noch weiterem Umfange wird dies angängig sein, wenn rechtsunwirksame Scheinverträge (sog. 1500 M.-Verträge) vorliegen (JW. 1930, 569 in Anm.; S. 68).

4. Die S. 77 f. genannten Bezüge, soweit sie den wirklich gemachten oder zu machenden Aufwand übersteigen.

5. Die von Notstandsarbeitern bezogenen Beträge, weil sie (Best. über öffentl. Notstdsarb. v. 30. 4. 25, RGBl. I S. 53) im Gegensatze zu Erwerbslosenunterstützungen (Ges. v. 12. 10. 29) den Charakter des Lohnes haben (KG. 8 W. 5807/27); dies trifft auch für Prämien zu, die ihnen für besonders gute Arbeiten gewährt werden (Arbeitsrecht i. d. Praxis v. Goerrig II, 37).

6. Hausstands- und Kindergeldzulagen der Arbeitnehmer (Ggs. der Beamten, RAG. i. JW. 1930, 739), wenn auch nur auf bestimmte Zeit od. widerruflich bewilligte (S. 127).

7. Vorschußleistungen auf die Vergütung, selbst wenn sie das Entgelt für die bisher geleistete Arbeit einer Lohnperiode übersteigen (wegen ihrer Verrechnung bei Pfändung S. 133 f.).

8. Rückständige, eingeforderte oder kurzfristig gestundete Lohnbeträge (S. 39, 42).

9. Tarifwidrig nicht voll bezahlte Lohnteile, da der Arbeiter nicht ohne weiteres seinen vollen Lohnanspruch einbüßt, wenn er untertarifliche Bezahlung vereinbart oder sich gefallen läßt (RAG. 1, 122 u. 190; 2, 161, 1; vgl. S. 72).

Nicht zu berücksichtigen bei Feststellung der Pfändungsgrenze:

1. Jubiläumsgaben des Arbeitgebers anläßlich seines oder des Arbeiters Jubiläum, weil sie Schenkungen sind (JW. 1928, 255); andere einmalige Zuwendungen s. S. 79.

2. Die aus Nebenbeschäftigung des Arbeiters fließenden Einkünfte, die den Pfändungsschutz nicht genießen (Ausnahme S. 34).

3. Arbeitsverdienste von Ehefrau und Kindern des Arbeitenden, weil diese Personen nicht verpflichtet sind, ihr Erarbeitetes den Gläubigern des Mannes oder Vaters zur Befriedigung zur Verfügung zu stellen (§§ 1389, 1365, 1367, 1651 BGB.; aber anders ist zu urteilen, wenn ein Arbeitsverhältnis zu begründen beabsichtigt war (s. S. 32). Bei einem Gesamtschuldverhältnis beider Eheleute kann jeder die Freilassung des ihm allein zustehenden pfandfreien Betrages verlangen, selbst wenn beide in häuslicher Gemeinschaft leben; denn für die Pfändungsbeschränkung kommt es nicht darauf an, ob Schuldner diesen Betrag für seinen Lebensunterhalt verwenden muß und verwendet (ebenso Falckmann 773, entgegengesetzt Beschluß des LG. I Berl. 25. T. 1408/05). — Wenn beider Eheleute Vergütung in einem Betrage festgesetzt ist, muß ev. Zerlegung der Vergütung nach der der Arbeit jedes einzelnen zukommenden Bedeutung stattfinden (JW. 1930, 88).

4. Alle Einkünfte des Schuldners aus Privatvermögen oder anderen Vermögensmassen (§§ 859 f. ZPO.).

5. Sonstige aus dem A.- u. D.-Verhältnisse erwachsenden, vom Schutze des Ges. ausgeschlossenen Ansprüche s. S. 80 f.

Abzuziehen von der Gesamtvergütung sind Auslagen und Aufwendungen des Arbeiters für den Arbeitgeber, weiter auch eine angemessene Summe als Ersatz für Auslagen (S. 80; § 3 Abs. 2 LBG.), z. B. wenn der Arbeiter für Beschaffung und Erhaltung seines Arbeitsgerätes selbst zu sorgen hat (a. A. Falkmann

769), auch Dienstaufwand und Repräsentationsgeld in gewissem Umfange (S. 78 f.). Wegen Gruppenarbeitsvertrag S. 33, 53 f.

C. Sicherstellung der Unterhaltsberechtigten.

Die VO. will die Erfüllung der Unterhaltspflicht des Arbeitenden zugunsten der in Abs. 2 genannten Personen — es sind die gleichen wie in § 4 Nr. 3 des LBG. (s. S. 97 f.) — sicherstellen. Sie schützt diese mittelbar in der Person des Schuldners und schränkt die Pfändung seiner Arbeitsvergütung ein, falls er jemandem aus diesem Personenkreise „Unterhalt zu gewähren hat". Entscheidend ist aber nur das Bestehen der Pflicht, nicht deren tatsächliche Erfüllung. (Ebenso Kaskel S. 152 Anm. 2) Für diese Auslegung der Wortfassung spricht nicht nur der Sprachgebrauch des BGB. (Planck BGB. Einl. S. 54), sondern vor allem deutlich die Begründung der VO. vom 12. 12. 17, der Vorgängerin unserer VO., wo es heißt: „Durch die Erweiterung der Pfändungsbeschränkung soll die Erfüllung der Unterhaltspflicht gesichert werden".

Gesichert werden lediglich die gesetzlichen Unterhaltsverpflichtungen unabhängig von dem Bestehen eines Schuldtitels, Vertrages oder einer letztwilligen Verfügung, die solche festsetzen, und der Höhe, in der sie die Unterhaltsgewährung anordnen (a. M. Schüler S. 41).

Der Grundsatz der Lohnsicherung für die Verwandten usw. ist aber nicht völlig durchgeführt: Nur für zwei derselben ist vom Lohn ein Teil bereitgestellt, selbst wenn mehr Personen Unterhaltsansprüche zu stellen haben. Im Interesse des Gläubigers verbot sich, wie gezeigt, eine noch weitergehende Steigerung des unpfändbaren Lohnteils.

D. Die Pfändungsgrenze selbst

wird im einzelnen Falle, abgesehen von den Ausnahmen §§ 1 (S. 41 f.), 4, 4 a LBG., wie folgt bestimmt:

1. Der Betrag bis 195 RM. für den Monat, 45 RM. für die Woche bzw. 7,50 RM. für den Tag ist als Existenzminimum des Arbeitenden von der Pfändung ausgeschlossen (**Abs. 1** S. 44).

2. Von dem Mehrbetrage, gleichviel wie hoch er ist, verbleibt ein Drittel dem Schuldner ebenfalls pfändungsfrei zu seinem Unterhalte (**Abs. 1**).

3. Dieses eine Drittel erhöht sich um je ein weiteres Sechstel für jede Person, der Unterhalt zu gewähren ist, allerdings nur bis zu höchstens einem weiteren Drittel (**Abs. 2**). Indessen erleidet diese Steigerung des pfändungsfreien Teils eine Ausnahme: „Übersteigt der Arbeits- oder Dienstlohn die Summe von 650 RM. für den Monat, von 150 RM. für die Woche, von 25 RM. für den Tag, so findet auf den Mehrbetrag die Vorschrift des Abs. 2 keine Anwendung" (**Abs. 3**). — Diese Bestimmung beläßt bei einem Lohne bis zu dieser Höhe den genannten Personen die nach Abs. 2 zukommende Erhöhung des pfändungsfreien Betrages, versagt sie ihnen aber von dem diese Grenzen übersteigenden Lohnteile an. Insoweit findet Abs. 2 keine Anwendung; der über 650 bzw. 150 bezw. 25 M. hinausgehende Teil des Lohns ist also stets nur zu $^1/_3$ der Pfändung entzogen. Es soll der danach pfandfrei bleibende ev. beträchtliche Teil des Lohnes auch zum Unterhalt der Unterhaltsberechtigten ausreichen.

Einige Beispiele zur Erläuterung:

Zu Abs. 1: Der Wochenlohn des alleinstehenden A. beträgt 90 RM., dann sind pfandfrei $45 + \frac{45}{3}$ RM. = 60 RM., pfändbar 30,— RM.

Zu Abs. 2: Sein Lohn beträgt 150 RM. für die Woche und er hat Frau und 2 Kinder zu erhalten; dann sind pfandfrei: $45 + \frac{105 \cdot 2}{3} = 115$ RM., pfändbar 35 RM.

Zu Abs. 3: Sein Lohn beträgt im letzteren Falle 180 RM. für die Woche. Dann sind pfandfrei $45 + 45 \left(= \frac{180 - 45}{3} \right) = 90$ RM. für Schuldner, $+ 35 \left(= \frac{150 - 45}{3} \right)$ für Angehörige, zusammen 125 RM., pfändbar 55 RM.

III. Entsprechende Anwendung

sollen nach Abs. 5 die Vorschriften des LBG. finden.

Hierüber ist auf die Ausführungen S. 22 zu verweisen und die folgende

IV. Übersicht.

Die Pfändung der Arbeits- und Dienstvergütung der Arbeiter und Privatbeamten ist:

A. bei Vorliegen eines Arbeits- und Dienstverhältnisses zulässig

I. soweit die gesamte Vergütung den in § 1 der VO. festgesetzten Mindestbetrag übersteigt, jederzeit in dem daselbst bestimmten Ausmaße (S. 44). — Zurzeit ebenso wegen Steuern u. Abgaben S. 95.

II. bei geringerer Vergütung in voller Höhe
1. nach dem in § 1 des LBG. festgesetzten Zeitpunkte (s. S. 40 f.), d. h. nach
α) Leistung der Dienste und
β) Ablauf des Tages der Lohnzahlung und
γ) Nichteinforderung des Lohnes.

III. unabhängig von den Schranken des § 1 LBG. u. der VO. in voller Höhe, vor allem jederzeit:
a) wenn sie aus Nebenbeschäftigung herrührt (s. S. 34 f.) oder
b) wegen der
α) den Verwandten,
β) dem Ehegatten,
γ) dem geschiedenen Ehegatten
δ) den unehelichen Kindern
zu entrichtenden Unterhaltsbeiträge (§§ 4[a], 4 a LBG.; s. S. 96 f., 104 f.),
jedoch mit der Beschränkung
aa) auf die Zeit nach Erhebung der Klage und das diesem Zeitpunkte vorausgehende letzte Vierteljahr,

bb) auf die kraft Gesetzes zu zahlenden Beträge,

cc) im Falle der Pfändung zugunsten unehelicher Kinder durch die eigene Notdurft des Arbeitenden und die Unterhaltspflicht gegenüber bestimmten Personen (§ 4 a LBG., S. 108 f.).

Anmerkung: Auf die Hausgewerbetreibenden und Zwischenmeister, ebenso die Hausarbeiter findet die unter **A** aufgeführte Regelung nach dem Hausarbeitsges. v. 30. 6. 23 Anwendung, auf die Ersteren allerdings nur unter bestimmten Voraussetzungen (S. 31, 53 ff.).

B. bei Nichtvorliegen eines Arbeits- oder Dienstverhältnisses im Sinne des § 1 LBG. und § 1 BO. zulässig, unabhängig von einschränkenden Bestimmungen dieser Gesetze, ohne Rücksicht auf Höhe, Fälligkeit und Einforderung der Forderung, auch dann, wenn die Arbeit noch nicht geleistet und der Lohn noch nicht verdient ist, ja selbst dann, wenn das schuldrechtliche Verhältnis, aus dem die Forderung erwachsen kann, noch nicht besteht, sofern nur die künftige Forderung hinreichend bestimmt oder bestimmbar ist (RG. 82 S. 227 f.). — Die hierbei in Betracht kommenden Vergütungen werden entweder durch einmalige in jedem einzelnen Falle selbständige, vielleicht häufig sich wiederholende Tätigkeit begründet, z. B. das Honorar des Arztes, der Bezug des Handlungsgehilfen für eine gemachte Erfindung, die Forderung des Hausgewerbetreibenden (S. 31) und selbständigen Handwerkers für übertragene Arbeiten, das Spielhonorar eines Schauspielers für ein kurzes Gastspiel (nicht ein Saisongastspiel), der Anspruch einer zur Aushilfe angenommenen Person (S. 27), eines fest angestellten Buchhalters für nebenherige Buchführung bei einem Privatmann (S. 34 f.), oder aber sie entstehen als fortlaufende durch Leistungen in einem einheitlichen Rechtsverhältnisse, wenn sie auch von bestimmter Betätigung des Arbeitenden innerhalb des übertragenen Geschäftskreises abhängen, ja selbst in ihrem Umfange schwanken, z. B. die Bezüge des Direktors einer Aktiengesellschaft, die Provisionen eines Agenten (S. 30), des für mehrere Firmen tätigen Reisenden (OLG. 31, 118), die Vergütung eines mit regelmäßigen Revisionen betrauten Bücherrevisors. Diese

Forderungen sind prozessual als einheitliche Forderung zu behandeln; daher erstreckt sich ihre Pfändung ohne weiteres auf alle als Teile dieser Einheit fällig werdenden Beträge (§ 832 ZPO.; JW. 1927, 726; 1930, 1433; OLG. 31 S. 118; Jonas § 832 II), während die einmaligen Forderungen auch nur als einzelne genau bestimmte beschlagnahmt werden können.

Anhang.

Zusammenschluß von Arbeitnehmern; ihre, sowie des Gruppenführers und Zwischenmeisters Rechtsstellung; Pfändbarkeit ihrer Bezüge.

(unter Benutzung von Büsing, Der Gruppenarbeitsvertrag).

In sehr verschiedener Weise erfolgt der Zusammenschluß einer Mehrheit von Arbeitnehmern (**An**) zu gemeinsamer Arbeit: Er kann von dem Arbeitgeber (**Ag**) oder von den Arbeitern selbst ausgehen.

I. Der Ag., der eine Arbeit von mehreren geleistet haben will, schließt mit einer Anzahl von An. getrennt selbständige Verträge. Dann entsteht zwischen ihm und jedem einzelnen An. ein Arbeitsverhältnis; unabhängig von demjenigen, das mit einem anderen begründet wird, nur die Leitungsbefugnis des Ag. verbindet die An. In diesem Falle hat jeder von ihnen einen selbständigen Lohnanspruch gegen den Ag., selbst wenn der Lohn nach Vereinbarung an alle gemeinschaftlich oder an einen von ihnen gewählten Vertreter zur Auszahlung gebracht wird. Der Lohn des einzelnen ist daher nach den Vorschriften des LBG. u. der VO. nur beschränkt pfändbar.

II. Häufig schließen sich auch mehrere An. selbst zur Ausführung von Arbeiten zusammen und verpflichten sich gemeinsam einem Ag. gegenüber; es schließen dann alle zusammen oder nur einer von ihnen für sich und für die anderen den Vertrag mit dem Ag. In einem solchen Falle bleiben sie alle An. und jeder einzelne hat einen Lohnanspruch gegen den Arbeitgeber wie zu I.

III. Andere Rechtsverhältnisse treten aber ein, wenn die An. sich nicht nur zu gemeinsamer Arbeit durch Arbeitsvertrag verpflichten, sondern eine gegenseitige Bindung zu gemeinsamer Arbeit untereinander vorliegt. Man spricht dann von einer Gruppe, auf die das Gesellschaftsrecht Anwendung findet (§§ 705 folg. BGB.).

Der von dieser geschlossene Vertrag heißt Gruppenarbeitsvertrag. Wenn dieser vorliegt, hat nur die Gruppe als solche Anspruch auf Entgelt gegen den Ag.; der einzelne nur einen Anspruch auf den ihm zukommenden Gewinnanteil gegen die Gruppe. — Dieser Anteil hat aber Entgeltcharakter: Er ist wirtschaftlich besprochen — und dies entscheidet — Arbeitsvergütung im Sinne der §§ 1, 3 LBG. Zwar besteht zwischen den einzelnen Gruppenmitgliedern kein Arbeitsverhältnis, aber doch zwischen der ganzen Gruppe und dem Arbeitgeber. Daher ist auch jedes Gruppenmitglied An. und seine Vergütung ist, wenn auch im Sinne des Gesellschaftsrechts Gewinnanteil, so doch nur Arbeitsentgelt, Arbeitslohn, und nur beschränkt pfändbar. Die technische Bezeichnung ist nach § 1 des LBG. nebensächlich. Das Gesellschaftsrecht findet in voller Reinheit auf die Gruppe keine Anwendung. Man ist gezwungen, beim Fehlen einer gesetzlichen Bestimmung eigenartige, aus den mannigfachen Formen des Wirtschaftslebens erwachsene Rechtserscheinungen unter Begriffe einzuordnen, die für sie nicht passen, in ganz anders gearteten Verhältnissen ihren Ursprung haben.

IV. Der von der Gruppe zur Organisation der Arbeit gewählte, sogen. Gruppenführer wird meistens auch zum Vertreter der Gruppe nach außen hin bestellt und schließt als solcher die Verträge für die Gruppe ab. Ein derartiges Vertragsverhältnis besteht z. B., wenn ein Musikmeister es übernimmt, mit seinem Orchester in einem Gasthause zu spielen, ein Schauspieler sich verpflichtet, mit einer Truppe mehrere Schauspiele aufzuführen, ein Maurerpolier mit Arbeitern den Fassadenputz von Neubauten ausführen will, ein Instmann sich verpflichtet, außer sich selbst mehrere arbeitsfähige Personen dem Gutsherren zur Verfügung zu stellen. — In allen diesen Fällen ist und bleibt der Geschäftsführer An. An seinen Rechtsbeziehungen zur Gruppe und dem Ag. ändert sich auch dann nichts, wenn er vom Ag. für die besondere Stellung, die er einnimmt, seine höhere Arbeitsleistung und größere Mühewaltung, eine besondere Vergütung erhält. Es handelt sich auch dann lediglich um ein Arbeitsentgelt, welches pfändbar ist, wenn die Voraussetzungen für die Anwendbarkeit des LBG. und der VO. gegeben sind. — Bezüglich der Pfändung der „Gewinnanteile" der Gruppenmitglieder verbleibt es bei dem oben unter III. Gesagten.

V. Oft tritt aber der Geschäftsführer bei Vertragsabschluß mit dem Ag. im eigenen Namen auf und übernimmt, wie ein selbständiger Unternehmer, auf eigene Rechnung die Ausführung der Arbeiten der Gruppe. Er tut es, um seine wirtschaftliche Lage zu verbessern, sich planmäßig laufende Gewinne zu verschaffen, die ihm als Angehörigen und Geschäftsführer der Gruppe nicht zufließen würden, nicht Arbeitsentgelt sind. Selbstverständlich kann er derartige Verträge nur im Einverständnis mit den Gruppenmitgliedern abschließen. Mit deren Abschluß verändert sich nicht nur seine wirtschaftliche Lage, sondern auch seine Rechtsstellung sowohl dem Ag. wie der Gruppe gegenüber. Er hat die Stellung eines sog. Zwischenmeisters, eine Doppelstellung: Er ist An. des Oberarbeitgebers und gleichzeitig durch den Abschluß des Vertrages mit der Gruppe Unterarbeitgeber seinen Gruppenmitgliedern gegenüber; er ist Gruppenmitglied vom Standpunkte des Oberarbeitgebers, im übrigen aber kein bloßes Gruppenmitglied mehr, sondern im Verhältnis zu diesem selbständig, also unselbständig nach der einen, selbständig nach der anderen Seite hin. — Der Grad seiner Selbständigkeit wird dabei mehr oder weniger verschieden sein. Stets bringt diese es mit sich, daß er den Arbeitsprozeß allein leitet und überwacht, die im Arbeitsvertrage vereinbarten Löhne an die Gruppenmitglieder zahlt und den Überschuß der vom Ag. erhaltenen Gesamtsumme als seinen Gewinn für sich behält. Aber selbst wenn er auch Arbeitsgerät, Maschinen, Werkzeuge usw. den Gruppenmitgliedern zur Verfügung stellt, oder gar Materialien auf eigene Rechnung anschafft, wird er noch nicht zum selbständigen Unternehmer im nationalökonomischen Sinne (nicht im Sinne der §§ 631 folg. BGB.), bleibt vielmehr grundsätzlich An. Die Richtlinien des Reichsversicherungsamtes zu § 18 Hausarbeitsgesetz haben besondere Merkmale für die Annahme der Selbständigkeit des Zwischenmeisters aufgestellt.

Indessen für die hier allein in Rede stehende Frage der Pfändbarkeit ihrer Bezüge ist es bedeutungslos, ob man die Zwischenmeister als selbständige oder unselbständige Persönlichkeiten betrachtet. Selbst wenn man sie als An. anspricht, so können ihre Bezüge doch nicht als beschränkt pfändbar angesehen werden; es fehlt an den Voraussetzungen, unter denen der Arbeitslohn nach dem LBG.

und der VO. geschützt werden soll, das Arbeitsverhältnis mit dem begrifflich erforderlichen Merkmale der Abhängigkeit vom Ag. im Sinne der Ausführungen S. 28 folg.; es fehlt oft auch die notwendige vollständige oder hauptsächliche Inanspruchnahme der Erwerbstätigkeit in diesem Verhältnis. Grundsätzlich muß man daher den Zwischenmeistern den Schutz des LBG. versagen. Erwägungen, die unter III. für die entgegengesetzte Ansicht maßgebend erschienen, treffen bei den Zwischenmeistern nicht zu. Den hier vertretenen Standpunkt nimmt auch das Hausarbeitsgesetz ein: Es stellt den Zwischenmeister nur dann den Hausarbeitern gleich, „wenn er aus der Mitarbeit am Stücke den überwiegenden Teil seines Verdienstes bezieht" und spricht ihm nur in diesem Falle in § 45 den Schutz seiner Bezüge gegen Beschlagnahme zu. Vgl. RVOrd. § 162. (Dabei ist die Beschäftigung einer geringen Zahl von Arbeitern unerheblich; RAG. 4, 284.)

Diese Ausnahme trifft aber auf den aus der Gruppe hervorgegangenen Zwischenmeister nach dessen Umstellung vom Geschäftsführer zu seiner neuen Stellung wohl nie zu. Den größten oder wenigstens größeren Teil seiner Einkünfte zieht er aus den planmäßigen laufenden Gewinnen, die er sich durch die Verträge mit dem Ag. einerseits und den Gruppenmitgliedern andererseits gesichert hat. Also aus der alleinigen oder — selbst bei seiner Mitarbeit — hauptsächlichen Arbeit der anderen fließen ihm seine Bezüge zu; gerade um dies zu erreichen, hat er ja die Umstellung vom Geschäftsführer aus vollzogen.

Sind in diesem Falle also seine Einkünfte schlechthin pfändbar, so muß dies in Fällen umsomehr gelten, wo er nicht aus einer Gruppe hervorgegangen ist, vielmehr von vornherein ohne Bindung nach einer Seite mit einem Ag. und mit frei gewählten An. Arbeitsverträge schließt und nur in den seltensten Fällen wird man unter Berücksichtigung seiner wirtschaftlichen und sozialen Lage die Vorbedingungen als gegeben erachten, unter denen der § 18 a. a. O. seine Bezüge unter den Schutz des LBG. stellt.

VI. Die An. aber, sei es, daß sie einer Gruppe angehören oder nicht, stehen stets in einem Arbeitsverhältnis zum Zwischenmeister und sind wegen Beschlagnahme ihrer Arbeitsentgelte durch das LBG. geschützt.

Bezüglich der Gruppenmitglieder wird dies nur dann nicht der Fall sein, wenn die Gruppe, die gewöhnlich als Arbeitnehmerin erscheint, eine solche soziale und wirtschaftliche Selbständigkeit zeigt, daß ihre Verträge Werkverträge sind. Z. B. Verträge einer Schauspielergruppe, die lange Zeit auf Reisen ist und an verschiedenen Orten Gastspiele auf eigene Rechnung gibt. In diesen Fällen ist der einzelne, wenn auch in der Gruppe Zusammengeschlossene, Mitunternehmer und seine Bezüge unterliegen keiner Beschränkung bei der Beschlagnahme.

§ 2 der VO.

Ändern sich die Verhältnisse, die nach § 1 Abs. 1 *) für die Bestimmung des unpfändbaren Teiles des Lohnes maßgebend sind, so erweitert oder beschränkt sich die Pfändung nach Maßgabe der eingetretenen Änderung von dem auf deren Eintritt nächstfolgenden Zeitpunkt ab, an welchem der Lohn fällig wird. Auf Antrag des Gläubigers oder des Schuldners hat die Behörde, welche die Pfändung bewirkt hat, den Pfändungsbeschluß entsprechend zu berichtigen. Der Drittschuldner kann, solange ihm eine Berichtigung nicht zugestellt ist, nach Maßgabe der bisherigen Pfändung mit befreiender Wirkung leisten.

Die Vorschrift will den Änderungen der Verhältnisse des Schuldners Rechnung tragen, die für Bestimmung des unpfändbaren Lohnteils bei Erlaß des Pfändungsbeschlusses maßgebend waren. Nach ihrem Wortlaute sollen diese nur soweit in Betracht kommen, als sie die Lohnhöhe gemäß Abs. 1 des § 1 der VO. betreffen. Wenn dieses allein beabsichtigt wäre, würde die ganze Vorschrift fast völlig überflüssig sein. Denn die Pfändungs-

*) Muß jetzt Abs. 2 heißen; im Ges. v. 23. 12. 21 unterblieb es nur, die früher richtige Verweisung (s. VO. v. 25. 6. 19) zu berichtigen.

grenze ist jetzt über einen gewissen Mindestsatz hinaus quotenweise und nicht ziffernmäßig bestimmt, paßt sich also von selbst jeder Erweiterung oder Beschränkung der Lohnhöhe an und es kommt daher für diesen Fall eine Berichtigung des Pfändungsbeschlusses, wie § 2 ihn vorsieht, nur dann in Frage, wenn der Lohn auf über 150,— RM. für die Woche steigt; dann verschiebt sich unter Umständen die Quote gemäß Abs. 2 und 3 des § 1 der VO. und kann es sich um Berichtigung des Pfändungsbeschlusses handeln (S. 50).

Indessen die Vorschrift hat ein viel weitergehendes Anwendungsgebiet: sie will vor allem die Veränderungen in den Unterhaltspflichten des Schuldners seit Erlaß des Beschlusses berücksichtigt sehen; diese Pflichten waren für die Höhe der Pfändungsquote damals bestimmend (Abs. 2 u. 3 des § 1). Die Richtigstellung dieser Quote nach Maßgabe inzwischen eingetretener veränderter Verhältnisse, d. h. der Familienverhältnisse, ist der Zweck der Vorschrift (vgl. Oertmann Nachtrag S. 15). — Daß dieses die Absicht des § 2 trotz seines entgegenstehenden Wortlauts ist, ergibt die Entstehungsgeschichte der Vorschrift, die Fassung des § 1 Abs. 1 der VO. v. 25. 6. 19 im Vergleiche zu Abs. 1 des RGes. v. 23. 12. 21. — Glaubhaftmachung der veränderten Verhältnisse ist bei Bestreiten der Gegenpartei erforderlich.

Automatisch wirkt sich die Änderung aus: Um den freigewordenen Teil des Lohnes zu erfassen, bedarf es keines erneuten Antrages oder Beschlusses, auch nicht der Einlegung eines Rechtsbehelfs gegen die nunmehr zu weitgehende Pfändung zum Zwecke der Bestimmung einer den neuen Verhältnissen angepaßten Pfändungsgrenze. Ohne weiteres wird von der Veränderung der Verhältnisse der Pfändungsbeschluß ergriffen.

Der Zeitpunkt für die Abänderung der pfandfreien Lohnquote und damit des Pfandrechtsinhalts ist der nächste Fälligkeitstermin des Lohnes nach Eintritt der Änderung, z. B. eine am 1. März beginnende Lohnerhöhung des mit monatlichem, nachträglich zahlbaren Gehalte Angestellten bewirkt Erhöhung des pfändbaren Lohnbetrages daher erst am 1. April; dagegen zieht der Wegfall eines seiner Unterhaltsberechtigten am 20. 2. bereits am 1. 3. die Änderung der pfändbaren Lohnquote und des Pfändungsbeschlusses nach sich.

Nach Satz 3 kann der Drittschuldner bis zur Zustellung einer Berichtigung des ursprünglichen Beschlusses nach Maßgabe der bisherigen Pfändung mit befreiender Wirkung leisten; es ist ihm aber auch unbenommen, sofort nach Kenntnis der veränderten Verhältnisse seine Zahlungen an den Pfandgläubiger zu ändern.

Trotzdem wird der an der Berichtigung interessierte Gläubiger oder Schuldner gut tun, einen dahingehenden Antrag mit möglichster Beschleunigung bei der Vollstreckungsbehörde, die den Pfändungsbeschluß erließ, zu stellen. Denn es gilt, zu verhüten, daß ein anderer Gläubiger an dem jetzt angreifbar gewordenen Teil des Lohnes durch schnellen Zugriff ein Pfandrecht erwirbt, bevor es dem bisherigen ersten Pfandgläubiger möglich war, seinerseits dessen Beschlagnahme zu erwirken oder aber daß der Drittschuldner in Unkenntnis der wahren Sachlage an den Pfandgläubiger mehr zur Auszahlung bringt, als diesem eigentlich noch zukommt. In diesem letzten Falle hat der Pfandgläubiger das zuviel Erlangte an den wirklich Berechtigten nach den Grundsätzen der ungerechtfertigten Bereicherung (§ 816² BGB.) herauszugeben.

Den ergehenden Beschluß hat die Partei der Gegenpartei und dem Drittschuldner zuzustellen. — Ob dieser Beschluß der Erinnerung unterliegt oder nur durch Beschwerde anzufechten ist, erscheint zweifelhaft; Gaupp Nach § 850 VI, dem ich mich anschließe, meint, daß auf Antrag der Urkundsbeamte der Geschäftsstelle die Berichtigung vorzunehmen hat u. ev. erst dann gemäß §§ 766, 793 ZPO. vorgegangen werden kann.

§ 2 des LBG.

Die Bestimmungen des § 1 können nicht mit rechtlicher Wirkung durch Vertrag ausgeschlossen oder beschränkt werden.

Soweit nach diesen Bestimmungen die Beschlagnahme unzulässig ist, ist auch jede Verfügung durch Zession, Anweisung, Verpfändung oder durch ein anderes Rechtsgeschäft ohne rechtliche Wirkung.

I. Allgemeines.

Der Paragraph verbietet jedwede Rechtsgeschäfte des Arbeiters bezüglich der Lohnforderung vor dem in § 1 festgesetzten Zeitpunkte, soweit sie sich unter der Pfändungsgrenze des § 1 der VO. halten (Abs. 5 daselbst), mögen sie der Umgehung des gesetzlichen Verbots oder zur Deckung wirklich bestehender Forderungen dienen, mögen sie das Pfändungsverbot ganz aufheben oder nur beschränken; er enthält wie jede Bestimmung des § 850 ZPO. zwingendes Recht. Wegen Verfügungen über den die Pfändungsgrenze übersteigenden Betrag s. S. 68 ff.

II. Zu Abs. 1.

Verträge, welche das Pfändungsverbot des § 1 beseitigen sollen, können sowohl vor wie nach Beginn der Zwangsvollstreckung geschlossen werden; sie sind in jedem Falle auch in der Form von Vergleichen nach § 134 BGB. nichtig.

Auch eine einseitige Verzichtserklärung des Schuldners auf die Wohltat des Gesetzes während des Zwangsvollstreckungsverfahrens, z. B. auf sein Beschwerderecht gegenüber unzulässiger Pfändung, hebt das gesetzliche Pfändungsverbot nicht auf (ebenso Oertmann S. 54, Falkm. S. 757).

Zu Abs. 2.

Der Absatz 2 erklärt alle Verfügungen des Arbeiters für unzulässig, welche — beabsichtigt oder nicht — auf die unpfändbare Lohnforderung einwirken und regelt damit nicht nur wichtige Teile des Arbeitsvertrages, sondern die Rechtsstellung des Arbeiters im allgemeinen Rechtsverkehr überhaupt.

Unter „Verfügungen durch Rechtsgeschäfte" oder rechtsgeschäftlichen Verfügungen werden Rechtshandlungen verstanden, welche unmittelbar bestehende Vermögensrechte übertragen, verändern oder beendigen. RG. 90, 399; 94, 82. — Wirkungslos sind daher Verfügungen des Arbeitenden, wenn sie „eine Enteignung des zukünftigen Lohnes" im Rahmen der Pfändungsschranken enthalten (StenBer. III a. a. O.), also Rechtshandlungen, welche einem Dritten — gleichviel wem —

unmittelbar ein Recht auf den Lohn ganz oder zum Teil einräumen und daher dem Arbeitenden verhängnisvoll werden können. — Auf die Verpflichtung zu einer Verfügung über den Lohnanspruch bezieht sich das Verbot nicht (ebenso Oertmann S. 56, Planck und Staudinger Vorbem. vor § 104 BGB.).

a) Unzulässig sind demnach im genannten Umfange Verfügungen des Arbeiters über den Lohn durch die namentlich aufgeführten Rechtsgeschäfte, die Zession [ebenso § 400 BGB. — zur Sicherung oder fiduziarisch (RG. 59, 190; 53, 416) zahlungshalber (RG. 65, 79; OLG. 18, 60), — nicht die Inkassozession S. 62], Anweisung (Gegensatz Auftrag und Vollmacht S. 62) Verpfändung [eine solche enthält auch die sog. Kautionsbestellung mit der Lohnforderung (vgl. m. Auff. i. Bl. f. Rpfl. 02 S. 20, OLG. 25, 190)] die Lohneinbehaltungsabrede als Verpfändung des Lohnes zur Sicherung des Arbeitgebers (Lotmar 1 S. 432 f.; Sinzh. S. 97 f.; Kaskel S. 148); sie ist aber auf dem ganzen Gebiete des Rechts zur Sicherung des Arbeitnehmers behufs Schaffung von Rücklagen u. a. insbesondere behufs Verwendung des Lohnes für Wohlfahrtseinrichtungen des Arbeiters gestattet (JW. 13, 148[27]; vgl. S. 62 f.; a. A. Kaskel S. 147) außerdem gemäß § 119a GewO. und § 10 LAO. beschränkt zulässig. Ist ohne Abrede der Lohn einbehalten, so hängt die Zulässigkeit der Zurückbehaltung von der Art der Gegenforderung des Arbeitgebers ab (S. 67). Ein Recht zur Einbehaltung ohne Vereinbarung besteht gesetzlich nur bezüglich des Steuerabzuges. — „Andere Rechtsgeschäfte" sind Erlasse [auch die Abrede der Lohnverwirkung im Falle vertragswidrigen Handelns des Arbeiters fällt hierunter (Lotmar I S. 452 f.; Sinzh. S. 108 f.; a. A. Kaskel S. 147); sie ist auch außerhalb der gesetzlichen Deckungsvorschriften §§ 134, 134 b Nr. 5 GewO., §§ 80, 80 b Pr. AllgBG. rechtswirksam bei einem die Pfändungsgrenze übersteigenden Lohne, (Sinzh. S. 114; Oertmann S. 58; Hueck Anm. in RAG.-Entsch. VII 314; a. A. OLG. 17 S. 406). — Erlaß der Auszahlungspflicht des Lohnes ist Lohneinbehaltungsabrede (s. diese).] Unzulässig im Rahmen der Pfändungsschranken sind ferner Schenkungen (auch belohnende Schenkungen, weil sie regelmäßig Schenkungen im rechtlichen Sinne sind [JW. 1919, 378]), Vergleiche, letztere nur wenn sie eine Lohnenteignung in dem erläuterten Sinne enthalten, nicht, wenn sie nur Stundung oder Ratenzahlung gewähren. — Rechtsunwirksam sind nach § 63 Abs. 2 HGB. in jedem Falle, auch über die Pfändungsschranken hinaus (!) Vereinbarungen des Prinzipals mit dem Handlungsgehilfen über Anrechnung von Kranken- oder Unfallversicherungsbeträgen auf das Gehalt, das dem letzteren im Falle unverschuldeter Behinderung an der Arbeitsleistung zusteht.

b) Zulässig sind dagegen alle Rechtsgeschäfte des Arbeiters über die Lohnforderung selbst im Rahmen der Pfändungsschranken:

1. wenn er sich seines Gläubigerrechts selbst nicht enteignet, also einen Dritten mit der Erhebung der Forderung beauftragt oder sie zum Inkasso abtritt (RG. 78, 90; 94, 137; OLG. 19, 37) oder seinem Arbeitgeber den Auftrag erteilt, den Lohn an eine bestimmte Kasse auszuzahlen (das ist keine Anweisung im Sinne des LBG. u. § 115 a GewO.) oder einem Dritten Vollmacht zur Einziehung erteilt. In der Ermächtigung, den eingezogenen Betrag für sich zu behalten, liegt eine verschleierte unzulässige Abtretung (Oertmann S. 57) oder Anweisung (RG. Strafs. 27, 280). Zulässig ist ein Stundungsvertrag mit dem Arbeitgeber (Ggst. mit Pfandgläubiger) vor oder nach Einforderung des Lohnes (Meyer 73 f.; Falkm. 771; a. A. Lotmar I 407). Weiter ist nach ausdrücklicher gesetzlicher Vorschrift zulässig: die Anrechnung gewisser Leistungen des Arbeitgebers auf die Lohnforderung, nämlich bezüglich der Sozialversicherung [§§ 616 BGB., 133c Abs. 2 GewO., 436 RVO., 90a AVG., ausgenommen nach § 63² HGB. bei Handlungsgehilfen und -lehrlingen], der Krankenfürsorge (§ 617 BGB.), ferner der Erwerbslosen- oder Armenfürsorge im Falle des § 88 BRG. — Auch in den Fällen zu vertretender Unmöglichkeit der Arbeitsleistung (§ 324 BGB.), Annahmeverzugs der Dienste (§ 615 BGB.), Entschädigungen wegen Wettbewerbsverbots (§§ 74², 74c HGB.) und Weiterbeschäftigung zu Unrecht entlassener Arbeiter (§ 87 BRG.) kann der Arbeitgeber den sonstigen oder böswillig unterlassenen Verdienst des Arbeiters von seiner Leistung nach gesetzlicher Vorschrift kürzen. Die Anrechnung ist verboten in § 19 LAO. für Renten

landwirtschaftlicher Arbeiter u. § 18 RVersorgGes. — Eine Anrechnungsabrede ist dagegen unzulässig, soweit nicht § 115 Abs. 2 GewO. dies gestattet. — Die Vereinbarung eines Lohnvorschusses, d. h. Vorausbezahlung der Vergütung oder eines Teiles derselben vor Fälligkeit im Hinblick auf noch zu leistende Arbeit ist selbst bei einer die Pfändungsgrenze nicht übersteigenden Lohnforderung rechtswirksam (vgl. Falkm. S. 760, OLG. 25, 190, HansGZ. 1906, 284, Sinzh. S. 43, DJZ. 02 S. 47; Bescheid d. Justizmin. v. 24. 4. 82 [Müller I S. 842/43], JW. 1912 S. 685, anders JW. 04 S. 402), rechtswirksam aber auch wenn der Vorschuß die Lohnforderung einer ganzen Lohnperiode übersteigt (Verrechnung S. 133). — War aber in einem erst in Aussicht genommenen Vertrage die Vorschußleistung als Darlehen gewollt (StrArch. 25 S. 37) und demnächstige Aufrechnung mit künftiger Lohnforderung vereinbart, so stellt sich dieser Vertrag, soweit der Lohn die Pfändungsgrenze nicht übersteigt, als unzulässige Verfügung des Arbeiters dar (s. S. 64 f.). — Ohne Verpflichtung auf Rückerstattung gegebene und empfangene Vorschüsse sind keine Darlehen und ihr Charakter wird auch bei Umwandlung in Darlehnsschuld (§ 607 BGB.) nicht schlechthin abgestreift. (Lotmar I S. 393; Staudinger und Planck § 607; JW. 04 S. 402). (Wegen Anrechnung des Vorschusses bei Pfändung des Gehaltes S. 133 f.)

Zulässig ist es auch, im Falle unverschuldeter Verhinderung des Handlungsgehilfen an der Dienstleistung den ihm nach § 63[1] HGB. zustehenden Gehaltsanspruch durch Vereinbarung auf eine geringere Zeit oder einen geringeren Betrag als gesetzlich festgesetzt oder auf bestimmte Fälle der Behinderung zu beschränken (Ggsß. § 63[2] HGB.), Staub § 63 Anm. 7.

2. wenn das Gesetz nicht Anwendung findet (S. 52 f.);

3. bezüglich des Preises oder Wertes von Material oder Ersatzes anderer Auslagen, welche mit der Vergütung in ungetrennter Summe bedungen sind (§ 3 Abs. 2 d. Ges., S. 80 f.).

c) Über die Aufrechnung mit oder gegenüber der Lohnforderung und den Rechtsbehelf der Zurückbehaltung s. Anhang zu § 2 (S. 64 f.).

III. Die Wirkungen des Verbots.

Die den verbotenen Rechtsgeschäften angedrohte rechtliche Unwirksamkeit ist als Nichtigkeit aufzufassen, da eine im öffentlichen Interesse zum Schutze der arbeitenden Klassen erlassene Vorschrift vorliegt (§ 134 BGB.).

Sie äußert sich nach drei Seiten:

a) Der Arbeiter selbst kann das Geschäft als nichtig aufrufen, selbst wenn er zunächst demselben zugestimmt hatte.

b) Der Dritte erwirbt kein Recht aus solchen Rechtsgeschäften; Rückforderung des Gezahlten ist allerdings nach § 817[2] BGB. ausgeschlossen.

c) Der Arbeitgeber wird durch die Leistung an den Arbeiter oder einen Dritten gegenüber dem Pfandgläubiger nicht von seiner Zahlungsverbindlichkeit befreit (JW. 1912, S. 753; Staudinger S. 162).

Nur durch Bestätigung des Rechtsgeschäfts nach dem in § 1 angegebenen Zeitpunkte ist die Nichtigkeit heilbar (§ 141 BGB.).

Die nichtige Nebenabrede hebt den Dienstvertrag, in welchem sie enthalten ist, trotz § 139 BGB. regelmäßig nicht auf; vgl. Staub, Exkurs zu § 62 HGB.

Anhang I zu § 2.
Aufrechnung und Zurückbehaltungsrecht gegenüber unpfändbaren Lohnansprüchen.

A. **Aufrechnen** kann an sich der Arbeiter mit seiner Lohnforderung, der Arbeitgeber gegen dieselbe.

I. Die Aufrechnung des Arbeiters **mit** der Lohnforderung ist als Verfügung nach § 2 des Gesetzes in gleichem Umfange wie die Pfändung unzulässig, mag sie vereinbart sein oder nicht.

II. Die Aufrechnung des Arbeitgebers **gegen** die Lohnforderung des Arbeiters wird durch § 2 nicht berührt (StenBer. III S. 588).

1. Insoweit sie mit dem Willen des Arbeiters, also auf Grund eines Aufrechnungsvertrages, erfolgt, enthält sie wiederum eine Verfügnug des Arbeiters über den Lohn (RG. 41 S. 54), und das zu I Gesagte findet Anwendung: **Ohne rechtliche**

Wirkung ist daher die Kürzung des unpfändbaren Lohnes wegen persönlicher (z. B. Darlehen-, Bürgschafts-, Kauf-, Miets-) Forderungen oder wegen Vertrags- und Ordnungsstrafen von seiten des Arbeitgebers.

Anm.: Die Vereinbarung von Vertragsstrafen in Tarif- und Einzelverträgen (§§ 339 fg. BGB.) ist zur Sicherung der Erfüllung der vom Arbeiter übernommenen Leistungen gestattet, berechtigt aber noch nicht zur Aufrechnung gegen die unpfändbare Lohnforderung; dasselbe gilt bezüglich der zur Aufrechterhaltung von Zucht und Ordnung in ordnungsgemäß erlassenen Arbeitsordnungen festgesetzten Ordnungsstrafen. Sie bilden nach § 134 c GewO. rechtsverbindliche Normen des Arbeitsvertragsrechts (Kaskel S. 148 f.). Ihre Einziehung ist aber nur im Wege der Klage zulässig (Kaskel S. 149). — Widerspricht allerdings der Arbeiter nicht dem zu Unrecht erfolgten, ihm bekannt gewordenen Lohnabzuge, so liegt darin eine Zustimmung (Hueck Handbuch II S. 147).

Gesetzliche Bestimmungen, welche eine Vereinbarung über Aufrechnung gegen Lohnforderungen gestatten, sind so weit gültig, als ausdrückliche Sondervorschriften hierüber bestehen. **Zulässig** ist daher

a) nach § 115 Abs. 2 GewO. die Aufrechnungsabrede wegen der Forderungen der Arbeitgeber für Lebensmittel, Wohnung, Landnutzung, Feuerung, Beleuchtung, Beköstigung usw. in dem daselbst angegebenen Umfange, wenn die Gegenstände auf Kredit geliefert werden, bevor der Lohn verdient ist; wenn die Hingabe an Zahlungs Statt bei Lohnzahlung oder als Lohnvorschuß erfolgt und ein Preisansatz nur behufs Berechnung des verbleibenden Barlohnes stattfindet, kommt stets nur eine Anrechnung auf die Lohnforderung in Frage, und diese ist gestattet (S. 62).

b) nach § 117 Abs. 2 GewO. die Abrede betreffs Aufrechnung des Lohnes mit Forderungen der Arbeitgeber für „Einrichtungen zur Verbesserung der Lage der Arbeiter oder ihrer Familien" auch soweit sie nicht fälligen und nicht beschlagnahmefähigen Lohn betreffen (RG. b. Gruchot 57, 1101); in demselben Umfange ist eine Verwendung zu anderen als den genannten Zwecken nichtig (Sinzheimer S. 27).

c) nach § 2 LBG. in seinem ganzen Bereiche sind Abreden zwischen Arbeitgebern und -nehmern über Verwendung des Verdienstes der letzteren zur Beteiligung an Wohlfahrtseinrichtungen, also z. B. Lohnabzüge zugunsten einer Pensions- und Unterstützungs- oder Witwen- und Waisenpensionskasse schlechthin zugelassen (RG. i. JW. 13 S. 148[27]).

Bei der *Lohnverwirkung*, soweit sie erlaubt ist (s. S. 61), mindert sich die Lohnforderung des Arbeiters ohne Aufrechnung von selbst bei Eintritt eines gewissen Tatbestandes.

2. Die Aufrechnung des Arbeitgebers gegen die Lohnforderung *ohne oder gegen den Willen des Arbeiters* ist nach § 394 BGB. gewissermaßen als „Selbstexekution in eine der Exekution selbst entzogene Forderung" *in demselben Umfange* wie die *Pfändung* auf allen Rechtsgebieten *verboten* (Ausnahmen s. unten). Der Arbeitgeber kann also insoweit — darüber hinaus ist es ihm gestattet, OLG. 5 S. 455, auch gegenüber der gemäß § 4 Nr. 3 des Ges. von Verwandten gepfändeten, an sich unpfändbaren Lohnforderung (HansGZ. 25, 51) — keine irgendwie geartete, aus dem Arbeitsverhältnisse oder sonstwoher stammende Gegenforderung durch Aufrechnung geltend machen (widerklagend darf er es). Folgende *Ausnahmen* gelten:

a) Tritt der Lohnforderung ein Schadensersatzanspruch des Arbeitgebers aus *vorsätzlich begangener unerlaubter* oder gar *strafbarer Handlung* (Beschädigung von Maschinen, Arbeitsgeräten, -stoffen, -räumlichkeiten, Diebstahl usw.) gegenüber, so ist der Arbeitgeber trotz § 394 a. a. O. dieserhalb aufzurechnen befugt (RG. 85, 108 f.; RAG. i. JW. 1929, 2177). Darüber hinaus kann die Durchbrechung des gesetzlichen Aufrechnungsverbots auch unter Umständen (vgl. RG. 85 S. 120 Nr. 6) auf vorsätzliche nicht strafbare unerlaubte Handlungen des Dienstverpflichteten gestützt werden, wenn das vorsätzliche Zuwiderhandeln gegen die Vertragspflichten als besonders schwerwiegend erscheint (RAG. a. a. O.), z. B. wenn der Arbeiter unter Kontraktbruch die Arbeit niederlegt oder Notstandsarbeiten verweigert (Goerrig II, 37); in solchen Fällen greift die Einrede der Arglist gegenüber der Berufung auf das Aufrechnungsverbot durch (RG. u. RAG. a. a. O.). — Keinesfalls tritt aber das Aufrechnungsverbot des § 394 gegenüber jedem aus vorsätzlicher Vertragsverletzung hergeleiteten Schadensersatzanspruchs zurück (RAG. a. a. O.). — Die Würdigung der Arglisteinrede unterliegt ihrer Natur nach dem freien Ermessen des Richters; Zulassung oder Ablehnung ist immer nur aus den individuellen Umständen des Einzelfalls zu folgern; die Grenzen lassen sich theoretisch überhaupt nicht ziehen. — Soweit es sich um Vertrags- und Ordnungsstrafen handelt, die der Arbeiter verwirkt hat, kann der Arbeitgeber einseitig den Lohn nicht kürzen (S. 65).

b) Wegen Kauf-, Miets- und sonstigen Schulden des Arbeiters darf der Arbeitgeber im Rahmen des § 115 Abs. 2 GewO. auch einseitig Abzüge machen (s. S. 65).

c) Gegenforderungen für verauslagte Beiträge zur Sozialversicherung kann der Arbeitgeber ohne weiteres abziehen, darf sie sogar nur so einziehen (§§ 381, 393, 1426, 1428 RVO.; § 183 AVG.) aber dieses Recht ist zeitlich begrenzt (§§ 395, 1433 RVO., 183 AVG.).

Gegenüber dem Anspruche des Arbeiters auf Vorschuß- und Abschlagszahlung ist die Aufrechnung des Arbeitgebers in demselben Umfange wie die Pfändung gestattet.

III. Eine nach dem Vorhergesagten an sich zulässige Aufrechnung des Arbeitgebers besteht auch gegenüber gepfändeten Lohnansprüchen (s. S. 132); sie ist nur dann ausgeschlossen, wenn seine Forderung nach der Beschlagnahme entstanden oder erst nach derselben und später als die beschlagnahmte Forderung fällig geworden ist (§ 392 BGB., S. 132).

IV. Wegen Anrechnung von Leistungen des Arbeitgebers S. 62.

B. Den Streit, ob ein **Zurückbehaltungsrecht** an dem unpfändbaren Lohnanspruche besteht, hat das Reichsgericht (Entsch. Bd. 85 S. 108 f.) beendet: An sich kommt die Zurückbehaltung der verbotenen Aufrechnung gleich, da sie denselben Zweck und Erfolg hat wie diese. Trotzdem wird sie wie die Aufrechnung vom Reichsgerichte zugelassen (S. 66), wenn der Arbeitgeber gegen den Arbeiter eine Schadensersatzforderung hat, die auf vorsätzliche (!), nicht nur fahrlässige (Ggsq. Goerrig IV 48), unerlaubte oder gar strafbare Handlung im Rahmen eben des Dienstverhältnisses sich gründet, aus welchem der Lohnanspruch hergeleitet wird; es verstieße in diesem Falle gegen Treu und Glauben, wenn der Geschädigte obendrein noch den Lohn zahlen müßte. Ist die Gegenforderung des Arbeitgebers keine Geldforderung, z. B. auf Rückgabe von Arbeitsgeräten gerichtet, so ist die Zurückbehaltung des Lohnes gemäß §§ 273, 320 BGB. ohne Rücksicht auf die Pfändungsgrenzen zulässig. Dabei ist aber § 320 Abs. 2 a. a. O. zu beachten! — Soweit die vom Arbeiter geschuldete Leistung in der Arbeitsleistung besteht, kommt nach § 614 BGB. (Vorleistungspflicht) ein Zurückbehaltungsrecht gar nicht erst in Frage (Kaskel 143). — Gegenüber Besitzentziehungsklage des Arbeiters an dessen Sachen (Kleidung, Betten, auch Werkzeug usw.), die Arbeitgeber nach Vertragsauflösung in Verwahrsam genommen hat, steht ihm der Einwand des Zurückbehaltungsrechts nicht zu (GewGerZtschr. 10, 184).

Endet das Dienstverhältnis und es stehen noch Gehaltsvorschüsse oder Beträge für Lebensmittel usw. offen, so kann der Arbeitgeber die Restlöhne so lange zurückbehalten, bis der Entlassene die Vorschüsse abdeckt und die Beträge zurückzahlt. (Goerrig I, 46; II 38 vgl. S. 133.)

Anhang II zu § 2 LBG.

Vereinbarungen zwischen Arbeitgeber und -nehmer behufs Vereitelung der Pfändung.

Verträge, die als Arbeitsentgelt einem verschuldeten Angestellten nur den nach dem LBG. u. der VO. unpfändbaren Betrag (früher von 1500,— RM. für das Jahr) zugleich aber seiner Ehefrau oder einem Dritten einen weiteren oft erheblichen Betrag zusichern (Lohnschiebungs- oder 1500 Mark-Verträge), wurden früher oft abgeschlossen. — Solange die Pfändungsgrenze ohne Rücksicht auf die Bedürfnisse des einzelnen Schuldners, seine Lebensstellung und Unterhaltspflichten einheitlich auf 1500,— RM. festgesetzt war, bestand unter dem Einflusse dieser Pfändungsgrenze wohl das menschlich anzuerkennende Bestreben und eine gewisse Rechtfertigung dafür, der Familie durch solche Abreden mehr als das gesetzliche, oft kärglich bemessene Existenzminimum, wenn auch zum Schaden der Gläubiger, zu erhalten und ihr eine bescheidene, dem Stande des Schuldners entsprechende Lebensführung zu ermöglichen.

Das Reichsgericht hat solche Verträge, die sich in diesen Grenzen hielten, mehrfach gebilligt, sie nur dann für sittenwidrig erklärt, wenn sie dieses Maß überstiegen (RG. 69, 59; 81, 41 f.).

Dieser Rechtsanschauung die von der Wissenschaft überwiegend und auch von einem erheblichen Teile der Rechtsprechung abgelehnt wurde (Zusammenstellung in Zeitschrift „Rechtsgang" Bd. III 415 f.) hat die VO. vom 25. 6. 19 Rechnung getragen und dem Einzelnen durch eine seinen Lebensbedingungen angepaßte bewegliche Pfändungsgrenze eine auskömmliche Lebensführung gewährleistet. Nach dem Inkrafttreten dieser VO. hat das Reichsgericht noch keine Gelegenheit gehabt (wird sie auch angesichts des § 5 ArbGGes. wohl nur selten haben), zur Frage der Schiebungsverträge Stellung zu nehmen. — Dagegen hat das Reichsarbeitsgericht sich bereits mehrfach mit dieser Frage befaßt (Bensheim'sche Sammlung der Entsch. des RAG. III 88, VI 364, VII 314) und sich dem Standpunkte des RG. angeschlossen. Es findet „auch nach der jetzt geltenden Fassung des LBG. diese Stellungnahme rechtlich, wirtschaftlich und sozial geboten" und stellt seine Entscheidungen auf den einzelnen Fall ab.

Diese Rechtsauffassung muß als unrichtig bekämpft werden. Die Pfändungsgrenze ist so, wie es geschehen, im öffentlichen Interesse gezogen; sie stellt das gesetzlich wohlerwogene, ja dem Schuldner weit entgegenkommende Kompromiß zwischen seinem und seines Gläubigers Belangen dar. Die dem Schuldner als pfandfrei belassene Quote seines Lohnes hat daher in jedem einzelnen Falle für des Schuldners und der Seinen Unterhalt zu genügen, unabhängig davon, ob ein seiner sozialen Stellung und seinen Unterhaltspflichten entsprechender Betrag ihm verbleibt. Diesen Standpunkt teilen Gaupp § 850 ZPO. Anhang V, Oertmann S. 87/88, Titze in Ehrenberg II 644, Volkmar in ArbRspr. 1929, 393 zu § 370; Hueck zu Entsch. des RAG. VII, 314 und die dort Zitierten; a. A. Kaskel 152. — Die VO. wollte gerade mit Rücksicht auf die Anschauung des RG. die Prüfung des einzelnen Falles dem Richter entziehen und einen von der gesetzlichen Regelung abweichenden Willen des Schuldners ausschalten. Es ist daher für Verträge, die eine Vereitlung der Pfändung bezwecken und die Gläubiger benachteiligen, kein Raum mehr: Sie sind nichtig (ebenso die

Zitierten), vielleicht nicht immer sittenwidrig, aber wie Gaupp a. a. O. treffend ausführt, als Scheingeschäfte nichtig oder dem Anfechtungsgesetze — auch als Liberalität — unterworfen. — Vor allem aber stellen sie den Versuch dar, das Gesetz zu umgehen, auf „Schleichwegen" sich den Folgen der Verschuldung zu entziehen, die Einkünfte in einem weiteren Umfange dem Gläubiger vorzuenthalten, als das Gesetz es gestattet. Aus diesem Gesichtspunkte heraus gelangt das OLG. Köln (JW. 1930, 569), ebenso das LAG. Köln (ArbRspr. 1929, 393) zur Rechtsunwirksamkeit der Schiebungsverträge; die Gläubiger haben zwar keinen Rechtsanspruch darauf, daß Schuldner um die Schuld abtragen zu können, überhaupt arbeitet, aber wenn er in ein Dienst- oder Arbeitsverhältnis tritt, hat er die Pflicht, denjenigen Lohnteil den Gläubigern zur Verfügung frei zu stellen, der über das im Gesetze zum Unterhalte Bestimmte hinausgeht. Insoweit müssen die mit dem Schuldner zu einer Lebens- und Schicksalsgemeinschaft verbundenen Familienglieder die Folgen seiner Verschuldung mittragen. Oertmann (Anm. dazu) erklärt hierzu zutreffend, daß die ZPO. § 850 durch die Schiebungsverträge mittelbar verletzt sei; sie wolle, indem sie gewisse Teile der Lohnforderung dem Zugriffe der Gl. entziehe, im übrigen die darüber hinausgehenden Teile für den Zugriff den Pfändungsgläubigern zur Verfügung stellen. —

Von anderen OLG. hat Kiel (JW. 1930, 418) einen solchen Vertrag bei Eingreifen eines unabdingbaren Tarifvertrages von vornherein für rechtsunwirksam erklärt, weil der vereinbarte Lohn hinter dem Tarifsatze zurückbleibt und an die Stelle des zwischen den Eheleuten vereinbarten ohne weiteres das unabdingbare Tarifgehalt tritt. — Das OLG. Düsseldorf (JW. 1930, 649) hat sich dem RG. selbst in einem Falle angeschlossen, wo Schuldner seine Arbeitskraft der Ehefrau unbeschränkt zur Verfügung stellte und diese dann in einem mit dem Arbeitgeber geschlossenen Arbeitsvertrage die Arbeit des Mannes gegen eine an sie allein zu zahlende Vergütung dem Arbeitgeber überließ. — Das KG. hat dagegen bei ganz gleichliegendem Tatbestande in einer Entscheidung vom 17. 11. 28 (5 U. 7844/28) — auch von den Anschauungen des RG. ausgehend — den Vertrag wegen übermäßiger der Frau eingeräumter Vergütung für sittenwidrig erklärt.

Auch auf andere Weise wird versucht die Pfändung zu vereiteln. Ein Mittel dazu ist die Niederlegung der Arbeit von Seiten des Arbeiters, gegen die der Gläubiger machtlos ist, weil er keinen Rechtsanspruch hat, ihn zur Arbeit zu zwingen. — Nicht machtlos aber ist der Pfandgläubiger, wenn der Arbeitgeber mit dem Arbeiter zur Vereitelung der Pfändung zusammenwirkt und dies eine Schädigung des Gläubigers herbeiführt, sei es daß es bewußt oder fahrlässig geschieht. Abgesehen davon, daß hierin eine Umgehung des Gesetzes liegt und dies nach dem vorher Angeführten zur Nichtigkeit des Vertrages führt, macht es auch den Arbeitgeber schadensersatzpflichtig (§§ 823, 826 BGB.). — Bewußt handelt der Arbeitgeber z. B., wenn er bei bestehendem Vertrage eine Herabsetzung des bedungenen Lohnes oder sonstige Änderung der Vertragsbedingungen (RAG. i. Bensheimersche Sammlung VI, 364) vereinbart. Ein bewußtes Handeln zum Schaden des Pfandgläubigers hat das KG. auch dann angenommen, wenn mit dem Angestellten selbst nur ein unangemessenes Entgelt für umfangreiche Tätigkeit vereinbart, daneben aber und unabhängig davon einem zweiten, jenem nahestehenden Angestellten entsprechend mehr Gehalt für eine geringe Tätigkeit zugesichert wird (KG. i. JW. 1930, 1508). Der oft löbliche Zweck des Schutzes des An. rechtfertigt nicht die Anwendung unlauterer, gesetzlich gemißbilligter Handlungen des Ag. (RG. 88, 366). — Wenn der verschuldete Arbeiter bei drohender Zwangsvollstreckung oder nach Vornahme einer solchen z. B. seine Berufsstellung aufgibt, um in einem berufsfremden Betriebe nur gegen freie Station (JW. 1926, 1252) oder gegen geringe, noch nicht einmal den Satz der Erwerbslosenfürsorge erreichende Vergütung oder gar ohne solche eine Stellung zu nehmen, und der Arbeitgeber einen solchen Vertrag eingeht, so wird zum mindesten oft eine fahrlässige Handlungsweise vorliegen. Doch: Die im Verkehr erforderliche Sorgfalt (§ 276 BGB.) macht es dem Arbeitgeber zur Pflicht, sich genau über die persönlichen und wirtschaftlichen Verhältnisse des Arbeitenden zu erkundigen, wenn der Arbeitnehmer mit dem Verlangen auf Abschluß derartiger Verträge an ihn herantritt. Hat er dies ganz unterlassen oder nicht sorgfältig getan, so ist er dem Gläubiger gegenüber schadensersatzpflichtig (§§ 823, 826 BGB.). — Die Klage des Gläubigers gehört vor die ordentlichen Gerichte (S. 136).

Alles Angeführte findet auch Anwendung, wenn den Pfandgläubiger schädigende Vereinbarungen bezüglich des Ruhegeldes, der Entschädigung für Eingehung des Wettbewerbverbots und der Geldrenten des § 843 ZPO. getroffen werden.

Wegen Verzicht auf Tariflohn s. S. 72 unten.

§ 3 des LBG.

Als Vergütung ist jeder dem Berechtigten gebührende Vermögensvorteil anzusehen. Auch macht es keinen Unterschied, ob dieselbe nach Zeit oder Stück berechnet wird.

Ist die Vergütung mit dem Preise oder Wert für Material oder mit dem Ersatz anderer Auslagen in ungetrennter Summe bedungen, so gilt als Vergütung im Sinne dieses Gesetzes der Betrag, welcher nach Abzug des Preises oder des Wertes der Materialien und nach Abzug der Auslagen übrigbleibt.

Zu Absatz 1.

I. Begriff der Vergütung.

Die Vergütung ist die Gegenleistung des Dienstberechtigten, Ag., Bestellers an den zur Dienstleistung Verpflichteten (Vergütungsberechtigten des § 1) für die vertragsmäßig übernommenen und zu leistenden Arbeiten und Dienste. Sie kann vereinbart, üblich oder taxmäßig bestimmt sein (§§ 611, 631 BGB.). Als Taxe gilt auch die durch Tarifvertrag festgesetzte Vergütung, die unabdingbar ist. Ein auch nur teilweiser Verzicht auf diesen Entgelt ist vor Fälligkeit nichtig, bei Fälligkeit zwar an sich rechtlich zulässig, aber bei vorheriger Beschlagnahme als Verfügung des Arbeiters über den pfändbaren und gepfändeten Lohnteil rechtswirksam (JW. 1930, 419; vgl. S. 48 Nr. 9). — Was grundsätzlich zur Vergütung zu rechnen, ist bereits S. 38 f. behandelt.

Da die Vergütung aber nur als Entgelt und Erfolg der sich vollziehenden oder abgeschlossenen Arbeitsleistung, wie gezeigt (S. 37), geschützt wird, so zählen nicht dazu folgende aus dem Arbeits- und Dienstverhältnisse entspringenden Ansprüche: die vereinbarte Vergütung der Angestellten für Erfindungen wegen ihrer selbständigen Bedeutung gegenüber den Vertragsleistungen (OLG. 19 S. 215), die Forderungen des An. auf Ersatz von Material, Auslagen, Dienstaufwand (s. S. 80), sein Fürsorgeanspruch aus § 617 (wenn er auch nach § 399 BGB. und § 851 ZPO. unpfändbar ist), seine Schadensersatzforderungen, einerlei, ob sie neben die Lohnforderung (z. B. § 618 Abs. 3 BGB.) oder an deren Stelle treten, die sog. Lohn- oder Gehaltsentschädigungsansprüche (S. 75 im einzelnen behandelt), Einkünfte, welche aus Stiftungen herrühren oder auf Freigebigkeit und Fürsorge beruhen (gemäß § 851 a. a. O.). Sie sind daher pfändbar, mögen sie auf Grund einer Vereinbarung oder ohne solche auf Grund von Diensten bezogen worden, als deren Entgelt sie erscheinen, und mag auch ihre Übertragbarkeit durch Vereinbarung mit dem Schuldner ausgeschlossen sein (Näheres s. m. Auss. JW. 08 S. 25 f., ebenso auch Gaupp § 850 II 1 a, Petersen ebenda II Nr. 5 c; a. A. Falkm. 769, OLG. München i. Leipz. Ztsch. 1914 S. 412). — Weiter gelten nicht als Vergütung die Pension, das Ruhegeld der in privatem A.- oder D.-Verhältnisse beschäftigt gewesenen Personen, auch nicht die Entschädigung für Eingehung des Wettbewerbsverbots; sie sind aber jetzt der Pfändbarkeit der Arbeitsvergütung gleichgestellt (§ 3 der VO.); dasselbe gilt bezüglich der Geldrente wegen Verletzung des Körpers oder der Gesundheit (§ 850 Abs. 3 ZPO.; VO. § 4).

Das Gesetz schützt auch nicht die Forderungen der Arbeitenden gegen Kranken-, Berufsgenossenschaftskassen und Versicherungsanstalten; daher ist das Verbot ihrer Pfändung, Verpfändung und Übertragung in §§ 119, 223, 622, 955, 1117, 1325 RVO. u. § 93 AngestelltenVersG. (in beschränktem Umfange) besonders aufgestellt.

II. Vergütung im Gegensatze zur Entschädigung.

Wegen der wichtigen Feststellung, wann Vergütung oder Lohnentschädigung geschuldet wird (S. 74 f.) — die Ausdrucksweise der

Gesetze ist in dieser Beziehung nicht immer entscheidend —, soll im folgenden beides gegenübergestellt werden.

A. Einen Anspruch auf **Vergütung** (Arbeitsgericht ist zuständig für die Geltendmachung) hat der Arbeitende, obwohl er keine Arbeit geleistet hat, mit Rücksicht darauf, daß die ihm obliegende Leistung ohne sein Zutun unterblieb:

a) auf Grund eines Dienstvertrags im Falle

1. unverschuldeter Behinderung für eine verhältnismäßig nicht erhebliche Zeit (JW. 1929, 3327) ohne Verschulden in seiner Person oder durch ein außerhalb seiner Person eintretendes Ereignis, z. B. eigene oder eines Familiengliedes Krankheit, Einziehung als Geschworener, Ladung als Zeuge, Verkehrsabsperrungen, besondere häusliche Verhältnisse, Entbindung der Arbeiterin (§§ 616, 617 BGB., 63 u. 72 HGB., 123 Abs. 3 u. 133c GewO.).

2. ungerechtfertigter vorzeitiger Entlassung, §§ 615, 628 BGB., 70 Abs. 2 HGB., 124a GewO., Ges. üb. Kündigungsfr. d. Angest. § 2; OLG. 7 S. 320; 16 S. 310; LG. Berl. I T. 1171/13; Goldm. 248). Sie wirkt als Kündigung für den nächstzulässigen Termin; darüber hinaus besteht kein Vergütungsanspruch. Wegen Anrechnung des anderweit erworbenen RG. 58 S. 402; Gehaltspfändung ist nur sehr beschränkt Entlassungsgrund, OLG. 14 S. 344; 16 S. 310. Wegen nebenherlaufenden Schadensanspruchs s. B a 3,

3. vom Dienstherrn unmöglich gemachter und daher zu vertretender Dienstleistung (absichtliches Niederbrennen der Fabrik; § 324 Abs. 1 BGB.),

4. des — selbst unverschuldeten — Verzuges des Ag. mit Annahme der Dienste (z. B. durch Unterlassen erforderlicher Anweisung oder Nichtbeschaffung von Werkzeugen und Material, bei Nichtermöglichung des Zuganges zur Arbeitsstätte, JW. 1929, 2635), Aussetzung der Arbeit bei Wasserrohrbruch in der Fabrik (§ 615 BGB., a. A. RAG. i. JW. 1928, 3130); indessen genießt diese Vergütung nicht den Gesetzesschutz bei anderweiter Beschäftigung und hierdurch erlangtem Verdienste (s. S. 34),

5. nachträglich vereinbarter Bezahlung von Streiktagen (Oertmann 43),

b) auf Grund eines Werkvertrages als Unternehmer (§ 631 BGB.) im Falle

1. dauernder, nicht zu vertretender Unfähigkeit zur Herstellung des Werkes nach Anfertigung eines Teiles (§ 323 BGB.),

2. der Aufkündigung durch den Besteller (§ 648 eod. l.),

3. der Unmöglichkeit der Ausführung des Werkes infolge eines vom Besteller zu vertretenden Umstandes (§ 324 eod. l.),

4. des Unterganges, der Verschlechterung, Unausführbarkeit des Werkes vor seiner Abnahme infolge mangelhaften vom Besteller gelieferten Stoffes oder von ihm erteilter Anweisung (§ 645 eod. l.),

5. des Unterganges oder der Verschlechterung des Werkes nach Abnahme (§ 644 eod. l.).

B. Einen **Entschädigungsanspruch** (zuständig das ordentliche Gericht) hat der Arbeitende ohne die ihm obliegende Arbeitsleistung:

a) auf Grund eines Dienstvertrages im Falle

1. seiner Kündigung infolge vertragswidrigen Verhaltens des Ag. (§§ 328 Abs. 2 BGB., 70 Abs. 2 HGB., 124 b GewO.),

2. seiner Erkrankung infolge der Außerachtlassung der gesetzlich gebotenen Fürsorge (§ 618 Abs. 3 BGB.),

3. ungerechtfertigter Entlassung für die Zeit nach Ende der Vertragsdauer (JW. Jahrg. 41 S. 747; vgl. A a 2); bei fristloser ungerechtf. Entlassung nach Ablehnung der Weiterbeschäftigung (neben Lohnanspruch), BRGes. § 87; RAG. in Bensheimer VI 384; vgl. S. 117,

4. Aufkündigung des Konkursverwalters im Konkurse des Ag. vor Ablauf des Dienstverhältnisses (§ 22 Abs. 2 KonkO.; RG. 55 S. 257);

b) auf Grund eines Werkvertrages im Falle

1. der unterlassenen, für die Herstellung des Werkes erforderlichen Handlung des Bestellers (§ 642 BGB.),

2. der Mehraufwendungen für erfolgloses Angebot, Aufbewahrung und Erhaltung des Werkes bei Annahmeverzug des Bestellers (§ 304 BGB.).

Zusatz: Schadensersatzansprüche des Ag. wegen schuldhafter Verletzung der aus dem Arbeitsvertrage entstehenden Pflichten des An., z. B. schuldhafter Beschädigung der Maschine, Vergeuden von Material usw., dürfen nach § 394 BGB. den pfändungsfreien Teil des Lohnes nicht schmälern, selbst wenn dieserhalb eine Lohnverwirkung vereinbart war (S. 72).

III. Arten der Vergütung.

„Als Vergütung ist jeder dem Dienstverpflichteten gebührende Vermögensvorteil anzusehen", d. h. alles, was ihm ohne Rücksicht auf die dafür gewählte Bezeichnung als wirtschaftlicher Vorteil für seine im Dienstverhältnisse geleistete Arbeit auf Grund einer getroffenen Vereinbarung oder als taxmäßiges bzw. übliches Entgelt zu gewähren ist (§ 612 BGB.). Sie umfaßt also jede Leistung von Vermögenswert, die als Entgelt gewährt wird, auch Sach- und andere Bezüge, die statt des Lohnes oder neben ihm vom Arbeitgeber oder einem Dritten, wenn auch nur gewohnheitsmäßig gewährt werden (§ 3 AngestVersGes., § 160 RVO.).

Die Vergütung in Geld kann von vornherein fest bemessen oder aber unbestimmt sein und erst durch eine sich ereignende oder ergebende Tatsache festgestellt werden. Den Maßstab der Vergütung bildet entweder die aufgewendete Zeit (Zeitlohn) oder die Stück(An)zahl der gefertigten Arbeiten bzw. geleisteten Dienste (Stücklohn, Provision).

Die Gage der Schauspieler, ihr festes Entgelt für das Bereithalten ihrer Tätigkeit im ganzen, bildet neben dem Spielhonorar, der besonderen jedesmaligen Bezahlung für das einzelne Auftreten, ihre Vergütung (OLG. 17 S. 403). Als Zuschüsse zur Gage sind vertraglich festgesetzte Einnahmen aus Benefizvorstellungen sowie nicht verbrauchte Garderobengelder anzusehen. Das Honorar für Gastspiele genießt nur dann den Gesetzesschutz, wenn das Gastspiel auf längere Dauer bemessen ist, sonst ist es schlechthin pfändbar.

Als Vergütung gelten Provisionen des Reisenden auch für sog. Nachorders als Entgelt für die Herstellung der

Geschäftsverbindung, ferner Entgelte für Überstunden, Überpreise über vorgeschriebene Mindestpreise und Tantiemen (RG. 24 S. 203), Verkaufsprämien, Anteile am Arbeitsertrage oder Unternehmerreingewinne, mögen sie auf des Angestellten Mitarbeit oder hiervon unabhängigen Umständen (günstiger Konjunktur, Ernte usw.) beruhen (vgl. m. Aufs. in DJZ. 02 S. 451, OLG. 17 S. 401; entgegengesetzt Pick S. 38). Die Maximal- oder Minimaltantieme ist als feststehender Bezug neben dem eigentlichen Gehalte stets Vergütung, a. M. DJZ. 01 S. 491. — Die Tantieme ist bei einer im Laufe des Jahres eintretenden Vertragsauflösung, selbst wenn sie später fällig wird, anteilig zu leisten, es sei denn, daß sie bei Entlassung des Angestellten wegen Pflichtverletzung verwirkt ist (OLG. 12 S. 417); indessen tritt bei arglistiger Ausübung des Kündigungsrechts von seiten des Ag. nicht ihr Verlust ein (so für Provision RG. 58 S. 362).

Als Zuschläge zur Vergütung gelten auch Zulagen, Beihilfen (OLG. 35, 134 a; a. A. DJZ. 17, 972), Teuerungszulagen, selbst wenn sie zu bestimmten Zwecken, z. B. als Kinder-Hausstandsgelder, nur für bestimmte Zeit oder auch nur „vorläufig bis auf weiteres" bewilligt werden (arg. e. contr., § 850 Abs. 2 u. 4 ZPO.). Im letzteren Falle bestreitet m. E. zu Unrecht einen Rechtsanspruch KG. i. JW. 1930, 765 (s. aber Anm.), Gratifikationen zu Weihnachten und Neujahr; sie sind allgemein üblich und besteht ein klagbarer Anspruch darauf (RG. 75, 327; 94, 322; RAG. 2, 287; 4, 65). Der Anspruch auf ihre Zahlung ist aber nicht gegeben, wenn der An. im Laufe des Jahres freiwillig aus dem Dienste ausscheidet (RAG. Entsch. V 25) oder dem Ag. vor diesem Zeitpunkte ein Kündigungsrecht aus wichtigen Gründen zusteht, da diese Gratifikationen neben dem Charakter der Gegenleistung denjenigen der Belohnung für bewiesene gute Dienste haben (Gut. d. Ält. d. Kfmsch. I. Folge S. 4; Ges. u. Recht 06 S. 112, Gew. u. Kfmger. 17 S. 16 und RG. in „D. Recht" 1913 Nr. 2863). Als neben und außerhalb des regelmäßigen Gehaltes gezahlt, dürfen sie nicht nachträglich widerrufen und auf das Gehalt angerechnet werden (RAG. i. JW. 1929, 2175). Vorherige Vereinbarung auf Rückgewähr bei Aufgabe der Stellung sind als Vorausverfügung über noch nicht verdienten Lohn nach § 2 LBG. nichtig (Das Arbger. 1929, 4). — Auch Kost-, Spund-, Schuß-, Stammgelder und Kohlen-, Umsatz-, Produktionsprämien bilden Zuschläge zur Vergütung.

Den Charakter vertragsmäßiger Vergütung haben ferner vereinbarte Repräsentationsgelder (RG. 16 S. 318) [nicht die Repräsentationsgelder behufs Abschlusses eines bestimmten Geschäfts, z. B. eines Brauereireisenden zur Bezahlung von dem im Interesse der Brauerei bei Abschlüssen gemachten Zechen (Pos. MSchr. 05 S. 55)], ebenso Wohnungsgeldzuschüsse, Reisediäten und -spesen, pauschaler Ersatz für aufzuwendende Kosten. Alle diese Bezüge bilden in erster Reihe Ersatz für gemachte oder zu machende Kapitalsaufwendungen des Arbeitnehmers, sind aber Teile der Vergütung, insoweit sie über den üblichen Aufwand hinaus bemessen werden, wirtschaftlich also Gegenleistung für Dienste (JW. 1927 S. 726, OLG. 4 S. 141, 6 S. 139, 418, Bl. f. Rpfl. 1913 S. 26, Goldm. 250, Staub § 59 Anm. 47; a. A. Oertmann S. 62, Titze Handbuch II S. 641). Den Streit hierüber entscheidet der KomBer. üb. d. Entwurf des Ges. z. Abänder. der §§ 74, 75 HGB., wenn er zu § 74 b S. 45 erklärt, daß der Teil der Reisespesen, der auf die Ernährung des H.-Gehilfen entfällt, sowie der regelmäßige Überschuß, der ihm nach Deckung der Reisekosten für seine Dienste verbleibt, einen Bestandteil seiner Dienstvergütung bildet. — Ein fester Brauch oder Grundsatz bezüglich der Höhe des von den Spesen für tatsächliche Unkosten abzuziehenden Betrages hat sich bei der Verschiedenheit der Einzelfälle nicht herausbilden können (privater Bescheid der Berl. Handelskammer). — Dieselben Grundsätze gelten auch hinsichtlich der sog. Vertrauensspesen (Falkm. S. 767). — Ebenso zu behandeln sind die zur Bestreitung eines Dienstaufwandes bestimmten Umzugsspesen, Tagegelder, Fuhrkosten (Fahrzulagen für Angestellte von Hoch-, Straßenbahn-, Omnibusgesellschaften, KG. 8, W 1108/13), Meilen-, Nacht-, Kleidergelder (a. A. Falkm. 769; Bl. f. Rpfl. 1913, 26).

Bedienungs(Trink)gelder sind als Vergütung nur dann anzusehen, wenn ein Anspruch darauf gegen den Arbeitgeber besteht, sie also von Hotel- oder Gastwirten als Zuschläge zur Rechnung durch Kellner oder Hotelbedienstete vereinnahmt werden und vereinbarungsgemäß von ihm an diese — neben oder an Stelle von Lohn — abzuführen sind (Gaupp § 850 Anhang II, Note 3 u. 9; OLG. 4, 154; RAG. i. JW. 1930, 2242). In der Praxis zahlen die Kellner usw. auf Grund eines Aufrechnungsvertrages oder einer Ermächtigung das vereinnahmte Bedienungsgeld nicht erst an den Wirt aus, sondern behalten es sogleich als ihnen zustehende Vergütung (RAG. i. JW. 1930, 432). Nach Pfändung ist aber die Aufrechnung nach § 136 BGB. als Verfügung über den Bezug unzulässig (vgl. bezügl. Kraftdroschkenfahrer RAG. V 137). — Das Bedienungsgeld ist aber auch dann der Vergütung zuzurechnen, wenn es den Bediensteten vom Dienstherrn als vereinbartes Entgelt dafür gegeben wird, daß sie von Gästen des Hauses kein Geld annehmen dürfen.

Einmalige Zuwendung ist als belohnende Schenkung für geleistete Dienste anzusehen, wenn Einigkeit der Beteiligten über ihre Unentgeltlichkeit besteht. Wird sie aber gegeben in der Annahme, daß dadurch Dienste bezahlt werden sollen, ist sie dem Dienstlohne zuzurechnen (Warn. E. 1920 Nr. 38; RG. 94, 297).

Auch naturale Leistungen, gleichviel ob von vertretbarer Beschaffenheit oder nicht (Staudinger S. 115), können als Vergütung an Stelle des Gehalts oder Lohnes oder neben solchem gewährt werden, z. B. Beköstigung, Kleidung, Feuerung, Beleuchtung, Wohnung, Landnutzung, ärztliche Hilfe und Arzneien (Bl. f. Rpfl. 1910 S. 87). Diese Art der Vergütung (Trucksystem) ist im Handelsverkehr nicht verboten (Staub Anm. 23 zu § 59), auch nicht für die nach dem BGB. zu beurteilenden Dienstverhältnisse (Planck Anm. 3 § 612), für das Gebiet der GewO. aber nur beschränkt zulässig (§§ 115 f. GewO.; s. S. 62). — Solche Naturalbezüge und auch Naturalienvergütungen sind ebenso wie der Mietwert einer freien Wohnung nach Ortsdurchschnittspreisen von der Polizeibehörde des Ortes der Tätigkeit des zu Entlohnenden festzusetzen (Staudinger BGB. § 612 III c) und ihrem Schätzungswerte nach dem baren Lohne zuzurechnen. — Bei Bemessung des Wertes freier Station eines Angestellten in überseeischer Stellung sind ebensowenig die Kosten der Aus- und Heimreise wie des Lebensunterhalts und der Wohnung als Vergütung zu veranschlagen, wenn sie das Maß der dort für diese Zwecke erforderlichen, der Lebensstellung entsprechenden Ausgaben nicht überschreiten (OLG. 22, 383; a. A. eod. 23, 218).

Gegendienste, welche an sich nach der Begriffsbestimmung des § 3 wohl als Vergütung gelten können, finden im Rahmen des Dienstvertrages des BGB. und dieses Gesetzes insbesondere wegen der verschiedenen dem Arbeitgeber und -nehmer zugewiesenen Rechtsstellung als Vergütung keinen Platz (vgl. Lotmar I S. 159 f. und Wortlaut § 1 d. Ges.).

Wegen Zusammenrechnung mehrerer Bezüge aus verschiedenen Quellen S. 127.

Wegen schwankender Bezüge S. 126.

Wegen der zu machenden Abzüge s. S. 48, 81.

Zu Absatz 2.

Die dem ersten Entwurfe des Gesetzes wortgetreu entnommene Bestimmung bezweckt die Ermittlung der Höhe des reinen Lohnes, des eigentlichen Entgelts der Arbeit in den Fällen, in welchen der Arbeiter den Preis oder Wert des von ihm angeschafften Materials oder den Ersatz anderer Auslagen mit dem Lohne in ungetrennter Summe empfängt.

Alles dasjenige, was von dem Lohne nicht als Arbeitserfolg selbst zu betrachten ist, wird von der Vergütung abgezogen und von dem Verbote der Pfändung nicht berührt (S. 48). Daher sind die selbst in ungetrennter Summe mit der Vergütung verbundenen Ansprüche des Arbeiters gegen den Arbeitgeber auf Ersatz von Material, das er anschafft oder herrichten lassen muß, ehe er mit seiner Arbeit beginnt, sowie von anderen Auslagen — dahin ist ein Betrag für Beschaffung und Erhaltung von Arbeitsgerät (S. 48, a. A. Falkm. 769) schlechthin, beschränkt nur Dienstaufwand und Repräsentationsgeld zu rechnen, S. 78; Ggsß. § 850 Abs. 2 ZPO.) — grundsätzlich ohne weiteres pfändbar und bilden für den Arbeiter ein verfügbares Vermögensobjekt, gegen welches evtl. auch vom Ag. aufgerechnet werden kann (S. 66). Ausnahmsweise wird nach Hausarbeitgesetz v. 30. 6. 23 § 45 nicht nur das Entgelt des Heimarbeiters (S. 31) für Arbeiten, sondern auch seine Aufwendung für Rohmaterial (Zutaten, Stoffe) als Vergütung im Sinne des LBG. geschützt. — Der Anspruch auf nachträglichen Ersatz für Aufwendungen, welche schon gemacht sind, z. B. für Spesen schon bewirkter Reisen, ist somit pfändbar; m. E. auch der Ersatzanspruch für Aufwendungen, welche erst zu machen sind. Es liegt kein Grund vor, ihn zu schützen, weil es dem Arbeiter überlassen ist, ob er ohne Anwartschaft auf Erstattung z. B. die Reise antreten will. Gegenteilig KG. 8 W 906/11 u. LG. I Berl. i. Bl. f. Rpfl. 1913 S. 26, weil es sich um zweckbestimmte Gelder handle, die ihrer Bestimmung entzogen würden; für diese ratio gibt das Gesetz keinen Anhalt.

Personen (Hilfskräfte), deren sich ein Arbeitnehmer [Vorarbeiter, Vorschnitter, Instmann, Kolonnenführer, Oberschweizer, Kuhhirt (OLG. 29, 236), Klavierspieler, der Geiger stellt (Bl. f. Rpfl. 1912, 55)] zur Ausführung von Arbeiten bedient, die er allein nicht leisten kann oder nach Anweisung des Arbeitgebers nicht leisten soll, können — wenn sie nicht als Gruppenmitglieder anzusehen sind (S. 53) — in einem Arbeitsverhältnisse zum Arbeitgeber oder des Vorarbeiters usw. stehen; dies hängt von der Willensbetätigung der Beteiligten ab. — Erhält der Vorarbeiter usw. für die Arbeit eine Pauschalvergütung als Entgelt auch für die von ihm angenommenen Hilfskräfte, so ist Vergütung im Sinne des LBG. nur der auf seine Tätigkeit entfallende Teil der Summe, alles übrige Auslagenvorschuß. Der für Ablohnung der Gehilfen aufzuwendende evtl. durch Schätzung festzustellende Betrag unterliegt der freien Verfügung des An. (Vorarbeiters usw.), ist daher für seine Schulden von seinen Gläubigern angreifbar (Busch Ztschr. 44, 281; Oertmann S. 63; Gaupp Anhang zu § 850 ZPO. II, Note 13; a. A. die dort Zitierten). Die Gehilfen können natürlich wegen ihres Lohnes den Anspruch des ersten (ihres) Arbeitnehmers gegen den Arbeitgeber in voller Höhe evtl. auch im Wege des Arrestes pfänden, ihren Gläubigern steht aber dieses Recht nur in den Grenzen des LBG. u. der VO. zu.

§ 4 des LBG.

Das gegenwärtige Gesetz findet keine Anwendung:

1. auf den Gehalt und die Dienstbezüge der öffentlichen Beamten;
2. auf die Beitreibung der direkten persönlichen Staatssteuern und Kommunalabgaben (die derartigen Abgaben an Kreis-, Kirchen-, Schul- und sonstige Kommunalverbände mit eingeschlossen), sofern diese Steuern und Abgaben nicht seit länger als drei Monaten fällig geworden sind;
3. auf die Beitreibung der den Verwandten, dem Ehegatten und dem früheren Ehegatten für die Zeit nach Erhebung der Klage und für das diesem Zeitpunkte vorausgehende letzte Vierteljahr kraft Gesetzes zu entrichtenden Unterhaltsbeiträge;
4. [insoweit der Gesamtbetrag der Vergütung (§§ 1, 3) die Summe von fünfzehnhundert Mark für das Jahr übersteigt] (s. S. 104).

A. Allgemeines.

Das Gesetz verbietet die Pfändung des Dienstlohnes **nur unter ganz bestimmten, in § 1 des Ges. u. der VO. enthaltenen Voraussetzungen**; im übrigen ist die Lohnbeschlagnahme den Bestimmungen der ZPO. unterworfen (s. Vorbemerkung S. 22).

Von diesem Gesichtspunkte aus sind die Ausnahmen des § 4 zu erklären: es wird durch sie **nicht ein neues selbständiges Exekutionsrecht** begründet, bewendet vielmehr hinsichtlich ihrer bei der fortdauernden Herrschaft der für sie außerhalb des LBG. geltenden allgemeinen Rechtsvorschriften mit den Einschränkungen, welche in den Fällen des § 4 hinsichtlich der Voraussetzungen und des Umfanges der Lohnpfändung im einzelnen gemacht werden.

In diesem Sinne sollen die den Paragraphen einleitenden Worte: „Das gegenwärtige Gesetz findet keine Anwendung" verstanden werden (StenBer. II S. 588).

Dem die einzelnen Ausnahmen beherrschenden Gedanken entspricht nicht nur die schon im Gesetzesentwurfe enthalten gewesene Nr. 1, sondern paßten sich auch die in der Kommission des Reichstags hinzugetretenen jetzigen Nr. 2 u. 4 (letztere in der ursprünglichen Fassung) an, während in der schließlich auch im Reichstage beschlossenen Nr. 3 (ebenso in § 4a des Ges.) die gesetzgeberische Absicht durchbrochen und ein direktes, materiellrechtliches Pfändungsrecht für Unterhaltsforderungen in gewissem Umfange geschaffen wurde. Dieses Pfändungsrecht gilt nicht nur bei Inanspruchnahme des Lohnes, Gehalts usw., sondern auch der in der VO. gleichgestellten wesensgleichen Ansprüche, des Ruhegehalts, der Entschädigung für Eingehung des Wettbewerbsverbots und für Körperverletzung (§§ 3 u. 4 der VO.); es folgt dies aus § 5 der VO. u. § 850 Abs. 4 der ZPO., welch letztere Vorschrift für die Beamten, Angehörigen der Wehrmacht usw. einen gleichen Rechtszustand schaffen wollte wie für die Arbeiter und Privatangestellten. — Die einzelnen Ausnahmen bilden ein recht buntscheckiges Ganze: Nr. 1 handelt von einer Forderung, welche gepfändet werden kann. Nr. 2 u. 3 betreffen Forderungen, deretwegen gepfändet werden soll. Die Nr. 4 ist zwar formell nicht aufgehoben, aber tatsächlich nicht mehr in Geltung. Das Nähere über die einzelnen Ausnahmen ergibt die nachfolgende Darstellung.

B. Die einzelnen Ausnahmen.

Nr. 1. Der Gehalt und die Dienstbezüge der öffentlichen Beamten[1]).

1. Der Begriff der öffentlichen Beamten ist weder in diesem Gesetze noch in der ZPO. noch im BGB. bestimmt; als Gegensatz zu ihnen waren gemäß Nr. 4 des § 4 früherer Fassung „die im Privatdienste dauernd angestellten Personen", die Privatbeamten des § 622 BGB., gedacht. Man wird daher als öffentliche Beamte alle Bediensteten in öffentlichem Dienstverhältnisse

[1]) Wegen Einzelheiten, soweit dieselben hier nicht erörtert werden können, wird auf Brand Beamtenrecht verwiesen.

zu verstehen haben, die dem Staate oder einer öffentlichen Körperschaft, z. B. der Handelskammer (Bl. f. Rpfl. 1915 S. 24), zur Förderung oder Durchführung der von ihnen zu erfüllenden Aufgaben ihre Dienste leisten (RG. 37, 225; 82, 1). Der Beamtenbegriff ist nicht abhängig von Anstellung durch öffentlich-rechtlichen Staatsakt, ausschlaggebend ist die Übertragung der Ausübung öffentlicher Gewalt, auch wenn das Anstellungsverhältnis in einem Privatdienstvertrage besteht (JW. 1928, 2450). Nicht jede Dienstleistung, insbesondere untergeordneter Art (RG. 51, 295), im Interesse von Staat, Stadt, Behörden oder im Interesse der Allgemeinheit ist eine öffentlich-rechtliche (RG. 62, 242).

Die Beamteneigenschaft beruht auf deren besonderer Beilegung (RG. 110, 298), indem dem Anzustellenden bei Berufung zu dem Amte von den anstellenden Organen entweder Bestallung erteilt oder deutlich erkennbar gemacht wird, daß er über die privatrechtlichen Pflichten zur Erfüllung der im Dienstvertrage bestimmten Leistungen hinaus die allgemeinen öffentlich-rechtlichen Pflichten eines Beamten übernehme und, abgesehen von den besonderen Dienstfunktionen, zu Treue und Gehorsam verbunden sein solle (Laband Bd. 1 S. 407; RG. 28 S. 80 f., 51 S. 305; OVerwG. 20 S. 126). Der Diensteid begründet stets das B.verhältnis, wenn der Dienst des Beeideten seiner Natur nach als der eines B. in Betracht kommt (JW. 1927, 1255).

Für die Begründung eines Beamtenverhältnisses ist es unerheblich, ob die Anstellung eine schriftliche oder mündliche, lebenslängliche oder zeitlich begrenzte, oder gar von vornherein nur vorübergehend (Posthelfer, JW. 1928, 2324), auf Probezeit, Kündigung oder Widerruf gestellte ist (RG. 82, 1), ob ein planmäßiges oder nicht planmäßiges Staatsamt bekleidet wird oder zunächst nur eine bloß vorbereitende Beschäftigung für Erlangung der Fähigkeit zu einem solchen eintritt (RG. 51 S. 304; a. M. JW. 08 S. 615), ob das Amt im Hinblick auf Art und Umfang als ein den Lebensberuf ganz ausfüllendes Hauptamt oder als Nebenamt anzusehen ist (Laband a. a. O., RG. 80 S. 310, JW. 1930, 2123 f.), ob höhere oder niedere (Ggsß. untergeordnete) Dienste geleistet, obrigkeitliche Geschäfte besorgt oder Dienste technischer oder anderer Art versehen werden, ob die Dienste selbständig mit dem Rechte eigener Verfügung und Entscheidung oder nach Anordnung anderer Personen vorgenommen werden, ob festes Gehalt zugesichert ist oder nur ein Anspruch auf Gebühren besteht (vgl. Brand § 6). Zu Beamten werden auch weibliche Personen zugelassen (Art. 77 der RV.). — Die Anstellung der Beamten ist vom religiösen Bekenntnis, Abstammung, politischer Gesinnung, Zugehörigkeit zu einer Partei unabhängig.

Kein notwendiges Tatbestandsmerkmal des Beamtenbegriffs und der Beamteneigenschaft ist der Bezug von Gehalt oder anderen Vergütungen, ebenso wie zeitweiliger Wegfall solcher für sich allein den Verlust der Beamteneigenschaft nicht zur Folge hat (JW. 1930, 2123 f.).

Liegt ein Hauptmerkmal, welches das Beamtenverhältnis aus dem auf Dienstvertrag beruhenden Privatdienstverhältnis heraushebt, das Gewalt- und Treueverhältnis nicht vor, so besteht nur ein nach den Regeln des Dienstvertrages (§§ 611 f. BGB.) zu beurteilendes Privatdienstverhältnis. Dies gilt auch von dem Ständig- oder Dauerangestellten, z. B. dem Hilfsbibliothekar (JW. 1930, 1991; RG. 121, 14). Oft gibt das private Vertragsverhältnis den Arbeitenden gewisse Beamtenfunktionen (Hilfsheizer, -bremser, -weichensteller, -schaffner und Polizeibeamte), aber zu Beamten werden sie dadurch noch nicht (RG. 106, 19). Ebenso Privatförster (RG. 108, 239). — Es kann aber ein zunächst nur bürgerl.-rechtl. Dienstverhältnis infolge langer Dauer in ein öffentl.-rechtl. Beamtenverhältnis übergehen (RG. 82, 1).

Die Beamten sind unmittelbare, vom Reich oder Staat im Bereiche seiner Zivil- und Militärverwaltung (Wehrges. v. 18. 6. 21) angestellte (siehe S. 140), und mittelbare, von Kommunen, anderen öffentlichen Verbänden und Korporationen zu öffentlichen Zwecken angenommenen Personen, Angestellte landwirtschaftl. Kreditinstitute, Rentenbanken, öffentl. Feuerversicherungsanstalten, Landwirtschaftskammern usw., wenn sie als solche angestellt sind (Brand § 4 Anm. 4). Daher haben die Angestellten der Landesversicherungsämter, Leiter der Wohnungsämter (RG. i. JW. 1929, 3382), die Beamten der Orts-, Land-, Innungskrankenkassen Beamtenqualität, nicht die Angestellten einer Berufsgenossenschaft nach RVO., vgl. JW. 08 S. 283;

RG. 71 S. 237); kirchliche Beamten, z. B. Mitglieder des Gemeindekirchenrats, sind zwar aus dem Staatsbeamtenverhältnis ausgeschieden, aber die für Staatsbeamte geltenden Vorschriften finden auf sie Anwendung (Brand § 4 Nr. 3 Anm. 1). Beamte der Deutschen Reichsbahngesellschaft sind mittelbare Reichsbeamte (Brand eod. Anm. 2, entgegengesetzt RG. 109, 92), die Kanallotsen und Landjäger (früher Gendarmen) sind jetzt Staatsbeamte (JW. 1928, 1949). Ebenso auch die Brückengelderheber, selbst wenn sie nur als Pächter in das Gefüge des Staates eingegliedert sind (JW. 1930, 2003).

Zu den „Beamten" gehören nicht 1. nach obiger Begriffsbestimmung die früheren Hofbeamten, die vom Fiskus, in Ministerien, Gerichten, öffentlichen Gebäuden, Eisenbahn-, Artilleriewerkstätten oder Schiffswerften usw. zur Ausführung von Arbeiten fest angestellten Arbeiter, Tischler, Schlosser usw. Personal der Staatstheater, Fleischbeschauer (MinVerf. v. 30. 12. 03 MBl. f. d. inn. Verwaltg.), Lotterieeinnehmer, Konkurs-, Zwangsverwalter u. a. (Brand § 4 Anm. 5), freiwillige Feuerwehren (Ggsß. Berufs- od. Pflichtfeuerwehr JW. 1929, 2330); 2. kraft Gesetzes (§ 850 ZPO.): a) die Berufssoldaten (s. unten); b) Geistliche, Ärzte und Lehrer (s. unten) an öffentlichen Anstalten. Aber die letzteren sind

2. den Beamten völlig gleichgestellt in bezug auf Pfändbarkeit ihrer Dienstbezüge. Im einzelnen sind es

a) Offiziere des Heeres und der Marine,

b) Militärärzte, die mit Offizierrang ausgestatteten Mitglieder des Sanitätskorps des Heeres und der Marine und die Veterinäroffiziere (Ergzg. z. BesoldGes. v. 21. 3. 10),

c) Deckoffiziere, die nicht zu den Marineoffizieren gehören,

d) Unteroffiziere und Mannschaften der Wehrmacht (Nr. 9 Abs. 1 eod. l.),

e) Geistliche ohne Unterschied des Religionsbekenntnisses, d. h. alle diejenigen Personen, welche in einer Religionsgesellschaft die Funktionen der Seelsorge als Amt ausüben, im Gegensatz zu anderen Kirchendienern und -beamten,

f) die Lehrer „an öffentlichen Anstalten", also an staatlichen oder Kommunal- (nicht privaten) Schulen höherer oder niederer Ordnung, oder auch anderen Anstalten, z. B. Strafanstalten,

g) Ärzte, auch Zahn- und Tierärzte (Gaupp a. a. O.), die an „öffentlichen" Heilanstalten, einem zur Aufnahme und Heilung von Kranken bestimmten Anwesen, einer Krankenanstalt und einem Spitale, ein festes Berufseinkommen beziehen; die in öffentlichem Interesse gegebene Bestimmung ist auf Ärzte in „Privatanstalten" nicht auszudehnen, auf Krankenkassenärzte nur, wenn sie an einem der Kasse gehörigen Krankenhause angestellt sind („Das Recht" VII S. 461). — Die Stellung als Arzt einer Ortskrankenkasse allein begründet nicht das Pfändungsprivileg (OLG. 16 S. 310), ebenso

h) die früheren Hofbeamten (Ges. v. 29. 10. 26).

3. Das Pfändungsvorrecht der unter 1 und 2 genannten Personen.

A. Bevorrechtigt sind als Unterhaltsrente (RG. 125, 318) gemäß § 850 Abs. 1 ZPO.:

a) das Diensteinkommen, b) die Pension.

a) Das Diensteinkommen der in Nr. 8 u. 9 daselbst genannten Personen (Wehrges. § 46) umfaßt Grundgehalt, Ortszuschlag (Wohnungsgeldzuschuß), Vergütung aus Nebenämtern, Sonderzuschläge (Stellen- und Amtszulagen), Nebenbezüge, z. B. Gebühren u. Gewinnanteil (Brand § 49 Anm. 1), sonstige Vergünstigungen (Nutzung von Wirtschaftsland, Feuerung, Beleuchtungsmittel, Ernährung, Unterkunft, Bekleidung).

b) Die Pensionen sind Bezüge der in einstweiligen oder endgültigen Ruhestand getretenen Personen, also auch die Wartegelder der in den vorläufigen Ruhestand versetzten Beamten (Brand § 69) (Versetzung in den einstweiligen Ruhestand ist unzulässig, weil Beamter entbehrlich, Geschäftsgang vereinfacht oder verändert wird, Brand S. 263), ferner der Pensionszuschuß an die Hinterbliebenen der vorher verstorbenen Beamten und Zivilpensionäre (Müller S. 835), auch die in einem Rechtsstreit über die Rechtmäßigkeit der Entlassung eines Beamten durch einen außergerichtlichen Vergleich gewährte Entschädigung (LG. Berlin I. T. 589/00; a. A. Falkm. 785).

Nicht zur Pension gehören (wegen ihrer Pfändbarkeit s. S. 89).

α) die von der Disziplinarbehörde bei Dienstentlassungen als

Unterstützung zugebilligten Teilbeträge des gesetzlichen Ruhegehalts; sie gelten als Versorgungsbezüge (JustMBl. 1930 S. 86);

β) die Versorgungsgebührnisse, die den Beamten und Angehörigen der Wehrmacht auf Grund des RVersorgGes. v. 22. 12. 27, den aus der Wehrmacht vor dem 1. 8. 14 ausgeschiedenen Militärpersonen auf Grund des Altrentnergesetzes, den Unteroffizieren u. Mannschaften der jetzigen Reichswehr nach dem Wehrmachtversorggeſ. und dem Kriegspersonenschädengesetze vom gleichen Tage zustehen.

B. Jeder der zu a und b genannten Bezüge ist gemäß § 850 ZPO. einzeln (vgl. Anh. I h S. 129) in der Regel unter folgenden Voraussetzungen pfändbar:

a) wenn er monatlich 195 RM., wöchentlich 45 RM., täglich 7,50 RM. übersteigt, und zwar

b) nur in Höhe des dritten Teiles des Mehrbetrages; diese Pfändbarkeitsgrenze kann aber niemals wegen Vorhandenseins von Unterhaltspflichtigen erhöht werden (Ggstz. LBVO.).

Dagegen ist er ausnahmsweise unbeschränkt „für die Zeit nach Erhebung der Klage und für das diesem Zeitpunkte vorausgehende Vierteljahr" (Auslegung S. 112) pfändbar, wenn es sich um Unterhaltsansprüche der Verwandten, beschränkt, wenn es sich um diese Ansprüche unehelicher Kinder gemäß § 850 Abs. 4 ZPO. handelt, vgl. S. 96 u. 105 f. (nicht wegen Steuerforderungen § 4 Nr. 2 LBG. S. 95). — Ebenso in Preußen bei Einziehung von Disziplinarstrafen und solchen Zwangsstrafen, welche durch die vorgesetzten Dienstbehörden festgelegt sind; aber auch in diesem Falle wie bei jeder anderen — auch bevorrechtigten — Pfändung sind die zur Bestreitung des Dienstaufwandes bestimmten Einkünfte der Pfändung nicht unterworfen (§ 46 Abs. 2 PrVO., betr. VerwZwVerf., Fassung v. 16. 3. 26).

c) Zwecks Ermittlung des pfändbaren Teiles des Diensteinkommens werden alle einzelnen dazu gehörigen Bezüge (S. 87) in Ansatz gebracht, also außer Grundvergütung und Wohnungszuschuß auch örtliche Sonderzulagen, Ministerial-, Besatzungszulagen usw. (R. u. Pr. BesoldBl. 1929 u. 1930), Steuern und Beiträge zur Rversicherung nicht abgezogen (S. 46).

Dagegen werden nicht in Ansatz gebracht die zur Bestreitung eines Dienstaufwandes dienenden Einkünfte (Reisekosten, Tagegelder bei Dienstreisen, Umzugskosten, Pferde-, Tafel-, Bürogelder, Dienstkleidungszuschüsse, Schreibstoffvergütungen, Nachtdienstzulagen der Lohnempfänger, die nicht dem Steuerabzuge unterliegenden Gebührenanteile der OGerVollz. u. Kalkulatoren usw. (JMBl. 1930, 86) Sporteln, z. B. der Geistlichen für Akte der Tätigkeit bei Privaten, Nebenverdienste aus außeramtlicher Beschäftigung (Ggsz. Nebenbezüge S. 87), z. B. eines Militärmusikers aus privater Tätigkeit (OLG. 29, 230), ebenso Beihilfen und Zulagen die mit Rücksicht auf das Vorhandensein unterhaltsberechtigter Angehöriger gewährt werden und Einkünfte aus Privatvermögen. Notstandsbeihilfen bei Krankheits-, Geburts-, Todesfällen bilden kein Einkommen, weil kein Rechtsanspruch darauf besteht, und unterliegen, wie Dienstaufwendungen, Unterstützungen (selbst bei Dienstentlassung gewährte § 16 PrDisG., § 15 Nr. 4 Abs. 2 RDisG.) und Dienstprämien nicht der Pfändung (Runderl. d. FinMin. v. 23. 3. 29 i. Pr. Besoldungsblatt 1930 S. 17). — Unter den „sonstigen Bezügen", welche Abs. 2 und 4 a. a. O. nennen, sind nicht der Sterbe- und Gnadengehalt, auch nicht Privateinkünfte, vielmehr die unter Nr. 7 Abs. 1 a. a. O. aufgeführten zu verstehen.

4. Die Versorgungsbezüge in den S. 88 angeführten Gesetzen dürfen gemäß §§ 68 f. des RVersGes. nur übertragen und verpfändet, daher gepfändet werden

1. wegen Darlehns oder Vorschusses die dem Vberechtigten auf seinen Anspruch gewährt werden;

2. wegen Anspruchs öffentlich-rechtlicher Körperschaften auf Rückzahlung einer nach gesetzlicher Verpflichtung gewährten Leistung;

3. wegen Anspruchs des Reichs auf Rückzahlung zu Unrecht empfangener Vgebührnisse, Krankengeldes und Hausgeldes;

4. wegen Anspruchs auf Erfüllung gesetzlicher Unterhaltspflichten.

Wegen Umfang zulässiger Pfändung in den einzelnen Fällen s. §§ 68—71 des RVersGes. gilt für alle S. 88 angeführten Gesetze. Auch im Falle der Pfändung Unterhaltsberechtigter ist zunächst uneingeschränkt der Pfändung der Versorgungsgebühren mangels Kenntnis der Vermögensverhältnisse des versorgungsberechtigten Schuldners stattzugeben, bis er gemäß § 766 ZPO. die Voraussetzung ihrer Unpfändbarkeit nachweist (§ 70 a. a. O.; 25 T. 1612/30 LG. I Bln. [Ggst. § 4 a LBG.]). In allen diesen Fällen ist dem Schuldner der standesgemäße Unterhalt zu belassen (25. T 1059/30 LG. I. Berlin; Ggst. § 4 a LBG.)

Die Versorgungsbezüge nach diesen oder anderen MilitVersorgungsges. sind bei Pfändung eines Arbeitsentgelts der beschäftigten Personen nicht zu berücksichtigen, dürfen nicht auf deren Entgelt angerechnet werden (§ 98).

5. Stets in vollem Umfange unpfändbar sind

1. das Diensteinkommen aller zu einem mobilen Truppenteile oder zur Besatzung in Dienst gestellter Kriegsfahrzeuge gehörenden Militärpersonen (ZPO. § 850 Nr. 6),

2. die Kriegs-, Schwerbeschädigten- (Verstümmelungs-), Alters-, Tropen- und Luftdienstzulage (RGes. v. 31. 5. 06);

3. die Ansprüche aller Angehörigen der Wehrmacht und Schutzpolizei auf Übergangsbeihilfen, Umzugsentschädigung und Gebührnisse für das Sterbevierteljahr (§§ 71, 28 Wehrmachtversges.; § 9 Schutzpolizeiges.);

4. die Invalidenpension der Unteroffiziere und Mannschaften (§ 850 Abs. 1 N. 5 ZPO.);

5. der Sterbegehalt, der für den Sterbemonat dem verstorbenen Offiziere, Beamten usw. noch zukommende, von ihm nicht erhobene, den Erben derselben gebührende Gehaltsteil (und nach § 69 RBeamtG. auch der über diesen Monat hinaus gewährte Betrag);

6. der Gnadengehalt, der Bezug, welcher den Hinterbliebenen (nicht Erben) des im aktiven Dienst oder im Ruhestande Verstorbenen für die auf den Sterbemonat folgenden drei Monate gezahlt wird (§§ 7, 69 RBGes.). Ebenso Gaupp § 850 II 8; Falkm. 786 dagegen hält ihn wegen Schulden des Empfängers für pfändbar.

6. Das Diensteinkommen wird, soweit es nicht in Geld selbst besteht, nach seinem Geldeswerte geschätzt (s. S. 79) und dem baren Bezuge zugerechnet.

7. Die Pfändung des Diensteinkommens erstreckt sich auf alle später fällig werdenden Raten, auch auf spätere Veränderungen desselben infolge Versetzung in ein anderes Amt, Übertragung eines neuen Amtes, Gehaltserhöhung, sofern der Drittschuldner z. B. der Fiskus derselbe bleibt (§§ 832, 833 ZPO.). Wegen zwischenzeitlicher Pfändung oder Verfügung S. 135. Versetzung in Ruhestand oder Wiedereinstellung des Pensionärs machen erneute Pfändung nötig.

8. Die Pfändung selbst ist nicht, wie beim Lohne der Arbeiter, von einem bestimmten Tage ab, sondern jederzeit (auch im Wege der Vorpfändung) zulässig.

9. In § 850 Nr. 8 ZPO. ist zweifellos nur an die Pfändung des zukünftigen Gehaltsanspruchs gedacht. Bei Fälligkeit nicht ausgezahlte, sei es freiwillig nicht erhobene, sei es einbehaltene oder rückständige Beträge des Diensteinkommens genießen aber ebenso das Pfändungsvorrecht (vgl. 25 T. 162/10 LG. I Berlin, Seuffert 71 Nr. 50, Falkm. 784, Gaupp a. a. O. Anm. 96; die Grundsätze des LBG. dürfen auf diese Bezüge nicht angewandt werden). Ebenso bezüglich der Pensionen OLG. 31, 137. — Nicht anders gestaltet sich die Rechtslage, wenn die eigentliche Zahlstelle den Betrag hinterlegt (S. 92 Nr. 15). Wegen ihrer Pfändung s. S. 41 und 163.

10. Die Pfändung der Bezüge der Genannten ist in dem vorher festgestellten Umfange stets, also selbst dann zulässig, wenn die Landesgesetze die Verfügungsfreiheit der Beamten usw. über die Dienstbezüge beschränken oder gar ausschließen (so Preußen S. 93) und von Einforderung der Bezüge (S. 40 f.) unabhängig. Hier äußert sich nicht die sonst nach § 851 ZPO. automatisch eintretende Wirkung des Abtretungsverbots auf die Pfändbarkeit.

11. Belanglos für die Pfändung ist der Rechtsgrund des Anspruchs, um dessen Sicherung oder Befriedigung es sich handelt, abgesehen von der Ausnahme § 850 Abs. 4 ZPO.

12. Ein Aufgeben des Pfändungsvorrechts durch Vertrag oder einseitige Willenserklärung des Beamten usw. ist rechtsunwirksam (streitig, ob nichtig oder anfechtbar, vgl. S. 60 und Gaupp § 850 I 3); die Vorschriften des § 850 ZPO. sind zwingenden Rechts.

13. Bezüge, auf die kein Rechtsanspruch besteht, können unbe-

schränkt gepfändet werden, soweit nicht § 850 Abs. 1 Nr. 3 entgegensteht. Die Pfändung einer bloßen Aussicht auf Zuschuß zum Ruhegehalt ist nicht pfändbar; wohl aber eine vorläufige widerrufliche Bewilligung eines solchen (Ggs. KG. i. JW. 1930, 764).

14. Bei Überweisung der Dienstbezüge an eine Bank oder Sparkasse ist diese nur Zahlstelle und büßen die Bezüge nicht ihren Charakter als Unterhaltsrente ein (8 W. 7256/29 KG.; 25 T. 1370 LG. I Berlin; gegensätzlich aber unrichtig OLG. Köln 5 U. 351/29). Die Grundsätze des LBG. (S. 41 bis 43) finden auf das Beamtenrecht keine Anwendung. — Bei Pfändung des Bankguthabens des Beamten wird er oder der Pfandgläubiger daher im Wege des § 766 ZPO. deren Beschränkung oder Aufhebung bei Nachweis des Herkommens erreichen.

15. Bei Hinterlegung der Bezüge unterliegt die Forderung gegen die Hinterlegungsstelle bei Beschlagnahme denselben Beschränkungen, wie die Forderung auf die Bezüge selbst. Ebenso 8 W. 5707/30.

16. Das unter 7—10 u. 14 Gesagte gilt auch für die Pension und die Versorgungsgebührnisse, soweit sie pfändbar sind. — Das Wartegeld wird mit Rücksicht auf daneben bezogenes privates Einkommen gekürzt (Pr. AbbauVO. v. 27. 10. 23, 8. 2. 24).

17. Wegen Pfändung mehrerer aus verschiedenen öffentlich-rechtlichen Dienstverhältnissen zustehenden Bezüge und Konkurrenz solcher mit Ansprüchen aus LBG. u. VO. (s. S. 127 f.).

Anhang.

I. Das Recht der in § 850 ZPO. genannten Militärpersonen, Beamten usw. zur Verfügung über ihre Dienstbezüge, Pensionen usw. hat

A. für die Reichsbeamten — dazu gehören auch die Militärbeamten — in § 6 des RBGes. seine Grundlage.

B. für die „Soldaten", d. h. Offiziere, Deck-, Unteroffiziere, Mannschaften (§ 1 I Wehrges.) besteht keine positive Vorschrift über das Verfügungsrecht; es bestimmt sich nach § 850 Abs. 1 ZPO. (Semler Wehrges. S. 131).

Danach — in Verbindung mit §§ 394, 400, 1274 BGB. — kann von seiten aller Genannten der Anspruch auf Zahlung von Diensteinkünften, Wartegeldern, Pensionen mit rechtlicher Wirkung nur soweit abgetreten, verpfändet, sonst übertragen oder zur Aufrechnung einseitig verwendet werden, als er der Beschlagnahme freigegeben ist. — Demnach sind

I. der Verfügung von seiten der Berechtigten entrückt

1. das Diensteinkommen der in § 850 Abs. 1 Nr. 6 ZPO. genannten Personen,

2. die Invalidenpension der Unteroffiziere und Soldaten (Nr. 5 a. a. O.) nach den Bestimmungen der Versorgungsgesetze (§ 28 WehrmVersGes.),

II. nur in bestimmten Fällen und in bestimmtem Umfange verfügbar die Versorgungsgebührnisse (S. 88 u. 89).

III. verfügbar für alle in § 850 Abs. 1 Nr. 8 u. 9 ZPO. genannten Personen der dritte Teil des 195 RM. monatlich übersteigenden Diensteinkommens und ihrer Pension, ja sogar noch weit mehr im Falle des Abs. 4 a. a. O. (aber s. C.) — Bei Abtretung ist § 411 BGB. als Ordnungsvorschrift zu beachten; aber unabhängig davon ist die formlose Abtretung usw. rechtswirksam; einer Einwilligung der vorgesetzten Behörde oder anderen Stelle bedarf es nicht.

IV. abtretbar sind unabhängig von III die Beamtenbezüge zum Heimstättenbau; die Abtretung ist aber nach Höhe und Zweck beschränkt (RGes. v. 30. 6. 27; RGBl. S. 133).

C. Der Art. 81 d. EinfGes. z. BGB. macht einen Vorbehalt zugunsten der landesgesetzlichen Sonderbestimmungen, welche die Übertragbarkeit der Bezüge der Landesbeamten einschränken und entgegen dem § 394 BGB. eine Aufrechnung gegen ihre Besoldungsansprüche zulassen.

Preußen hat das nach § 163 Anhang zur Allg. GerOrd. I 24 § 108 bestehende Verbot der Verfügung über das Diensteinkommen und die Pension aufrechterhalten. Damit ist jede Verfügung über das Diensteinkommen und die Pension, also auch über den der Pfändung an sich unterliegenden Teil, insonderheit auch der Verzicht auf das Pfändungsrecht ohne alle rechtliche Wirkung (RG. 44 S. 190; Brand § 41; Müller I S. 606; JW. 1911, 782). Trotzdem sind die Bezüge pfändbar

(s. S. 91 Nr. 10). Indessen gilt das Gesagte nur für Beamte in den alten Provinzen. Beamte in den 1866 hinzugekommenen neuen Provinzen haben nach der VO. v. 24. 6. 67 (Pr. GesS. S. 885) das Recht der Verfügung über ihr Diensteinkommen und Wartegeld soweit sie pfändbar sind; eine Verfügung über ihre Pension ist ihnen dagegen verwehrt: denn das Pr. Ges. betr. Pensionierung der Staatsbeamten v. 27. 3. 72, welches für ganz Preußen gilt, verbietet schlechthin Abtretung und Verpfändung der Pension (ebenso Brand a. a. O. und Kautz-Appelius KommBeamtenGes. 2. Aufl. S. 288), betrifft aber nur unmittelbare Staatsbeamte, Lehrer u. Beamte an höheren Unterrichtsanstalten, gilt nach KomB.-G. § 12 auch für Kommunalbeamte, nicht aber für andere mittelbare Stbeamte (von landwirtschaftlichen Kreditinstituten, Deichverbänden usw.) u. Geistliche. — Auf Versorgungsgebührnisse bezieht sich das in bezug auf Pension Gesagte nur mit Einschränkungen (S. 88 f.).

In allen anderen Bundesstaaten ist das Verfügungsrecht der Beamten über ihre Dienstbezüge und Pensionen, soweit sie pfändbar sind, nicht eingeschränkt.

II. **Die Aufrechnung gegen die Dienstbezüge** lassen alle Bundesstaaten im Umfange der Pfändungsgrenzen zu; einige erklären die Aufrechnung mit Forderungen aus dem Amts- oder Dienstverhältnis auch für zulässig, soweit die Ansprüche der Beamten der Pfändung nicht unterworfen sind, z. B. Thüringen, Oldenburg, Mecklenburg-Schwerin. — Das Reichsgericht (RG. 85 S. 108 f.) hat dies unbeschränkt in Fällen gebilligt, wo eine Schadensersatzforderung gegen den Beamten sich auf eine vorsätzliche unerlaubte oder sogar strafbare Handlung im Rahmen seines Dienstverhältnisses gründet.

III. Sowohl im Reiche wie in den Bundesstaaten machen die Behörden selbst bei Ausschluß der Aufrechnung gegen die unpfändbaren Dienstbezüge von dem **Zurückbehaltungsrechte** an diesen auch außerhalb der durch RG. 85 S. 108 f. gezogenen Grenzen wegen Stellvertretungskosten, Kassendefekte usw. Gebrauch. Dies ist aber unzulässig (RG. 89, 106; Brand § 41). Nach Müller I 843 soll auf Grund einer vom RG. 82, 283 für rechtsgültig erklärten PrJMV. v. 24. 6. 07 vom Zurückbehaltungsrechte soweit abgesehen werden als das Gehalt der Pfändung nicht unterliegt.

Im Falle vorgeschossener Gehaltsbeträge findet eine eigentliche Zurückbehaltung bei der Gehaltszahlung nicht statt (nur Anrechnung früherer Gehaltsteile), wenn nicht Überhebung von Gehalt vorliegt. (Brand a. a. O.)

IV. Was von den unmittelbaren Staatsbeamten gilt, gilt auch für die mittelbaren (KommBeamtGes. v. 30. 7. 99 § 12 f.).

V. Eine Abtretung von Dienst- oder Versorgungsbezügen, soweit sie zulässig ist (S. 88 f. unter 4.), beschränkt die Wirkung nachfolgender Pfändung auf den abzugsfähigen Teil des nicht abgetretenen Diensteinkommens (JMBl. 1930 S. 86).

Nr. 2 des § 4.
Die Lohnbeschlagnahme zum Zwecke der Beitreibung von Steuern und Abgaben.

(Gesetzestext S. 82.)

Wie die Materialien zum Gesetz ergeben, sollte durch die Nr. 2 des § 4 nicht ein selbständiges Pfändungsvorrecht geschaffen, sondern lediglich festgelegt werden, daß Lohnforderungen nur wegen bestimmter Steuern und vor allem nur dann beschlagnahmt werden dürfen, wenn anders die Landes- jetzt auch die Reichsgesetze eine solche Pfändung zulassen: Die RAbgO., nach deren Vorschriften die Beitreibung von Reichssteuern im Verwaltungszwangsverfahren erfolgt, läßt die nach der ZPO. bestehenden Verbote und Beschränkungen der Beitreibung von Forderungen ganz allgemein im § 342 auch für das Verwaltungszwangsverfahren gelten und gibt damit zu erkennen, daß sie eine Ausnahmebestimmung für die Lohnbeschlgn. nicht schaffen wollte; anderenfalls hätte es einer dahingehenden besonderen Vorschrift bedurft. — Auch nach dem Landessteuerrechte bewendet es bei den Pfändungsverboten bzw. -beschränkungen des § 1 des LBG. u. der VO.; die Länder haben sich entsprechend dem § 17 des Finanzausgleichsges. dem § 342 a. a. O. angepaßt und keine hiervon abweichende Vorschrift für die Lohnbeschlagnahme aufgestellt (vgl. § 46 der Pr. VO. v. 16. 3. 26 z. Abänderg. der VO. v. 15. 11. 1899).

Die Nr. 2 hat aber damit nicht ihre Bedeutung verloren oder ist nicht gar aufgehoben: Es wäre denkbar, daß die Steuerträger für

Erfüllung gewisser Aufgaben in Zukunft eines unbeschränkten Zugriffes in die sonst nur beschränkt pfändbaren Dienstbezüge nicht ganz entraten könnten. Dann stellt die Nr. 2 das notwendige Korrektiv dar, die Grenze, über die hinaus das Pfändungsvorrecht nicht ausgedehnt werden darf. — Zur Zeit sind die Dienstbezüge der Privatangestellten u. Beamten dem Zugriffe der Steuerbehörden für die in Nr. 2 genannten Steuern nicht völlig freigegeben. Ebenso Delius, Pr. Kommunalkassenztg. 1929 S. 129, Jonas i. JW. 1930, 468 Anm. (vgl. m. Auff. i. Zeitgem. Steuer- u. Finanzfragen 1929 S. 31 ff. u. JW. 1928 S. 2894); a. A. Oertmann S. 67, Förster-Kann ZPO. § 850 Anm. I c, Kaskel S. 153; sie unterliegen den allgemeinen Pfändungsbeschränkungen des LBG., der VO. und der ZPO. — Es erübrigt sich jetzt daher auch, darauf einzugehen, welche Steuern und Abgaben als evtl. bevorrechtigte anzuerkennen sind, zumal der Begriff der „direkten persönlichen Steuern und Abgaben" im Steuerrechte keineswegs einhellig feststeht. (Strutz Grundlehren d. Steuerrechts S. 14). Das Vorhergesagte gilt auch bezüglich des Ruhegeldes, der Ansprüche aus vereinbartem Wettbewerbsverbote u. der infolge Erwerbsunfähigkeit zu zahlenden Rente (§§ 3 u. 4 VO.).

Nr. 3 des § 4.

Die Lohnbeschlagnahme wegen Beitreibung der den Verwandten, dem Ehegatten und früheren Ehegatten zu entrichtenden Unterhaltsbeiträge.

(Gesetzestext S. 82.)

Die Nr. 3 des § 4 des Gesetzes gibt den unterhaltsberechtigten Verwandten usw. ein Recht auf bevorrechtigte Pfändung der Dienstvergütung des Unterhaltspflichtigen.

Die Vorbedingungen des Vollstreckungsvorrechts auf materiell-rechtlichem Gebiete, also des Unterhaltsanspruches als solchem, sind hier nur soweit zu streifen, als sie für die Erkenntnis des Inhalts und Umfanges des Vollstreckungsvorrechtes von Wichtigkeit sind.

Da die Nr. 3 des § 4 des LBG. und Abs. 4 des § 850 ZPO. inhaltlich völlig übereinstimmen, so kann das Vorrecht der unterhaltsberechtigten Verwandten usw. in bezug auf Pfändung von Lohn und Gehalt sowie Diensteinkommen usw. nebeneinander erläutert werden.

I. Bevorrechtigte Forderungen.

Die „Unterhaltsbeiträge", denen das Vorrecht eingeräumt ist, umfassen alle zur Bestreitung des Lebensbedarfs des Berechtigten notwendigen Aufwendungen in Geld, evtl. auch in natura, z. B. für den Unterhalt eines Altsitzers (OLG. 14 S. 182; 19 S. 19). Bei einer der Erziehung bedürftigen Person zählen hierzu auch die Kosten der Erziehung und Vorbildung zu einem Berufe [der Lehrjahre, der Vorbereitung für eine Prüfung (SeuffArch. 58 S. 480), des Hochschulstudiums (Leipz.Zschr. 1921, 306), Arztkosten 25 T. 2039/29 LG. I Bln.)]. Die Kosten des Unterhaltsprozesses sind nicht (streitig, s. Falkm. 788 Note 89, OLG. 6, 422), diejenigen für Einziehung der Beiträge dagegen als Unterhaltsbeiträge anzusehen (ebenso Gaupp a. a. O. Note 107, a. A. Kammerger. 8 W. 3864/09 und 2088/12, LG. I Bln. 25 T. 466/30 und Falkm. a. a. O.). — Nicht als solche gelten die Zinsen rückständiger Beiträge (Bl. f. Rpfl. 1898 S. 68), ebensowenig der Prozeßkostenvorschuß des Ehemannes für die Ehefrau (JW. 1900 S. 339; RGR. § 1837 Anm. 3 a), der Aussteuer- und Ausstattungsanspruch (RG. 66 S. 234), die Geldrenten auf Grund der §§ 843 bis 845 BGB. (ebenso Pick S. 114, Oertmann S. 71; vgl. aber § 850 Abs. 3 ZPO., § 4 der VO. und § 13 des Kraftfahrz.G.).

Das den Unterhaltsbeiträgen eingeräumte Vollstreckungsvorrecht ist aber nach zwei Richtungen hin beschränkt:

1. Sachlich ist es nur den „kraft Gesetzes" zu entrichtenden Beiträgen zugesprochen, also denjenigen, welche ihren unmittelbaren Rechtsgrund im Gesetze haben (OLG. 7 S. 317; 10, S. 376). Daraus folgt:

α) Ein übermäßige Leistungen zusichernder Vertragsanspruch des an sich Unterhaltsberechtigten genießt nur in der das gesetzliche Maß nicht übersteigenden Höhe das Pfändungsvorrecht. Es besteht dabei aber die Vermutung, daß ein Unterhaltspflichtiger über das Maß der gewöhnlichen Bedürfnisse hinaus Beiträge nur gewährt, um seiner gesetzlichen Pflicht zu genügen (LG. I Berl. T. 103/08).

β) Ein nicht auf gesetzlicher Verpflichtung, sondern lediglich auf Vertrag und letztwilliger Verfügung beruhender Unterhaltsbeitrag genießt nicht das Vorrecht.

γ) Ein gesetzlicher Unterhaltsanspruch verliert nicht dadurch seinen bevorrechtigten Charakter, daß er durch Vertrag oder Vergleich außergerichtlich oder gerichtlich festgesetzt oder anerkannt wird (vgl. Drucks. d. Reichst. 4. Sess. 1895—97 S. 4546), allerdings nur unter der Voraussetzung, daß diese „als unselbständige Hilfsgeschäfte der bereits bestehenden Unterhaltspflicht" dienen (Oertmann S. 70). — Durch Zahlung einmaliger Abfindung statt fortlaufender Beträge wird der Unterhaltsanspruch völlig abgelöst, und erlischt das Verpflichtungsverhältnis; auch wird der Zweck des fortlaufenden Bezuges völlig verändert, daher erlischt auch das Pfändungsvorrecht (frühere Aufl. anders, Falkm. 776 Note 54 und die Zitate Schülers S. 53, JW. 1917, 56; a. A. Pick 118).

Auch eine Erhöhung der Unterhaltssumme durch Vertrag oder sonstwie schafft nicht stets einen neuen selbständigen Rechtsgrund (§ 323 ZPO., a. A. Oertmann a. a. O.; Pick S. 100).

Ein Vergleich über künftigen Unterhalt zwischen Ehegatten oder unterhaltspflichtigen Verwandten ist nichtig, insoweit er einen völlig oder teilweisen Verzicht auf den gesetzlichen Unterhalt in sich schließt (§ 1360[3] BGB., RG. 50 S. 96). — Ein Vertrag, der die Unterhaltsgewährung nach der bevorstehenden Scheidung regelt, ist nicht schlechthin nichtig (JW. 1913 S. 128; Seuffert 64 S. 71; RG. 70 S. 59).

2. Auch eine zeitliche Schranke ist dem Pfändungsvorrechte gesetzt. Nur „für die Zeit nach Erhebung der Klage und für das diesem Zeitpunkte vorausgehende letzte Vierteljahr" besteht das Vollstreckungsvorrecht wegen der Unterhaltsbeiträge, weil sie insoweit „als laufende" im Sinne des Gesetzes angesehen werden (Mot. z. § 749; Entw. d. ZPO. § 696), selbst wenn sie für die Vergangenheit, vom Augenblicke des Verzuges oder der Rechtshängigkeit an, gefordert werden (§§ 1613, 1360,

1580, 1351 BGB.). Daher genießen nach der Ausdrucksweise des Verkehrs auch **rückständige** Unterhaltsbeiträge das Pfändungsvorrecht, z. B. jetzt geltend gemachte Forderungen für Rückstände seit dem Jahre 1926 auf Grund eines Urteils vom Jahre 1922. Gegen Ausdehnung des Vollstreckungsvorrechts auf die zu lange nach Klageerhebung geschuldeten Unterhaltsbeiträge schützt die vierjährige Verjährungsfrist (§ 218 Abs. 2 BGB.; s. RG. 70, 68). — Die **Beschlagnahme von Unterhaltsbeiträgen, die seit länger als 3 Monate vor Klageerhebung fällig geworden, unterliegt den einschränkenden Bestimmungen** der §§ 1 d. LBG. und der VO. bzw. des § 850 Abs. 2 ZPO.

Für die zeitliche Begrenzung des Vorrechts kommt es immer nur auf den Zeitpunkt der Klageerhebung, nicht der Urteilsfällung an. — Der Klageerhebung steht die Zustellung eines Zahlungsbefehls, der Zeitpunkt des Antrages auf Güteverfahren (§ 496[3] ZPO.) oder einstweilige Verfügung (§§ 935, 936 a. a. O.: Bl. f. Rpfl. 5 S. 47) oder der Errichtung einer vollstreckbaren Urkunde (OLG. 7 S. 316, a. M. OLG. 19 S. 21, Falkm. 789 und Gaupp § 850 V 2 b) gleich. — Ob die Beitreibung auf Grund eines Urteils, anderen Schuldtitels oder Vollstreckungsbefehlen usw. erfolgt, ist gleichgültig.

II. Bevorrechtigte Personen.

Es genießt das Vorrecht nicht die Unterhaltsforderung an sich, sondern nur der unterhaltsberechtigte Verwandte (auch Legitimierter und an Kindes Statt Angenommener, nicht Seitenverwandter), Ehegatte oder früherer Ehegatte selbst wegen seines Verhältnisses zum Unterhaltspflichtigen (a. A. Falkm. 787).

Das Vorrecht geht daher weder auf denjenigen über, der statt des Schuldners den Unterhaltsberechtigten verpflegte, — er hat nur das Recht auf Ersatz des zur Erfüllung der Unterhaltspflicht selbst gegen den Willen des Verpflichteten dem Bedürftigen Geleisteten (§§ 679, 683 Satz 2 BGB.) — noch auf den Zessionar oder Erben des Berechtigten, wenn diese nicht selbst zu den Unterhaltsberechtigten gehören. — Alles dies ist aber durchaus streitig (s. die Zitate bei Falkm. a. a. O., Gaupp a. a. O. Note 134). — Der **Fürsorgeverband**, der den Unterhalt eines Hilfsbedürftigen geleistet, hat den Ersatzanspruch gegen den Dritten in demselben Maße und unter denselben Voraussetzungen wie der Hilfsbedürftige selbst (VO. v. 13. 2. 24 § 21²; RGBl. I 100 Ges. v. 8. 6. 26). Das gleiche gilt, wenn er die Ansprüche des Unterhaltsberechtigten selbst geltend macht (§ 24 a. a. O.); in allen diesen Fällen genießt er das Pfändungsvorrecht der §§ 4, 4 a LBG.

Durch Eintritt eines anderen entfernteren Unterhaltspflichtigen an Stelle des näheren Pflichtigen wird das Vorrecht nicht berührt (§§ 1607², 1608 [ebenso 1709²] BGB.; ebenso Oertmann S. 70; dagegen Falkm. a. a. O.).

III. Gegenstand bevorrechtigter Pfändung.

Der Dienstlohn und das Ruhegeld des Arbeiters und Privatangestellten, der Anspruch des Handlungsgehilfen aus vereinbartem Wettbewerbsverbote, der Anspruch auf Geldrente aus § 843 BGB., ebenso das Diensteinkommen und die Pension der unter Nr. 7—9 der § 850 Abs. 1 ZPO. Genannten, die Erziehungsgelder, Studienstipendien, Witwen- und Waisenkassenbezüge des Unterhaltspflichtigen sowie die Beihilfen und Zulagen, die diesen gerade mit Rücksicht auf das Vorhandensein Unterhaltsberechtigter gewährt werden (Abs. 4 a. a. O.), bilden den Gegenstand bevorrechtigter Pfändung. — Es sind wegen der Unterhaltsforderungen auch die Ansprüche aus der RVO. (§ 119⁹), dem AVG. (§ 93), den Unfallversicherungsgesetzen, dem ReichsversGes. (§ 68) und den anderen VersorgGes. pfändbar (vgl. S. 88/89).

IV. Inhalt bevorrechtigter Pfändung.

In die eben genannten Forderungen darf (muß nicht s. unten V) außerhalb der einschränkenden Vorschriften des LBG., der VO. und des Abs. 2 des § 850 ZPO. vollstreckt werden: α) Der Arbeits- oder Dienstlohn und die ihm gleichgestellten Bezüge (§§ 3 u. 4 der VO.) können also, selbst wenn sie einzeln die Pfändungsgrenze nicht übersteigen, **jederzeit ohne Rücksicht auf Dienstleistung, Ablauf des Tages der Lohnzahlung und -einforderung** in voller Höhe des zur Vollstreckung stehenden Betrages gepfändet werden; β) das Diensteinkommen und die anderen in Nr. 7 bis 9 Abs. 1 des § 850 ZPO. genannten Bezüge sind ebenso, **ganz uneingeschränkt**, pfändbar (§ 850 Abs. 4 ZPO.).

V. Die Geltendmachung bevorrechtigter Pfändung

steht dem Berechtigten völlig frei: Er kann nach seinem Belieben ausschließlich an dem den anderen Gläubigern verschlossenen Teile der Bezüge des Unterhaltspflichtigen Zugriff nehmen oder sich mit Pfändung des den anderen zugänglichen Teils von Lohn, Gehalt, Diensteinkommen usw. begnügen, schließlich die genannten Bezüge auch schlechthin beschlagnahmen (Meyer S. 49 Anm. 1).

VI. Die Wirkungen bevorrechtigter Pfändung
(Meyer S. 47 f.).

α) Wie und in welchem Umfange immer der Verwandte die Vergütung des Unterhaltspflichtigen beschlagnahmt, so ist Schuldner nicht befugt, die Freilassung eines Notbedarfs aus dem Bezuge zu verlangen, weil solcher bereits unter Zugrundelegung seiner Vermögens- und Erwerbsverhältnisse vom Prozeßrichter bei Bemessung der Unterhaltsbeiträge berücksichtigt ist (§§ 1360, 1361, 1579, 1603 BGB.; Ggstz. § 4 a LVG.); auch ist er nicht befugt, den Bevorrechtigten auf andere Vermögensbestandteile, Einkünfte oder einen bestimmten Teil der Vergütung (s. das Folgende) zu verweisen (ebenso Oertmann S. 74, Zschr. f. ZP. 17, 166). Wohl aber kann er bei wesentlicher Änderung seiner Verhältnisse entsprechenden Nachlaß seiner Leistungen verlangen (§ 323 ZPO.). — Wegen Pfändung von Versorgungsgebührnissen durch Unterhaltsberechtigte s. S. 89.

β) Für das Verhältnis des Bevorrechtigten zum Nichtbevorrechtigten gilt folgendes:

Das Pfandrecht am allgemein pfändbaren Teile der Vergütung wird durch das Pfandrecht an dem grundsätzlich unpfändbaren Teile derselben nicht beeinträchtigt. Es ist daher gleichgültig, ob die Pfändung des einen Teiles vor, nach oder gleichzeitig mit der Pfändung des anderen Teiles erfolgt, wenn die Bevorrechtigten und Nichtbevorrechtigten die verschiedenen Teile der Vergütung ausschließlich jeder für sich mit Beschlag belegen. — Beschlagnahmt der Bevorrechtigte aber den allgemein pfändbaren Teil der Bezüge seines Schuldners (sei es ausschließlich oder zusammen mit dem sonst unpfändbaren Teil), so bestimmt sich sein Verhältnis zu den Nichtbevorrechtigten bezüglich des von diesem ebenfalls beschlagnahmten Betrages nach der Zeit der beiderseitigen Pfändungen (§ 804 Abs. 3 ZPO.).

Hat der Nichtbevorrechtigte zuerst gepfändet, so muß sich der Bevorrechtigte mit dem Überreste der Bezüge begnügen, selbst wenn er wegen der ihm zukommenden Unterhaltsbeiträge nicht mehr voll befriedigt wird. Dagegen hat die zeitlich nachfolgende Pfändung des Nichtbevorrechtigten nur dann Erfolg, wenn der Betrag der für ihn pfändbaren und gepfändeten Bezüge nicht durch die Beschlagnahme des Bevorrechtigten erschöpft wird. Weder aus dem LBG. noch aus § 850^4 ZPO. läßt sich folgern, daß der Verwandte in jedem Falle den allgemein pfändbaren Betrag der Bezüge seines Schuldners freilassen muß (ebenso Falkm. 790, Oertmann S. 74). Auch zerfällt der Bezug nicht in zwei getrennte, gesondert zu behandelnde Teile (a. A. Hirsch Naumb. AZ. 1911 S. 58), an deren jedem nur die bestimmten Gläubiger, für die der Teil reserviert ist, Zugriff nehmen können oder müssen. Der Bezug ist vielmehr ein einheitlicher und wird durch die Beschlagnahme nach Maßgabe des Pfändungsbeschlusses ergriffen, also ganz belastet, wenn er ganz gepfändet ist. Unerheblich ist es dabei, ob schon der jetzt unpfändbare Teil für den Verwandten zur Deckung seiner Forderung ausreichen würde, da gewiß nicht immer der ganze Anspruch des U.berechtigten in den pfandfreien Teil des Lohnes hineingenommen ist, vielleicht auch Rückstände sind und sich für den Pfändenden auch nur selten übersehen läßt, ob und inwieweit über diesen Teil schon vorher durch Zwangsvollstreckung oder Rechtsgeschäft verfügt ist. — Aus den angeführten Gründen besteht auch bei dem jetzt bestehenden Rechtszustande kein Recht des Nichtbevorrechtigten zur Verweisung des Verwandten auf den unpfändbaren Teil der Bezüge des Schuldners (Schüler S. 54); anderenfalls würde das Vorrecht der Verwandten den Nichtbevorrechtigten indirekt zugute kommen (vgl. Annalen des Sächs. OLG. 26 S. 176). Wenn der Bevorrechtigte schlechthin Lohn oder Dienstbezüge pfändet, wird, wie von jeder Pfändung, zunächst der allgemein pfändbare Teil der beschlagnahmten Forderung ergriffen (KG. in Busch Ztschr. 1, B. 17 S. 166).

γ) Das Verhältnis der Bevorrechtigten zueinander bestimmt in erster Reihe die Art ihrer Pfändungen, die wie gesehen, verschieden sein kann. Können sie unter Berücksichtigung derselben nicht nebeneinander befriedigt werden, so entscheidet ihren Rang nicht § 804 Abs. 3 ZPO., sondern lediglich § 1609 BGB. Denn wenn auch durch die Reihenfolge der einzelnen Pfändungen eine Rangordnung hergestellt wird, so kann das nur von grundsätzlich gleichwertigen Rechten gelten, nicht von verschiedenwertigen (ebenso Oertmann S. 73). Die Abkömmlinge des Unterhaltspflichtigen gehen den Verwandten der aufsteigenden Linie vor usw. Der durch die frühere Pfändung eines im Range Nachstehenden Benachteiligte kann auf Grund der §§ 766 oder 853, 872 f. ZPO. Anerkennung seines Vorrechts und eine seiner Rechtsstellung entsprechende Verteilung der gepfändeten Beträge außerhalb der Reihenfolge der Pfändungen erzwingen. — Ein Bevorrechtigter, der nicht selbst gepfändet hat, kann (in der eben angeführten Weise) erst dann einen anderen bevorrechtigten Pfandgläubiger aus dem Felde schlagen, wenn er auch seinerseits eine Pfändung der gepfändeten Beträge herbeigeführt hat. Ohnedem hat er nur einen Anspruch gegen den Unterhaltspflichtigen aus dessen Einkünften, aber kein direktes Recht an dem Lohne oder Diensteinkommen usw. und auf diese Bezüge (Keidel S. 234). Letzteres erlangt er erst durch arrestweise Pfändung des Befriedigungsanspruches des Erstpfändenden oder durch Klageanstellung verbunden mit arrestweiser Pfändung der nämlichen Gehaltsrate. — Der unterhaltspflichtige Schuldner kann dagegen ohne weiteres die Einwendungen aus § 766 ZPO. wie für sich, so auch für einen benachteiligten Verwandten erheben, selbst wenn dieser nicht geklagt hat.

Nr. 4 des § 4.

Die Beschlagnahme des 1500 RM. für das Jahr übersteigenden Arbeits- oder Dienstlohnes

(Gesetzestext S. 82)

ist durch die Bestimmungen der VO. überholt, bedarf daher keiner Erläuterung.

§ 4a des LBG.

Auf die Beitreibung der zugunsten eines unehelichen Kindes von dem Vater für den im § 4 Nr. 3 bezeichneten Zeitraum kraft Gesetzes zu entrichtenden Unterhaltsbeiträge findet dieses Gesetz nur insoweit Anwendung, als der Schuldner zur Bestreitung seines notdürftigen Unterhalts und zur Erfüllung der ihm seinen Verwandten, seiner Ehefrau oder seiner früheren Ehefrau gegenüber gesetzlich obliegenden Unterhaltspflicht der Vergütung (§§ 1, 3) bedarf. Hierbei werden ausschließlich die Leistungen berücksichtigt, welche vermöge einer solchen Unterhaltspflicht für den nämlichen Zeitraum oder, falls die Klage zugunsten des unehelichen Kindes nach der Klage eines Unterhaltsberechtigten erhoben ist, für die Zeit von dem Beginne des der Klage dieses Berechtigten vorausgehenden letzten Vierteljahrs ab zu entrichten sind.

A. Einleitung.

Die Novelle vom 29. März 1897 dehnte das in § 4 Nr. 3 des Gesetzes den Verwandten usw. zuerkannte Vollstreckungsrecht auf die Unterhaltsansprüche unehelicher Kinder durch § 4 a aus und stellte durch einen Zusatz in § 850 Abs. 4 ZPO. für den Bereich des LBG. und der ZPO. nach seiner ausgesprochenen Absicht den gleichen Rechtszustand her. Beide Vorschriften regeln in gleicher Weise das Vollstreckungsvorrecht der unehelichen Kinder gegen ihren Erzeuger, mag er Arbeiter oder Privatangestellter oder Beamter, Offizier usw. sein, können daher hier nebeneinander erläutert werden.

Kurzweg wird bei Erläuterung von § 4a für „Verwandte, Ehefrau und frühere Ehefrau" nur „Verwandte" gesetzt, „uneheliches Kind" mit „u. Kind", „Unterhalt" mit „U." bezeichnet.

B. Die Erläuterung der Vorschrift.

I. Auslegung des Wortlautes.

Die der Vorschrift des § 4 Nr. 3 nachgebildete Bestimmung des § 4a soll, wie die Motive besagen, durch ihre Fassung zum Ausdruck bringen, „daß der Regel nach die dem u. Kinde wegen der U.beitr. gestattete Zwangsvollstreckung in den Dienstlohn der im § 1 des Gesetzes vom 21. Juni 1869 vorgeschriebenen Beschränkung nicht unterliegt, daß aber in Abweichung von dieser Regel die Beschränkungen bezüglich derjenigen Beiträge Platz greifen, welche der Schuldner für sich und seine Familie zum Unterhalt braucht". Danach scheint es fast, als ob in Fällen der Konkurrenz der Unterhaltsansprüche u. Kinder mit denen der Verwandten die Beschränkungen des § 1 des Gesetzes für die Unterhaltsbeiträge der letzteren in Geltung treten sollen. Das ist aber nicht gemeint. Es ist mit der Bestimmung nur dasselbe ausgedrückt, was bezüglich der Pfändung des Diensteinkommens und der gleichgestellten Bezüge der § 850 ZPO. in seinem Abs. 4 klarer ausspricht: Nachdem dieser die Gehaltspfändung „unbeschränkt", also ohne die im übrigen im Gesetze gezogene Schranke auch wegen der zugunsten der u. Kinder zu entrichtenden U.beiträge, für zulässig erklärt hat, fährt er fort: „Diese Vorschrift findet jedoch insoweit keine Anwendung, als der Schuldner zur Bestreitung seines notdürftigen Unterhalts und zur Erfüllung der ihm seinen Verwandten .. gegenüber gesetzlich obliegenden Unterhaltspflicht der Bezüge bedarf." Das Recht der Pfändung von Gehalt, Lohn, Dienstbezug und der gleichgestellten Ansprüche zugunsten der u. Kinder erleidet daher **nur bezüglich des Umfanges** eine Einengung durch die Rücksicht auf den eigenen U. des Verpflichteten und die U.bedürfnisse seiner Verwandten, ist im übrigen aber unbeschränkt.

II. Die Bestimmung und das Zivilrecht.

Während § 4 Nr. 3 des Gesetzes und § 850 Abs. 4 Satz 1 ZPO. die Feststellung der Vorbedingungen der U.pflicht materiellrechtlich dem geltenden Zivilrechte überlassen, so treffen § 4a und § 850 Abs. 4 Satz 2 u. 3 eine über das rein prozessuale Gebiet hinausgehende **materielle**, im BGB. nicht enthaltene Bestimmung: 1. **sie ordnen das Rangverhältnis der U.ansprüche der Verwandten und des u. Kindes** behufs Befriedigung aus der von letzterem gepfändeten Vergütung u. anderen Bezügen (S. 100) des U.pflichtigen (hierüber S. 109); 2. **sie sichern dem Schuldner einen Teil seiner Vergütung im Zwangsvollstreckungsverfahren** (aber auch nur da!) **zu seinem und seiner Familie U.**, weil nach § 1708 BGB. bei der Verurteilung zur U.gewährung an das uneheliche Kind seine Vermögens- und Erwerbsverhältnisse, abgesehen vom Falle des Abs. 2, selbst völlig unberücksichtigt bleiben. — Aber nur gegen des Vaters Vergütung besteht das Vorrecht: gegen seine Erben (§ 1712 BGB.) ist Pfändung ihrer Vergütung nur nach §§ 1, 3 des LBG., § 1 der BO. und § 850 Abs. 1 ZPO. zulässig (LG. I Berl. 25 T. 1421/13).

Im übrigen regelt das BGB. nach Voraussetzungen, Inhalt und Umfang die hier nicht zu erörternde rechtliche Stellung der u. Kinder.

III. Das Vollstreckungsvorrecht der unehelichen Kinder.

1. Bevorrechtigte Personen. U. Kinder sind die außerhalb einer ehelichen Verbindung geborenen (auch die sogenannten Brautkinder), ferner die einer gültigen Ehe entstammenden, wenn deren eheliche Abstammung mit Erfolg angefochten ist (§ 1596 BGB.), weiter Kinder aus einer nichtigen Ehe (§§ 1310, 1327 BGB.), wenn diese für ungültig erklärt und nicht in das Heiratsregister eingetragen ist, oder wenn beiden Ehegatten bei Eingehung der Ehe deren Nichtigkeit bekannt war (§ 1699 BGB.).

Die bevorrechtigte Pfändung der Dienstbezüge des Vaters wegen der U.ansprüche des u. Kindes ist nicht nur letzterem selbst durch seinen gesetzlichen Vertreter, sondern auch denjenigen Personen gestattet, auf welche, wie aus der Fassung des § 4a folgt („**zugunsten unehelicher Kinder**"), der Anspruch des Kindes gegen den Vater kraft Gesetzes von selbst übergeht (Begründ. S. 2). Es sind dies die Mutter oder ein u.pflichtiger mütterlicher Verwandter des Kindes, soweit sie demselben U. gewähren oder gewährt haben (§§ 1709 Abs. 2, 1711 BGB.; ebenso Gaupp § 850 IV 2a, Standing. BGB. zu § 1709, 5; a. M. Planck eod. 1) —, auch in ihrer Eigenschaft als Erben des Kindes wegen der bis zu dessen Tode entstandenen U.ansprüche, weil auch diese kraft Gesetzes sofort bei der Entstehung, also schon zu Lebzeiten des Kindes, auf die Genannten übergehen (§§ 1711, 1709 BGB., Bayr. Rpfl.Z. 1, 159, Neumann-Jahrbuch 4. Jahrg. I S. 748, Gaupp § 850 IV 2a, Goldmann 265). Dadurch wird der Grundsatz der Bevorrechtigung der Personen (nicht der Forderungen als solchen) in keiner Weise durchbrochen. Anderen Personen dagegen, welche tatsächlich das Kind verpflegen oder verpflegt haben, ist auf Grund der Umschreibung des Schuldtitels (D. Recht 13 Nr. 887) das Vorrecht der Genannten nicht eingeräumt, weil sie nur Rückerstattung des für Rechnung des U.pflichtigen Geleisteten verlangen (§§ 679 f. BGB.). Unrichtig ist daher die Entscheidung des KG. (OLG. 6 S. 423), welche auch Dritten, außerhalb des bestimmten Personenkreises Stehenden das Pfändungsvorrecht zuspricht, unrichtig schon aus dem Grunde, weil sie eine Abtretung der U.ansprüche des Kindes an Dritte für rechtlich zulässig erklärt unter Nichtbeachtung der §§ 850 Abs. 1 Nr. 2 ZPO., 400 BGB., welche eine solche geradezu verbieten (wie hier OLG. 17 S. 340). — Der Fürsorgeverband, der den U. eines Hilfsbedürftigen geleistet, hat den Ersatzanspruch gegen den Dritten in demselben Maße und unter denselben Voraussetzungen, wie der Hilfsbedürftige selbst (VO. v. 13. 2. 24 § 21², RGBl. I 100).

2. Der Gegenstand und **3.** Inhalt des Vorrechts ist der gleiche wie im § 4 Nr. 3 d. Ges.; vgl. S. 100 f.

4. Der Umfang des Vorrechts unterliegt zeitlichen und sachlichen Beschränkungen:

A. Zeitlich ist es den für die Vergangenheit geschuldeten Unterhaltsbeiträgen (§ 1711 BGB.) nur für das der Erhebung der Klage vorausgehende letzte Vierteljahr eingeräumt; für die Zeit nach Erhebung der Klage (oder dem gleichstehenden Zeitpunkte, S. 98) steht es dagegen unbeschränkt zu, ebenso wie dasjenige der Verwandten (S. 98 f.).

B. Sachlich steht das Vorrecht

a) den „kraft Gesetzes" zu entrichtenden Unterhaltsbeiträgen zu (§ 1708 BGB.), umfaßt den gesamten Lebensbedarf des Kindes, wie er die Lebensstellung der Mutter, insbesondere ihren Vermögensverhältnissen entspricht, einschließlich der Kosten der Erziehung und Berufsausbildung (S. 97). [Auf die Teuerungsverhältnisse am Erziehungsorte des Kindes oder Wohnorte der Mutter kommt es dabei nicht an (Leske BGB. II S. 900 Anm.)];

b) beschränkt durch die Rechte des Vaters (s. unten) und derjenigen Personen, deren U.pflicht ihm gesetzlich obliegt (s. S. 109[2]). Bei Feststellung des für den Schuldner und seine Familie erforderlichen Unterhalts (s. unten) ist jede pfändbare und an sich unpfändbare Einnahmequelle des Schuldners, z. B. auch der Bezug von Trinkgeldern, auf den er bestimmt rechnen kann (LG. I Berl. 25 T. 1428/12; S. 78), aber vor allem auch die dauernde Beisteuer von Frau und Kindern zu den Lasten des häuslichen Aufwandes aus regelmäßigem und sicherem Verdienst als Einkommen mit zu berücksichtigen (LG. I Berlin 25 T. 10/02, KG. 8 W. 2962/09, Gaupp § 850 IV 2c; Ggstz. S. 78). — Hilfeleistungen derselben kommen aber nicht in Betracht, wenn sie freiwillig oder als gesetzliche Pflicht nicht auf Grund eines Beschäftigungsverhältnisses geleistet werden (§§ 1356, 1617 BGB., JW. 1929, 1819), 25 T. 1419/30 LG. I Berlin. Wegen Feststellungen im Vollstreckungsverfahren S. 113.

Bei der folgenden Betrachtung der §§ 4a u. 850 Abs. 4 wird stets vorausgesetzt, daß der Unterhaltspflichtige seiner Dienstbezüge (= Arbeitsvergütung und Diensteinkommen) zu seinem und seiner Familie Unterhalte bedarf.

1. Das Recht des Vaters auf seinen notdürftigen U. ist ihm stets vom Vollstreckungsgerichte (!) vorweg sicherzustellen:

„Der notdürftige Unterhalt", welcher im Gesetze ebensowenig wie im BGB. definiert ist, bildet den Gegensatz zum „standesgemäßen", d. h. demjenigen „Unterhalte, dessen Maß sich nach der Lebensstellung des Bedürftigen richtet" (§ 1610 BGB.). Bei seiner Bemessung hat jede Rücksicht auf den Stand und die gesellschaftliche Stellung des U.pflichtigen auf der einen Seite zu schwinden, aber auf der anderen Seite ist das Maß dieses U. auch nicht unterschiedslos auf das zum U. erforderliche Notdürftige abzustellen, etwa auf dasjenige, was die öffentliche Armenpflege oder die Erwerbslosenfürsorge als Existenzminimum gewährt (Mot. z. BGB. IV S. 896, JW. 1928, 924[6]). Der Stand des U.pflichtigen wird bei Bemessung seines notdürftigen Unterhalts in seiner durch die Lebensgewohnheit erzeugten Wirkung auf körperliche und geistige Beschaffenheit der Persönlichkeit in Betracht kommen, insofern diese Beschaffenheit für den notdürftigen U. mehr benötigt, als bei einer Persönlichkeit, welche unter dem Einflusse einer anderen Lebensgewohnheit gestanden hat (Gruchot Bd. 34 S. 1176). Einen Anspruch auf Fortführung seiner bisherigen Lebensweise hat der Schuldner natürlich nicht (Beschl. LG. I Berl. 25 T. 652/01), wenn auch nach Lage der Sache notwendige außerordentliche Bedürfnisse, z. B. infolge von Krankheit, billige Rücksichtnahme erheischen (Keidel S. 230; OLG. 19 S. 18). — Das Maß dieses U. des Vaters entscheidet sein jeweilig gegenwärtiges Bedürfnis (LG. I Berl. 25 T. 146/12), jetzt wöchentlich in Berlin 30 M. für Schuldner, für Ehefrau und jedes Kind 10 M. (LG. I Bln. 25 T. 64/30 in Übereinstimmung mit KGer.). Nur bei Vorliegen „besonderer Umstände" soll von dieser Festsetzung abgegangen werden (KG. 8 W. 5053/30 i. JW. 1930, 2802). Mit Recht erklärt Langenbach eod. 1 Anm. dies für verfehlt, da sowohl der notdürftige wie standesgemäße U. des Schuldners und seiner Angehörigen je nach den Lebensverhältnissen ganz verschieden zu bewerten ist. — Es wird durch Pfändung mehrerer u. Kinder dieses Maß nicht berührt (eod. T. 1305/13). — Das KG. 8 W. 5053/30 geht hier ausnahmsweise, aber fälschlich bei Bemessung des notdürftigen Unterhalts vom Nettolohne aus.

2. Das Recht unterhaltsberechtigter Verwandter

an dem vom u. Kinde gepfändeten Dienstbezuge des U.pflichtigen.

Entgegen dem Entwurfe der Novelle vom 29. März 1897, welcher die gesetzlichen U.ansprüche der Verwandten unbedingt gegenüber den Rechten der u. Kinder schützte, hat der Reichstag durch einen Zusatz zu § 4a LBG. und § 850 Abs. 4 ZPO. (**Hierbei werden** ...) den Vorrang der Verwandten vor den u. Kindern bezüglich Befriedigung aus dem gepfändeten Dienstbezuge der U.pflichtigen grundsätzlich aufrechterhalten, in einigen Beziehungen aber im Interesse der Billigkeit eingeschränkt. Es sollen dem Anspruche des u. Kindes diejenigen Leistungen an die u.berechtigten Verwandten vorgehen, „welche für den nämlichen Zeitraum oder, falls die Klage zugunsten des u. Kindes nach der Klage eines U.berechtigten erhoben ist, für die Zeit von dem Beginne des der Klage dieses Berechtigten vorausgehenden letzten Vierteljahres ab zu entrichten sind". Es werden also zwei Fälle unterschieden:

aa) wenn „für den nämlichen Zeitraum" beiderseits Ansprüche erhoben werden.

Über den Sinn dieser Worte herrscht Streit; die Begründung und Fassung der Vorschrift (Rtagsverh. v. 23. 2. 97 S. 4891 d. Drucks. lassen nicht mit Deutlichkeit erkennen, für welche Zeit Leistungen an die Verwandten den Vorrang haben sollen. Klar ist zunächst, daß nicht diejenige gemeint sein kann, für welche die Beitreibung des U. des u. Kindes dem Schuldner den Lohn entzieht, den er zum U. der Verwandten braucht, wie Seuffert ZPO. N. 13 β annimmt (der Verfasser früher ebenso); denn es werden im Ges. zwei U.ansprüche für gewisse Zeiträume verglichen. — Es ist unter dem „nämlichen Zeitraume" auch nicht der im Eingange des § 4a u. § 850 a. a. O. hervorgehobene (nach der Klageerhebung und letztes Vierteljahr vorher) zu verstehen, wie Gaupp § 850 IV 2 c, Falkm. 791, Conrad 452, OLG. 20, 364[1], LG. I Berl. 25 T. 246/12 meinen. Dann hätte es des Zusatzes nicht bedurft.

Der in Vergleich gezogene Zeitraum ist vielmehr derjenige gleiche, für welchen dem einen und anderen U.berechtigten Beiträge geschuldet werden; in diesem Falle sollen die Verwandten stets den Vorrang haben, selbst wenn die beider=

seitigen Ansprüche einer vergangenen Zeit angehören unabhängig davon, ob die Verwandten Klage erhoben haben. Abgeordneter Bassermann sagte a. a. O. zur Erläuterung des Zusatzes, ohne daß er vorher auch nur mit einem Worte irgendeine Zeitangabe machte oder in Bezug nahm: „Es soll die Sache so geregelt werden: wenn eine Konkurrenz zwischen dem Anspruch der ehelichen Kinder für den nämlichen Zeitpunkt in Frage kommt, dann sollen diese ehelichen Verwandten das Vorrecht haben, ihre Ansprüche sollen dem Alimentationsanspruch der unehelichen Kinder vorangehen." — Das von Falkm. und LG. I Berl. a. a. O. geäußerte Bedenken, daß danach die Ansprüche des u. Kindes aus einer früheren Zeitspanne des bevorrechtigten Zeitraumes selbst dem für die Gegenwart fälligen uneingeklagten U. der Verwandten vorgehen, kommt gegenüber diesem Wortlaute de lege lata nicht in Betracht.

bb) Wenn die Verwandten nicht für den nämlichen, also gleichen Zeitraum U.forderungen geltend machen, wie das u. Kind, so fragt es sich, ob und wann die Verwandten Klage erhoben haben. Denn durch den Zusatz sollte verhütet werden, „daß, nachdem die Beschlagnahme des Lohnes für den Alimentationsanspruch des u. Kindes stattgefunden hat, eheliche Verwandte kommen und erklären, daß bei ihnen Alimentationsbeiträge rückständig sind" (Rtagsverh. a. a. O.).

α) Am häufigsten klagt der Verwandte nicht. Dann gehen nach der eben angeführten Auslegung der Gesetzesbestimmung den ihm zu entrichtenden U.beiträgen die durch Dienstbezugspfändung gesicherten U.ansprüche des Kindes immer vor, mögen sie augenblicklich fällig oder rückständig sein.

β) Der Verwandte hat vor dem u. Kinde eine Klage wegen der Unterhaltsbeiträge erhoben oder der Klageerhebung gleichstehende gerichtliche Schritte getan (s. S. 99). In diesem Falle gebührt ihm für alle seine U.ansprüche „vom Beginn des seiner Klage vorausgehenden letzten Vierteljahrs ab" der Vorrang vor denen des u. Kindes, also nicht nur für alle derselben Zeit in Vergangenheit, Gegenwart und Zukunft angehörenden, sondern auch für seine älteren Forderungen gegenüber den jüngeren Ansprüchen des u. Kindes. Wenn er vor dem u. Kinde Klage erhob, des letzteren Klage aber eher zur Zwangsvollstreckung führte, dürfte nach dem Wortlaute und dem Sinn der Vorschrift stets seiner Forderung der Vorrang einzuräumen sein. Insoweit wird der Grundsatz des § 804 Abs. 3 ZPO. durchbrochen. — Die seit länger als ein Vierteljahr vor seiner Klageerhebung rückständigen vom Richter zugesprochenen U.beiträge (§ 1613 BGB.) treten hinter die bevorrechtigten Forderungen des u. Kindes zurück.

c) Hat der Verwandte zu gleicher oder späterer Zeit als das u. Kind geklagt, so entscheidet, da nicht Ansprüche für den „nämlichen Zeitraum" in Frage kommen (siehe aa S. 110), über den Vorrang § 804 ZPO. In diesem Falle den U.ansprüchen des u. Kindes aus früherer Zeit unbedingt das Vorrecht einzuräumen, wie Keidel S. 233 es tut, erscheint nicht gerechtfertigt.

5. Das Rangverhältnis zwischen den Unterhaltsansprüchen der Verwandten und dem Anspruche des u. Kindes aus der Pfändung ist demnach folgendes:

A. Die U.forderungen der Verwandten gehen denjenigen des u. Kindes vor,

1. wenn sie für die gleiche, wenn auch vergangene Zeit geltend gemacht werden, und zwar auch dann, wenn keine Klage deswegen von den Verwandten erhoben ist (aa);

2. wenn dieserhalb von den Verwandten Klage vor der Klage des u. Kindes erhoben ist, und zwar vom Beginn des ihrer Klage vorausgehenden letzten Vierteljahres ab (bb β).

B. Die U.forderungen des u. Kindes gehen für die ganze Zeit der Bevorrechtigung ihrer Pfändung vor, wenn die Verwandten

1. ohne Klage nicht für den gleichen Zeitraum Unterhalt verlangen, oder

2. später als das u. Kind geklagt oder aber

3. früher als dieses geklagt haben, aber für frühere Zeit U. verlangen, als das ihrer Klage vorausgehende Vierteljahr.

6. Die U.bedürfnisse des U.pflichtigen sind bei Konkurrenz mit U.ansprüchen der Verwandten und des u. Kindes vorweg auch da zu befriedigen, wo die Ansprüche des u. Kindes denjenigen der Verwandten vorgehen. Im entgegengesetzten Falle dagegen steht der Schuldner mit seinem U.bedarf den U.forderungen der Verwandten nach; da sein U. gegenüber ihren Ansprüchen nach § 4[3] LBG. und § 850 Abs. 4 ZPO. nicht in

Frage kommt, so ist er auch nicht zu berücksichtigen, wo der Anspruch des u. Kindes konkurriert (Conrad 453).

7. Wegen der Geltendmachung des Vorrechts und

8. der Wirkungen bevorrechtigter Pfändung, insbesondere für das Verhältnis des u. Kindes zu nichtbevorrechtigten Pfandgläubigern, gilt das S. 101 f. Gesagte.

9. Der Pfändungsbeschluß zugunsten des u. Kindes wird — unbekümmert um die möglicherweise eintretende Ergebnislosigkeit der Pfändung — immer nur derart zu erlassen sein, daß für den notdürftigen U. des unehelichen Vaters ein bestimmter Teil seiner Bezüge freibleibt und nur der darüber hinausgehende Betrag beschlagnahmt wird (ebenso jetzt ständige Rechtsprechung LG. I Berlin und des KGer., a. M.Bl. f. R.anwend. 06 S. 429 f.). — Darüber, ob Schuldner verheiratet ist und u.berechtigte Kinder hat, darf das Vollstreckungsgericht keine Ermittlung anstellen; solche Umstände sind nur dann zu berücksichtigen, wenn sie sich aus dem Vorbringen des Antragstellers ergeben oder offenkundig sind. KGer. 8 W. 7512/29. — Wenn U.pflicht besteht, so ist hierfür ein entsprechender Betrag freizulassen, unabhängig davon, ob Schuldner tatsächlich diese U.pflicht erfüllt, KGer. 8 W. 9227/27.

§ 5 des LBG.

Dieses Gesetz tritt am 1. August 1869 in Kraft.

. . . .

Die fortgelassenen Worte dieses Paragraphen sind heute gegenstandslos gewordene Übergangsbestimmungen.

§ 3 der VO.

Auf die Pfändung des Ruhegeldes der Personen, die in einem privaten Arbeits- oder Dienstverhältnisse beschäftigt gewesen sind, finden die Vorschriften der §§ 1, 2 entsprechende Anwendung. Das gleiche gilt für die Pfändung der Bezüge eines Handlungsgehilfen, der auf Grund der Vorschriften der §§ 74 bis 75 a des Handelsgesetzbuchs in der Fassung des Gesetzes vom 10. Juni 1914 (Reichsgesetzbl. S. 209) für die Zeit nach der Beendigung des Dienstverhältnisses eine Entschädigung beanspruchen kann.

Satz 1.

Pfändung des Ruhegeldes der Privatangestellten.

Der § 3 VO. nimmt in Satz 1 den bereits in der Bekanntmachung vom 22. 3. 17 zum ersten Male zum Ausdruck gekommenen gesetzgeberischen Gedanken der grundsätzlichen Gleichstellung der Ruhegelder mit dem Arbeitslohn in der Frage ihrer Beschlagnahmefähigkeit auf. Dienen doch beide der Erhaltung der Lebensführung des Arbeitenden. Geschützt wird aber hier nur der in privatem A.- u. D.-Verhältnisse erwachsene, in unmittelbarem Zusammenhange mit einem solchen gewährte Anspruch auf Ruhegeld gleichviel, ob er bei Abschluß des Dienstvertrages, im Verlaufe, bei oder nach Beendigung desselben vereinbart wird, ja selbst dann, wenn ein dritter das Ruhegeld dem Arbeitenden vertraglich zusagt. — Daher können auch Rechtsansprüche der Arbeiter an Pensionskassen auf Auszahlung von Altersrenten hierher rechnen, mögen die Kassen von den Arbeitgebern oder den Arbeitenden für das Werk begründet sein, dagegen nicht Aussichten auf Vorteile aus Unterstützungskassen, die einem freiwilligen Wohltätigkeitsakte des Arbeitgebers entspringen (RG. in „Das Recht" 1909 Nr. 3622); Ansprüche aus freiwilligen Versicherungsverträgen der Angestellten genießen nicht den Schutz des § 3.

Die Verweisung auf §§ 1 u. 2 der VO. läßt erkennen, daß es sich nur um fortlaufende Leistungen von Ruhegeld handelt, daher ist ein einmalig als Ruhegeld ausgesetzter Betrag schlechthin pfändbar (s. S. 52).

Das Ruhegeld kann sowohl in baren Beträgen wie in Naturalien gewährt werden. — Rückstände an Ruhegeld verlieren nicht ihre Unpfändbarkeit.

Da auch die Pfändung desselben die Vorschriften der §§ 1 und 2 VO. entsprechende Anwendung finden und der § 1 der VO. wieder auf die Vorschriften des LBG. verweist, so gilt hierfür auch alles zu diesen letzteren Bestimmungen Gesagte, insonderheit die Höhe des pfändbaren Betrages, das Verbot von Verträgen, welche das Pfändungsverbot beseitigen oder beschränken, und von einseitiger Verfügung des Arbeitnehmers über das Ruhegeld im Rahmen der Pfändungsbeschränkungen, ferner der Wegfall der Pfändungsbeschränkung bei Nichterhebung nach Fälligkeit und bei zwangsweiser Einziehung von U.beiträgen.

Den Schutz der Vorschrift genießen alle Arbeiter und Angestellten, für welche das LBG. gilt, wie geartet auch immer ihre Dienste waren. Er wird ihnen auch dann zuteil, wenn sie nicht arbeitsunfähig geworden sind.

Den Gegensatz bilden die Pensionen invalider Arbeiter in § 850 Abs. 1 Nr. 7 ZPO., die nur Arbeitern allerdings ohne Rücksicht auf ein A.- oder D.verhältnis und ohne zeitliche Schranken geschützt werden.

Die Vorschrift des § 3 ist nur eine subsidiäre (s. § 6 VO. S. 120).

Wegen Vereinbarungen zur Vereitelung von Pfändungen s. S. 68 f.

Satz 2.

Pfändung der Ansprüche aus vereinbartem Wettbewerbsverbote.

I. Die Entschädigung, welche dem Handlungsgehilfen wegen Beschränkung seiner gewerblichen Tätigkeit für die Zeit nach Beendigung eines Dienstverhältnisses (Wettbewerbsverbot) gemäß §§ 74 ff. HGB. auf Grund einer Vereinbarung vom Prinzipal gewährt wird, gehörte schon bisher nach § 75 e daselbst zu dessen Dienstbezügen, war bei Pfändung daher den Grundsätzen des LBG. unterworfen. Ihre grundsätzliche Gleichstellung mit der Lohnforderung wird jetzt durch Satz 2 § 3 der VO. ausdrücklich anerkannt: Der Handlungsgehilfe erhält diese Entschädigung zwar nicht für seine Tätigkeit, aber doch gerade zur Ermöglichung seiner Lebensführung; darum ist es folgerecht, ihr eine bevorzugte Stellung bei der Pfändung einzuräumen, sie nur beschränkt für pfändbar zu erklären. Da dieselben Grundsätze wie für das Ruhegeld hierauf Anwendung finden, sei zunächst auf S. 114 verwiesen.

Im übrigen wird hierzu bemerkt:

1. Nur die Entschädigung des H.gehilfen wird geschützt, nicht die des Lehrlings (§ 76), des Volontärs (§ 82 a), und der Gewerbegehilfen des Kaufmanns (JW. 1918 S. 32). Für Vereinbarung der Gewerbeunternehmer mit ihren Betriebsbeamten, Werkmeistern usw. gilt unverändert der allgemeine § 133 f GewO.

2. Ob die Entschädigung allein oder erst zusammen mit anderen im LBG. oder der VO. bezeichneten Bezügen die Pfändungsgrenze überschreitet, ist gleichgültig (§ 75 e Abs. 2); ebenso, ob im Verhältnis zueinander die eine oder andere überwiegt. Die Pfändung erfolgt dann nach den Grundsätzen S. 127 f.

3. Der Prinzipal kann bei der Pfändung der Entschädigung, die am Ende jeden Monats zahlbar ist, dasjenige in Abzug bringen, was der H.gehilfe sich darauf anrechnen lassen muß, nämlich was er durch anderweite Verwertung seiner Arbeitskraft erwirbt oder zu erwerben böswillig unterläßt (§ 74 c).

4. Sofern die Vereinbarung des Wb.Verb. nichtig, kann der H.gehilfe und folgeweise der Pfandgläubiger keine Rechte daraus herleiten bzw. pfänden.

Nichtig ist die Vereinbarung, wenn

a) sie erst nach Auflösung des Dienstverhältnisses getroffen wird (Staub § 74 Anm. 5, Heymann eod. Anm. 2, streitig, wenn bei Auflösung des D.vertr. getroffen [wie vorher]),

b) der H.gehilfe noch minderjährig ist, selbst wenn der gesetzliche Vertreter die Vereinbarung getroffen hat (§ 74 a Abs. 2),

c) die Form des § 74 nicht gewahrt ist,

d) die jährliche (vertragliche) Vergütung (z. Z. des Vertragsabschlusses) nicht 1500 RM. übersteigt (§ 74 a Abs. 2, Staub HGB. Anm. 10),

e) die Höhe der Entschädigung für das Jahr nicht die Hälfte der vom H.gehilfen zuletzt bezogenen vertraglichen Leistungen erreicht (§ 74 Abs. 2),

f) der Prinzipal sich die Erfüllung auf Ehrenwort oder unter ähnlichen Versicherungen versprechen läßt (74 a Abs. 2).

II. Dem Dienstlohn in bezug auf seine Pfändbarkeit gleichgestellt ist auch die Entschädigung, die der Prinzipal zu zahlen hat, wenn er ohne Einhaltung einer Kündigungsfrist vertragswidrig das Dienstverhältnis löst, weil sie die Leistung der vertragsmäßigen Vergütung ersetzen soll (§ 70 Abs. 2 HGB.; ihre Pfändung richtet sich daher nach dem LBG. und der VO., s. S. 74). — Das gleiche gilt für das Dienstverhältnis jedes Dienstberechtigten zum Dienstverpflichteten gemäß §§ 615, 628 BGB. (s. S. 74).

III. Im Gegensatz hierzu ist die Entschädigung, die nach dem Betriebsrätegesetz § 87 der Schlichtungsausschuß im Einspruchsverfahren dem Arbeitgeber auferlegt, kein Arbeitsentgelt, vielmehr nach Art und Höhe der Festsetzung als Buße anzusehen, daher voll pfändbar, sobald Arbeitgeber sein Wahlrecht — Weiterbeschäftigung oder Entschädigung — ausgeübt hat (Mansfeld u. Flatow, BetrRG. a. a. O.).

Wegen Vereinbarungen zur Vereitelung von Pfändungen s. S. 68.

§ 4 der VO.

Pfändung der infolge eingetretener Erwerbsunfähigkeit zu zahlenden Geldrente.

Für die Bemessung der nach § 850 Abs. 3 der Zivilprozeßordnung der Pfändung nicht unterworfenen Beträge gelten die Vorschriften des § 1 Abs. 1 bis 3 und des § 2 entsprechend.

I. Der § 4 VO. behandelt die in § 850 Abs. 3 ZPO. erwähnten Forderungen, das sind Geldrenten, die nach § 843 BGB. wegen Verletzung des Körpers oder der Gesundheit bei Herabminderung oder Aufhebung der Erwerbsfähigkeit zu entrichten sind, und in weiterer Folge diejenigen Renten, auf die nach anderen gesetzlichen Bestimmungen § 843 a. a. O. „entsprechend anzuwenden" ist.

Es rechnen zu diesen:

a) durch ausdrücklich vorgeschriebene Anwendung des § 850 Abs. 3 ZPO.:

die Geldrente, welche nach § 7 Reichshaftpflichtges. v. 7. 6. 71 (in der durch Art. 42 EG. z. BGB. geänderten Fassung) und nach § 13 RGes. über den Verkehr mit Kraftfahrzeugen vom 3. 5. 09 sowie nach § 24 des Luftverkehrsgesetzes vom 1. 8. 22 dem Verletzten nicht nur wegen Aufhebung oder Minderung der Erwerbsfähigkeit, sondern auch wegen Vermehrung seiner Bedürfnisse als Schadensersatz zu zahlen ist;

b) durch Verweisung auf den entsprechend anzuwendenden § 843 a. a. O.:

die Geldrente, welche der Dienstberechtigte, insonderheit der Prinzipal und Lehrherr wegen Nichterfüllung der ihm in Ansehung des Lebens und der Gesundheit des Dienstverpflichteten, Handlungsgehilfen und -lehrlings obliegenden Verpflichtungen bei einer im Geschäftsbetriebe erlittenen Körperverletzung zu gewähren hat (§§ 618 Abs. 3 BGB., 62 u. 76 Abs. 1 HGB.; RG. 87 S. 85);

II. Nicht zu den Geldrenten in Abs. 3 des § 850 ZPO. rechnen:

1. Ansprüche auf Erstattung von Auslagen, die dem Verletzten durch die nur zeitweilige Steigerung seiner Bedürfnisse infolge der Verletzung erwachsen (RG. 87, 86);

2. Ansprüche auf Renten, die auf Grund eines Vertragsverhältnisses (z. B. Unfallversicherungsvertrages oder Pachtvertrages) wegen Verletzung des Körpers oder der Gesundheit zu entrichten sind (RG. 52, 49; JW. 21, 105);

3. die Rentenansprüche aus dem Gew.Unf.Vers.Ges. (§ 96), dem Unf.Vers.Ges. f. Landwirte (§ 102), dem Bau- u. See-Unf.Vers.Ges. (§ 37 u. § 100);

4. die Rentenansprüche aus dem Besatzungspersonenschädengesetz v. 12. 4. 27 (§ 9);

5. die Rentenansprüche aus dem Tumultschädenges. v. 12. 5. 20 (§ 4).

Die Renten zu 3—5 sind überhaupt nur in ganz geringem Umfange, die zu 1—2 dagegen ganz pfändbar.

III. Die Renten des § 850 Abs. 3 a. a. O. sind jetzt nach § 4 VO. in gleichem Umfange pfändbar wie der Arbeitslohn § 1 VO. Eine Verweisung auf § 1 Abs. 4 ist hier — im bewußten Gegensatze zu § 3 VO. — nicht erfolgt. Die Bestimmungen des LVG. haben deshalb hier keine Geltung, so daß die Beschlagnahme innerhalb der Pfändungsgrenze stets untersagt ist, gleichviel ob Schuldner die Rente einfordert oder nach der Fälligkeit noch nicht abhebt. Nur zugunsten der kraft Gesetzes Unterhaltsberechtigten ist nach Maßgabe des § 850 Abs. 4 ZPO. die Rente angreifbar.

Kapitalabfindung, die statt der Rente gewährt wird (§ 843 Abs. 3 BGB.) ist schlechthin pfändbar (s. S. 98).

Die Renten aus § 844 a. a. O. sind der Pfändung stets ganz entzogen (§ 850 Abs. 1 Nr. 2 a. a. O.).

§ 5 der VO.

Rechte von Kriegsteilnehmern gegenüber Unterhaltsforderungen.

Die Vorschrift des § 850 Abs. 4 der Zivilprozeßordnung und des § 4 Ziff. 3 und 4a des Gesetzes vom 21. Juni 1869 finden auf Schuldner, die Kriegsteilnehmer sind oder waren, keine Anwendung wegen solcher Unterhaltsbeiträge, die der Schuldner für die Zeit seiner Kriegsteilnehmerschaft zu entrichten hat.

Kriegsteilnehmer im Sinne dieser Vorschrift sind außer den im § 2 Abs. 1 des Gesetzes, betreffend den Schutz der infolge des Krieges an der Wahrnehmung ihrer Rechte behinderten Personen, vom 4. August 1914 (Reichsgesetzbl. S. 328) bezeichneten Personen auch die

Personen, die vermöge ihres Dienstverhältnisses, Amtes oder Berufs zu den immobilen Teilen der Land- oder Seemacht gehören, sowie diejenigen Personen, die sich in Ausübung des vaterländischen Hilfsdienstes im Ausland aufhalten.

KT. im Sinne dieser Vorschrift gibt es heute nicht mehr; es waren dies die in den VO. vom 4. 8. 14, 20. 1. 16 sowie vom 5. 12. 16 Genannten. Alle Personen sind durch § 5 VO. besonders begünstigt gegen unbeschränkte Beschlagnahme ihres Lohnes, Ruhegeldes und Wettbew.entschäd.anspruchs wegen der U.rückstände aus der Zeit ihrer Kriegsbehinderung. Wegen dieser U.beiträge dürfen die Verwandten usw. (§§ 4 Nr. 3, 4 a LBG.) in die genannten Bezüge auch jetzt nur in dem Umfange, wie § 1 VO. wegen jeder Forderung es zuläßt, vollstrecken, unabhängig davon, bis zu welcher Höhe U.rückstände angewachsen sind. — Aber die ganze Bestimmung hat heute nur noch wenig praktische Bedeutung.

§ 6 der VO.

Ausnahmen von § 3 Satz 1.

Gesetzliche Vorschriften, die über die Pfändung des Ruhegeldes der im § 3 bezeichneten Art abweichende Bestimmungen treffen, bleiben unberührt.

Der Paragraph betont den subsidiären Charakter des § 3 VO.

Solche Vorschriften, welche für die Pfändung des Ruhegeldes der in privatem Dienstverhältnisse beschäftigt gewesenen Personen von § 3 abweichende Bestimmungen treffen und unberührt bleiben sollen, sind: § 850 Abs. 1 Nr. 7 ZPO., § 119 RVO., §§ 23, 93 AngVG., § 35 Knappschaftsges.

Auch um neu zu erlassende Vorschriften dieser Art kann es sich handeln (Oertmann S. 95).

§ 7 der VO.

Übergangsvorschriften[1]).

Diese Verordnung tritt am 1. Juli 1919 in Kraft. Der Reichsminister der Justiz bestimmt, wann und in welchem Umfang sie außer Kraft tritt; sie tritt spätestens am 31. Dezember 1931 außer Kraft.

Soweit mit dem Inkrafttreten der Verordnung eine Erweiterung des der Pfändung nicht unterworfenen Teiles der in §§ 1, 3 der Verordnung und im § 850 Abs. 3 der Zivilprozeßordnung bezeichneten Forderungen eintritt, finden die Vorschriften des § 2 entsprechende Anwendung. Pfändungen gegen Schuldner, die Kriegsteilnehmer sind oder waren, sind auf deren Antrag insoweit aufzuheben, als sie bei Anwendung des § 5 unzulässig gewesen wären. Eine vor dem Inkrafttreten der Verordnung erfolgte Aufrechnung, Abtretung oder Verpfändung verliert ihre Wirksamkeit, soweit sie bei Anwendung der Verordnung unwirksam sein würde.

Nach Festsetzung des Zeitpunktes des In- und Außerkrafttretens der VO. in **Abs. 1** (abgeändert durch das Ges. vom 27. 2. 28) trifft **Abs. 2** Übergangsvorschriften teils sachlicher, teils formeller Art, um schon bestehende Pfändungen und Verfügungen den durch Erweiterung der Pfändungsgrenze herbeigeführten veränderten Verhältnissen anzupassen. — Ebenso wie

---

[1]) In Art. III des Ges. v. 27. 2. 28 sind wieder Übergangsvorschriften gegeben, und müssen diese nach der Stellung im Gesetz sowohl auf die VO. wie § 850 ZPO. Anwendung finden, wenngleich in Art. I, der die Vorschriften der VO. behandelt, die Änderung des § 7 besonders bemerkt ist. Beide Bestimmungen sind sachlich gleich; nur enthält § 7 VO. einen Endtermin seiner Außerkraftsetzung. Es erübrigt sich daher, den Art. II a. a. O. hier wörtlich anzuführen.

die Änderung der persönlichen Verhältnisse des Sch. die für den Umfang der Beschlagnahme maßgebende Pfändungsgrenze nach § 2 VO. ohne weiteres erweitert oder beschränkt, ebenso zieht die Gesetzesänderung, welche die VO. einführt, von selbst die Abänderung der Pfändung und des Pfändungsbeschlusses nach sich. (Satz 1): § 2 VO. findet auch für diesen Fall entsprechende Anwendung; es tritt also das dort vorgesehene Berichtigungsverfahren ein (vgl. S. 57 f.).

Satz 2 zieht für KT. die Folgerungen aus dem ihnen in § 5 VO. eingeräumten Schutze gegen eine unzulässige Pfändung: sie können deren Aufhebung insoweit verlangen, als bei Anwendung des § 5 ihre Unzulässigkeit sich ergibt. In diesem Falle stehen dem KT. nur die Rechtsbehelfe des § 766 ZPO. zur Seite; der Aufhebungsbeschluß ist rechtsgestaltend, die Änderung tritt nicht, wie in § 2, kraft Gesetzes, sondern erst durch die Verfügung des Gerichts ein (Langenbach S. 22; Schüler S. 68).

Satz 3. Es will die VO. Lohn usw. wie gegen unfreiwillige Zugriffe Dritter (Pfändung, Aufrechnung), so auch gegen des Sch. eigene freiwillige Verfügungen (Abtretung, Verpfändung) weiter als bisher sichern. Daher sollen diese auch vor Inkrafttreten der VO. vorgenommenen Rechtsakte, soweit sie ihre Wirksamkeit nach diesem Zeitpunkte äußern, den neuen einschränkenden Vorschriften unterworfen und hinsichtlich der nach diesem Zeitpunkte fällig gewordenen oder werdenden Raten usw. nur noch in dem Umfange rechtswirksam sein, in dem jetzt nach der VO. ihre Pfändung zulässig ist. Das besagt im Wortlaute deutlicher als Satz 3 die Verf. des JustMin. v. 31. 10. 22 (JustMinBl. S. 466) bezüglich der Verfügungen der Beamten usw. Dies hat zur Folge (Seuffert in „Das Recht" 1915 S. 504): a) bei der Aufrechnung: Forderung und Gegenforderung leben wieder auf, treten sich wieder gegenüber; b) bei der Abtretung: Beruht sie auf einem gegenseitigen Vertrage, so mindert sich, da die Leistung des Abtreters infolge eines Umstandes, den kein Teil zu vertreten hat, unmöglich geworden ist, die Gegenleistung des Zessionars nach Maßgabe der §§ 472, 473 BGB. (arg. § 323 Abs. 1 BGB.). Soweit er diese bereits bewirkt hat, kann er das Mehr des Geleisteten nach den Vorschriften über die Herausgabe der ungerechtfertigten Bereicherung zurückfordern (§§ 812 ff. BGB.). — Ist die Abtretung nicht auf Grund gegenseitigen Vertrages, sondern einer Schenkung erfolgt, so ist die Vorschrift des § 323 a. a. O. nicht anwendbar, und es erleidet der Beschenkte den durch die nachträglich eingetretene Unwirksamkeit der Abtretung entstandenen Schaden, ohne daß er Ersatz verlangen kann. c) Für die Verpfändung gilt das zu b Ausgeführte.

Zur Durchführung der Unwirksamkeit bedarf es keiner prozessualen Handlung, weil es sich bei a, b, c um Rechtsgeschäfte handelt. Aber es kann der Arbeiter-Gläubiger seine Lohnforderung, gegen welche die Aufrechnung erfolgt war, einklagen; der zufolge Unwirksamkeit der Abtretung oder Verpfändung von Zessionar oder Pfandgläubiger auf das Mehr verklagte Arbeitgeber-Sch. kann sich dann durch Bezugnahme auf die Herabminderung verteidigen.

Bezüglich Rechtswirksamkeit der Verfügungen des Arbeitenden überhaupt gilt auch jetzt noch das zu § 2 LBG. Ausgeführte (S. 59 ff.).

Anhang I.

Das Pfandrecht an Lohn-, Gehalts- und allen im LBG., der BO. und § 850 Abs. 1 Nr. 7—9 ZPO. geschützten Forderungen.

I. Die Entstehung des Pfandrechts erfordert 1. ordnungsgemäße Pfändung, 2. eine pfändbare Forderung.

A. **Die ordnungsgemäße Pfändung** setzt voraus:

a) Einen zur Zw.vollstr. geeigneten Schuldtitel. Bei einem auf Geldzahlung lautenden Urteil muß der Tenor unmittelbar die Höhe des Geldbetrages ergeben, oder wenigstens muß bei Urteilen aus der Inflationszeit die amtliche Teuerungszahl des Reichsindex für Lebensunterhalt und Kleidung oder der Wertmesser wertbeständiger Titel (§ 9 Bekanntm. z. Entlastung der Ger. 13. 5. 24 [RGBl. I 552]; Art. I u. II DurchführVO. v. 27. 6. 24 [RGBl. I 660]) der Umrechnung der PM.beträge zugrunde gelegt werden (KG. 8 W. 3047/30; LG. I Berlin 25 T. 1352/30);

b) Zustellung des Vollstreckungstitels; diese kann in keiner Form zu einer wirksamen Pfändung führen, wenn Drittschuldner im Auslande Wohnsitz hat (JW. 1929, 2360; streitig, s. S. 127);

c) Fälligkeit der zu vollstreckenden Forderung. Die Vollstreckung wegen Unterhaltsansprüche kann erst beginnen, nachdem Schuldner am Fälligkeitstage nicht freiwillig gezahlt hat (§ 751 ZPO.), also z. B. erst am 2. 10. kann das demnächst fällige Gehalt wegen der U.beiträge für das dritte Kalendervierteljahr beschlagnahmt werden;

d) Nichtüberschreitung des zur Befriedigung des Gläubigers Notwendigen (§ 803 ZPO.), daher evtl. Beschränkung auf bestimmte Raten einer fortlaufenden Vergütung. — Inanspruchnahme mehrerer einmaliger Vergütungsansprüche ist nur insoweit zulässig, als dieselben zahlenmäßig den Schuldbetrag nicht übersteigen; ausnahmsweise darf gleichzeitig in voller Höhe die Beschlagnahme der Forderungen erfolgen, wenn deren teilweise Uneinbringlichkeit oder Inanspruchnahme glaubhaft gemacht wird (LG. I Berl. T. 26/04) oder ziffernmäßig die Höhe der zu pfändenden Forderungen nicht angegeben werden kann (LG. I T. 434/04). Bei gleichzeitiger Beschlagnahme mehrerer fortlaufender Vergütungen des Schuldners muß einerseits die eigene Forderung des Gläubigers geteilt und wegen der so entstandenen Teilbeträge gepfändet werden (LG. I Berl. T. 560/24), andererseits die Summe der Vergütung bei jedem Drittschuldner nach Abzug der insgesamt gesetzlich freizulassenden Beträge als Grundlage für die in jedem Dienstverhältnisse zu pfändenden Bezüge dienen (25 T. 726/30 LG. I Berl.). Wo die Höhe der dem Schuldner im einzelnen aus den Verhältnissen zufließenden Bezüge sich nicht feststellen läßt, wird zu unterstellen sein, daß er die freizulassenden Beträge aus einem einzelnen Verhältnisse bezieht (Bl. f. Rpfl. 05 S. 113);

e) genaue Bezeichnung der zu pfändenden Forderung nach Rechtsgrund, Gegenstand und Drittschuldner. Bestimmt genug bezeichnet ist die Forderung auch dann, wenn die Goldleistung mittels solcher Faktoren gekennzeichnet ist, die jederzeit ziffernmäßige Bestimmung ermöglichen, z. B. Bruchteil eines Gehalts (OLG.Rspr. 43, 313, JW. 1929, 1298).

Die Pfändung von Gehaltsbezügen erstreckt sich im Zweifel nur auf die Bezüge aus dem z. Z. der Pfändung laufenden Vertrage, wenn das D.verhältnis nur auf bestimmte Zeit geschlossen ist und bei Ablauf der Vertragszeit immer neue Verträge geschlossen werden. Nur dann gilt etwas anderes, wenn das neue sich im wesentlichen als Fortsetzung des alten D.verhältnisses darstellt (JW. 1930, 1087).

B. **Die Pfändbarkeit der Forderung** (Lohn, Gehalt, D.einkommen, Ruhegeld, Provisionen usw.).

1. Schon bei Erlaß des Pfändungsbeschlusses muß die Forderung pfändbar, die Grenze der Pfändbarkeit, wie sie im LBG.,

der VO. u. § 850 ZPO. festgesetzt ist, erreicht oder überschritten sein (Ausn. §§ 4, 4 a des LBG.; 850 Abs. 4 a. a. O.). Dabei sind die Pfändungsbeschränkungen (nach §§ 4 oder 4 a des LBG. u. 850 Abs. 4 ZPO.), deren tatsächliche Voraussetzungen dem Vollstreckungsgericht bekannt, von Amts wegen zu berücksichtigen (JW. 1930, 562, 25 T. 118/30 LG. I Berl.). Eine infolge tatsächlichen Minderbetrages von Anfang an unwirksame Beschlagnahme wird nicht durch eine spätere, wenn auch noch vor Zustellung des Beschlusses eintretende Erhöhung des Bezuges rechtswirksam (§ 832 ZPO.).

2. Schwankende oder zeitlich begrenzte Bezüge sind wie dauernd fest bestimmte pfändbar. Es ist nicht angängig, den Jahresverdienst nur auf die Zeit wirklicher Beschäftigung und Einkünfte von Personen zu verteilen, die auf Grund von Saisonverträgen nur zeitweilig Dienste leisten, z. B. Schauspieler, Artisten, Kellner, oder die nicht ständig gleich hohe Arbeitsvergütung erhalten, z. B. Reisende in Saisonartikeln (OLG. 15 S. 167) oder Akkordarbeiter, und ihnen im Hinblick auf eine spätere Zeit geringeren oder ganz ausbleibenden Verdienstes einen höheren als den gesetzlich feststehenden Betrag für die einzelne Lohnperiode als unpfändbar zu belassen (ebenso Gaupp-Jonas Anhang § 850 Note 42). Die bewegliche, nach Quoten bemessene Pfändungsgrenze steht unverrückbar fest. Indessen kann der Schuldner bei teilweisen oder gänzlichen Lohnausfällen wohl auf Grund des § 766 ZPO. erreichen, daß Überschüsse über den pfandfreien Betrag der Lohnforderung so lange auf den Lohnausfall früherer Lohnperioden verrechnet werden, bis der als Existenzminimum jeder Periode festgesetzte Betrag gedeckt ist (vgl. m. Auff. Bl. f. Rpfl. 05 S. 111 f., ebenso „Das Arbger." 1929, 332). — Akkordlohn ist wie jeder andere Lohn pfändbar. Erfolgt die Auszahlung desselben in wöchentlichen Abschlagszahlungen, so ist bei Berechnung des wöchentlich pfändungsfreien Lohnteils nicht die tatsächlich am Zahltage erfolgte Auszahlung zugrunde zu legen, sondern der bei der Endabrechnung sich ergebende Mehrbetrag auf die für die Akkordarbeit in Frage kommenden Arbeitswochen nach rückwärts umzulegen (Arb. Rspr. 29, 13). Den Weg dazu eröffnet § 766 ZPO.

3. Auf bestimmte Zeit bewilligte Zuschüsse sind der dauernden Vergütung bei Bestimmung der Pfändbarkeit hinzuzurechnen; bei „vorläufig" oder „bis auf weiteres" bewilligten muß dasselbe gelten: auch bei ihnen besteht ein augenblicklicher, wenn auch widerruflicher Rechtsanspruch (a. A. KG. in JW. 1930, 764).

4. Auch künftige Forderungen sind pfändbar, selbst wenn das schuldrechtliche Verhältnis, aus dem die Forderung erwachsen kann, noch nicht besteht, sofern nur die Forderung selbst hinreichend bestimmt oder bestimmbar ist, gleichviel, ob sie von Betätigung des Arbeitenden abhängen und in ihrem Umfange schwanken (RG. 82 S. 227 f.; OLG. 31 S. 118).

5. Ein Pfändungsverbot aus § 399 BGB. steht gemäß § 851 Abs. 2 ZPO. der Pfändbarkeit der Forderung insoweit nicht entgegen, als der geschuldete Gegenstand der Pfändung unterworfen ist (§ 811 Nr. 2 ZPO.). — Ein Abtretungsverbot der Lohnforderung begründet nicht schlechthin deren Unpfändbarkeit (m. Auff. JW. 08 S. 25; RG. 75, 143; § 851 ZPO.).

6. Festgesetzte Leistungen von Naturalien als Gegenleistungen für Arbeiten und Dienste können als solche (sogar gemäß § 832 ZPO.) wenn die Naturalien nicht nach § 811 unpfändbar (Gaupp § 851 III), aber auch als Teile einer in Geld gewährten Vergütung nach dem Schätzungswerte gepfändet werden (Seuffert 38 Nr. 288, 46 Nr. 241).

7. Die Pfändung einer Forderung ist unzulässig, wenn Drittschuldner im Auslande seinen Wohnsitz hat (JW. 1929, 2360; 25 T. 522/29 LG. I Berlin); indessen ist dies streitig: Anm. daselbst n. eod. 416; JW. 1930, 1933. Sie scheitert, wenn sie selbst zulässig, an der Zustellung des Beschlusses und der Durchführbarkeit.

8. Mehrere in der Hand des Arbeitenden sich vereinigende Bezüge aus verschiedenen A.- und D.verhältnissen sind in folgender Weise pfändbar:

a) Von mehreren Vergütungsansprüchen aus privaten Dienstverhältnissen ist der aus der Hauptbeschäftigung fließende nur in der nach Abs. 1—3 § 1 der VO. zulässigen Höhe (abgesehen von den Ausnahmen §§ 1, 4, 4 a LBG.) der aus der Nebenbeschäftigung (S. 34 f.) herrührende stets ganz unbeschränkt pfändbar, bei zwei Tätigkeiten, welche den Arbeitenden gleichstark in Anspruch nehmen, ein Bezug in der genannten Grenze pfändbar — m. E. auch, wenn kein einzelner die Pfändungsgrenze erreicht (S. 35) —, wobei sich Gläubiger an einen ihm beliebenden halten kann (Busch 30 S. 550 f.; Pick 34 u. 48; Oertmann 83; a. A. Falkm. 766).

b) Lohn (Gehalt usw.) und Ruhegeld aus privaten Dienstverhältnissen sind an sich nach § 3 VO. in gleichem Maße pfändbar. Aber auf das Ruhegeld findet auch § 1 LBG. entsprechende Anwendung. Da hierbei eine Tätigkeit, wie sie § 1 voraussetzt, nie in Frage kommt, so ist derjenige Bezug, auf dem sich wesentlich die wirtschaftliche Existenz aufbaut, gemäß § 1 VO., der andere dagegen in voller Höhe pfändbar (ebenso Gaupp § 850 Anhang II a).

c) Gehalt des Handlungsgehilfen und Entschädigungsanspruch zufolge Wettbewerbsverbots sind (§ 3 VO.) einander gleichgestellt, daher zusammenzurechnen, wie es § 75 e HGB. vorsieht, und dann gemäß § 1 der VO. der zulässige Pfändungsbetrag zu bestimmen, wofern nicht wegen Unterhaltungsforderungen die Bezüge ganz pfändbar sind.

d) Bei Vereinigung von Ruhegeld und Entschädigungsanspruch gelten die Erwägungen wie zu b.

e) Wenn Lohn, Gehalt und Geldrente wegen Körper- und Gesundheitsverletzung zusammen dem Arbeiter zustehen, ist in gleicher Weise wie zu c vorzugehen, weil sie alle nach den gesetzlichen Vorschriften gleich zu behandeln sind. Allerdings ist zu berücksichtigen, daß die Geldrente stets nur beschränkt gemäß § 4 der VO. pfändbar ist (Ggsß. zu c, s. S. 119 f.).

f) Gehalt aus privatem und Diensteinkommen aus öffentlich-rechtlichem Dienstverhältnisse sind zusammen nur soweit pfändbar, als jeder einzelne für sich betrachtet der Beschlagnahme unterliegt (m. Auff. DJurZ. 02 S. 450, 505, ebenso Oertmann S. 41; OLG. 19 S. 34; Bl. f. Rpfl. 09 S. 97). Dabei kann die Ansicht, daß jede von einem Beamten neben seinem Amte in einem Privatverhältnisse entfaltete Tätigkeit schlechthin als nebensächliche anzusehen ist (so OLG. 19, 34; Falkm. 766), nicht geteilt werden; in den meisten Fällen wird sie zwar zutreffen. Aber z. B. der Gutsinspektor eines Privatmannes, dem das Amt eines Standesbeamten oder Amtsanwalts gleichzeitig übertragen ist, versieht die Obliegenheiten in seinem privaten Dienstverhältnisse durchaus nicht als nebensächliche (vgl. m. Aufs. a. a. O.). Abgesehen davon dürfen aber die Grundsätze des LBG. über Haupt- und Nebenbeschäftigung, selbst wenn sie hier zuträfen, nicht in die Bestimmung des § 850 Abs. 2 ZPO. hineingetragen werden, weil sie im Gesetze nicht gemacht sind, ebenso wie der geschichtliche Ursprung, auch der politisch-gesetzgeberische Gedanke bei den Vorschriften ein ganz verschiedener ist (s. m. Aufs. a. a. O.).

g) Vergütung in privatem und eine Pension oder Rente aus öffentl.-rechtl. Dienstverhältnisse dürfen aus den zu f angeführten Gründen de lege lata zum Zwecke ihrer Pfändung nicht zusammengezählt werden; jeder dieser Bezüge ist vielmehr für sich auf seine Pfändbarkeit hin zu prüfen. Für den Fall der ausreichenden Höhe der Pension erklärt das Kammergericht (Bl. f. Rpfl. 09 S. 95) den an sich unpfändbaren Lohnanspruch zu Unrecht im vollen Umfange für pfändbar, indem es denselben neben der staatlichen Pension als aus Nebenbeschäftigung fließenden erachtet. Es ist unbeachtlich, daß der in Ruhestand versetzte Beamte überhaupt nicht mehr eine amtliche Tätigkeit ausübt; ebenso kommt es auf die Auskömmlichkeit des Ruhegehalts gar nicht an (a. A. Bl. f. Rpfl. 1912, 77; ähnlich Oertmann S. 41); ebensowenig auf die Höhe des einen Bezuges im Verhältnis zum anderen. — Der Fall liegt anders als der zu b behandelte. Dort mußten die Grundsätze des LBG. gem. § 1 Abs. 5 BO. angewendet werden, hier nicht.

h) Mehrere aus verschiedenen öffentlich-rechtlichen Dienstverhältnissen zustehende Bezüge sind zum Zwecke der Pfändung nur zusammenzurechnen, wenn sie unter Abs. 1 Nr. 7 bis 9 a. a. O. fallen, gleichviel, ob sie als Bezüge derselben oder verschiedener Art dem Schuldner zustehen und ob sie aus amtlicher Haupt- und Nebenbeschäftigung herrühren (m. Aufs. i. DJZ. 02 S. 449 f., ebenso OLG. 19 S. 34; vgl. Bl. f. Rpfl. 06 Nr. 8/9). Es können daher zusammengezählt werden z. B. Beträge verschiedener Pensionen (gegen Eisenbahnfiskus und Regierung) oder das Diensteinkommen des Kanzlisten mit seiner Pension als Eisenbahnbeamter oder mit Diensteinkommen aus staatlichem Nebenamte bzw. solcher Nebenbeschäftigung. — Eine Zusammenrechnung der Abs. 1 Nr. 7 bis 9 genannten mit den unpfändbaren Bezügen der Nr. 2 bis 6 a. a. O. zum Zwecke der Ermöglichung eines pfändbaren Gesamteinkommens ist unbedingt unzulässig (Bl. f. Rpfl. 06 S. 76, OLG. 14 S. 183). Ebenso sind Bezüge Nr. 1 bis 6 nicht zusammenzurechnen, so daß in allen diesen Fällen bei jedem einzelnen der Bezüge die Pfändbarkeit gesondert nach der dafür gegebenen Bestimmung des § 850 ZPO. zu prüfen ist.

9. Mehrere einmalige oder fortlaufende Dienstvergütungen außerhalb eines A.- u. D.-Verhältnisses sind in voller Höhe dem Zugriffe eines Gläubigers unterworfen (S. 52).

c) **Das Pfandrecht entsteht** unabhängig von der Überweisung der Forderung. Aber zur Geltendmachung des Zahlungsbegehrens auf Grund der Pfändung (ev. im Klagewege, S. 135 f.) berechtigt den Pfandgläubiger erst die gerichtliche Überweisung der Forderung zur Einziehung oder an Zahlungs Statt (§ 835 ZPO.).

Die Entstehung des Pfandrechts bei Beschlagnahme unpfändbarer Lohnforderung ist bestritten (vgl. Gaupp § 850 I 4). Diesseits wird sie verneint, gleichviel ob die Forderung von vornherein unpfändbar war oder es infolge besonderer Umstände (Lohnausfall usw.) wurde (ebenso das Recht 05 S. 36, Bl. f. Rpfl. 05 S. 111 f.; Conrad S. 347; Planck § 399 Nr. 3; Staudinger eod. Nr. 3; Oertmann S. 52; a. M. die im „Recht" u. bei Oertmann Genannten). — Über die Folgen nichtiger Pfändung Oertmann S. 52 f.

II. Die **Wirkung des Pfandrechts** bestimmen § 804 ZPO., §§ 1279 f. BGB. (bei arrestweiser Pfändung JW. 1912, 753).

1. Die Pfändung gewährt danach dem Pfandgläubiger alle Rechte des Vertragspfandrechts. Er kann vor allen anderen Gläubigern des Arbeiters, welche kein besseres Recht an der Forderung haben, Befriedigung aus der Forderung verlangen und diese für seine Rechnung einziehen. Ein besseres Recht an der Forderung ist aber dem durch Rechtsgeschäft oder Pfändung der Zeit nach früher erworbenen Pfandrechte eines anderen Gläubigers eingeräumt, so daß das später begründete, jüngere, ihm weichen muß.

Bestimmt im allgemeinen der Zeitpunkt der Begründung des Pfandrechts auch die Reihenfolge mehrerer Pfandgläubiger bezüglich der Befriedigung aus der Lohnforderung (§ 804 ZPO.), so führt doch ausnahmsweise das Vorrecht, welches ein Gläubiger für sich gemäß § 1609 BGB. in Anspruch nimmt, eine Veränderung der Reihenfolge der bevorrechtigt pfändenden Gläubiger und damit der Befriedigung aus seinem Pfandrechte herbei (s. S. 101 f.). — Haben mehrere Pfandrechte gleichen Rang, so kann mit Sicherheit nur an alle Pfandgläubiger gemeinschaftlich Zahlung erfolgen (Mot. z. BGB. II S. 863) oder der Betrag muß hinterlegt werden und im Verteilungsverfahren (§§ 872 ff. ZPO.) wird entschieden, an welchen Gläubiger der Betrag zur Auszahlung zu gelangen hat.

Die Wirkung des Pfandrechts äußert sich nach verschiedenen Richtungen hin. Dem Arbeitnehmer od. Beamten ist jede unmittelbare oder auch nur mittelbare Verfügung über seine Bezüge durch Einziehung, Erlaß, Übertragung usw. insoweit genommen, als dadurch das Recht des Pfandgläubigers beeinträchtigt wird. — Der Arbeitgeber (Behörde) darf die fällige Vergütung nicht mehr an den Arbeitnehmer oder Beamten oder auf seine Anweisung an Dritte, vielmehr nur an den Pfandgläubiger zahlen (§ 1282 Abs. 1 S. 1 BGB.), eventuell den gepfändeten Betrag hinterlegen, wenn die Gültigkeit und Wirksamkeit des Pfandrechts angezweifelt wird (§ 372 eod.). — Der Pfandgläubiger endlich kann die Forderung in dem Umfange einziehen, der zu seiner Befriedigung notwendig ist und insoweit auch frei über sie verfügen; aber jede solche Verfügung ist ihm nur erlaubt, wenn er dadurch seinen gleichartigen Anspruch gegen den Schuldner tilgt und letzterer keinen Nachteil erleidet. Er kann also insoweit dem Arbeitgeber die Forderung erlassen oder sie verschenken, ausnahmsweise sich auch vergleichen (Staudinger § 1282 II Nr. 2).

2. Das Pfandrecht erfaßt die Forderung in ihrem Bestande zur Zeit der Beschlagnahme. Vor dem Zeitpunkte der Pfändung vorgenommene Rechtsgeschäfte und Verfügungen des Arbeitnehmers betreffend die Forderung auf Vergütung, die Ansprüche auf Ruhegeld, Entschädigung für

Wettbewerbsverbot, Geldrenten im Sinne der §§ 3 u. 4 der VO. (s. S. 113 f.), wie Abtretungen, Verpfändungen, Anweisungen, Erlasse, Vergleiche, Kündigung usw., soweit sie rechtswirksam, hat daher der Pfandgläubiger zu respektieren. Denn er kann durch die Beschlagnahme kein besseres Recht an der Forderung erhalten, als der Arbeiter selbst hat. — Daher muß er sich Einwendungen des Drittschuldners aus der Zeit vor der Pfändung gefallen lassen (auch die Aufrechnung des Arbeitgebers mit Forderungen gegen den Arbeiter (S. 64) im Umfange des § 392 BGB.) und aus der Zeit nachher die aus mangelnder Gegenleistung des Arbeiters entspringenden Einreden (vgl. Gaupp § 829 VII 2 b). Dagegen steht seinem Pfandrechte nicht die vertragliche, noch nicht erfüllte Verpflichtung des Schuldners zur Abtretung an einen anderen oder zur Verfügung zugunsten eines anderen entgegen (RG. 64 S. 315). Dies alles trifft auch auf die Bezüge der Beamten u. ihnen Gleichgestellten zu. — Wegen des Zurückbehaltungsrechts des Drittschuldners s. S. 67. Desgleichen muß der Pfandgläubiger Vorschußzahlungen (s. S. 39), die vor der Pfändung auf die Vergütung oder gleichgestellten Forderungen auf Grund von Vereinbarungen mit dem Arbeitgeber (Ausn. §§ 42, 47 SeemO.) erfolgt sind, auf die der Arbeiter daher einen Rechtsanspruch erlangt hat, gegen sich gelten lassen (OLG. 25, 190); sie sind aber, da sie seine Lage nicht verschlechtern, die des Arbeiters nicht verbessern sollen, stets auf den unpfändbaren Teil der Forderung anzurechnen (ebenso KG. 8 W. 8864/09 u. Falkm. 761). Ihre ganze oder nur teilweise Anrechnung auf den pfändbaren Teil derselben ließe dem Schuldner zum Nachteile der Gläubiger und im Widerspruche mit der Absicht des Gesetzes mehr als die gewährleistete unpfändbare Quote. Der Pfandgläubiger, der durch die Pfändung ein unantastbares Recht auf den Überschuß erlangt, hat es nicht nötig, eine entgegen diesem Grundsatze vom Arbeitgeber vorgenommene Verrechnung usw. gegen sich gelten zu lassen (KG. 8 W. 8864/09), selbst wenn der Arbeitgeber vor der Pfändung eine dahingehende Abrede mit dem Arbeiter getroffen hat. Die entgegengesetzte Ansicht würde im Ergebnis dahin führen, die Pfändungsgrenzen der Vereinbarung der Parteien zu überlassen (Oertmann S. 86). — Die obigen Grundsätze gelten, gleichviel, ob der Arbeitgeber dem Pfandgläubiger die Verrechnung des Vorschusses in eigenem oder in des Arbeiters Interesse entgegensetzen will.

Für die gesetzlich nicht geregelte Verrechnung des Vorschusses bei Lohnpfändung wird man von dem Grundsatze logischerweise ausgehen müssen, daß Vorschüsse so zu behandeln sind, wie wenn sie am Zahltage mit zur Auszahlung gebracht wären, und sie demgemäß bei Berechnung des pfändbaren Teils der Vergütung in Ansatz zu bringen haben (ebenso Arb. Rspr. 29, 13). Daraus ergibt sich:

a) Ist der Vorschuß geringer als der unpfändbare Gehaltsteil einer Lohnperiode (S. 40), so wird er auf diesen verrechnet, während der Restbetrag dieses Teils dem Schuldner verbleibt und der pfändbare Gehaltsteil dem Pfändungspfandgläubiger voll auszuzahlen ist. — b) Ist der Vorschuß dagegen größer als der unpfändbare Gehaltsteil einer Lohnperiode, so erhält der Pfandgläubiger in der auf die Pfändung folgenden Lohnperiode von dem zur Auszahlung kommenden Bezuge außer dem pfändbaren Teile auch von dem an sich unpfändbaren Teile einen Betrag ausgeantwortet gleich demjenigen, welcher in der vorhergehenden Lohnperiode infolge der Vorschußzahlung nicht zur Auszahlung gekommen ist; der Arbeiter hat sich mit dem Reste zu begnügen, selbst wenn er unter der gesetzlichen Pfändungsgrenze bleibt.

c) Ist der Vorschuß größer als der ganze Gehaltsteil einer Lohnperiode (was ja äußerst selten ist), so wird nach demselben Prinzip verfahren. Indessen wird der Vollstreckungsrichter auf Antrag die Verrechnung nur zu einem Betrage gestatten (§ 766 ZPO.), daß bei jeder Auszahlungsquote wenigstens der notdürftige Unterhalt dem Schuldner verbleibt, bis der ganze Vorschuß abgedeckt ist.

d) Endet das Dienstverhältnis vor Abtragung des ganzen Vorschusses, so ist der Arbeitgeber berechtigt, den Restlohn für sich zurückzubehalten (S. 68), und Pfandgläubiger muß sich dies gefallen lassen, weil sein Anspruch nicht weiter geht als der des Arbeiters und dieser bei Pfändung bereits mit dem Vorschusse beschwert war.

3. Das Pfandrecht erfaßt die Lohnforderung in dem aus dem Pfändungsbeschlusse sich ergebenden Umfange (ev. also auch nur zu einer Quote des an sich pfändbaren Betrages, wenn so beantragt); wenn die Pfändung nicht ausdrücklich auf bestimmte Raten beschränkt wird und kein Anhalt vorhanden ist, daß sie sich nur auf einzelne Raten erstrecken soll, so gilt die Forderung schlechthin als Ganzes beschlagnahmt (§ 832 ZPO.), es erstreckt sich in diesem Falle das Pfandrecht ohne weiteres auch auf die nach der Beschlagnahme fällig werdenden fortlaufenden Bezüge, ja auch auf deren Erhöhung, welche z. B. eine Versetzung in eine andere Stellung ohne Wechsel des Dienstherrn (als solcher ist nicht eine bloße Änderung der Verwaltung, des Betriebes oder Namens desselben Unternehmens oder eine Verbindung mit gleichartigem Unternehmen anzusehen [JW. 89 S. 328[2]]) mit sich bringt; es erstreckt sich auch auf ein vor Ablauf des alten eingegangenes neues Dienstverhältnis, das als Fortsetzung des alten anzusehen ist (Fälle wo dies nicht anzunehmen ist JW. 1930, 437, 455 u. 1088); es erstreckt sich aber nicht auf die neben dem allein gepfändeten Lohn eingeräumte Provision, Tantieme usw., auf das Ruhegeld nur, wenn es schon vor Pfändung der Lohnforderung dem Arbeitenden zugesagt war (arg. Mot. z. §§ 681/82 des Entw. z. ZPO.). — Der Lohn- oder Gehaltsforderung stehen in dieser Beziehung als „ähnliche" (§ 832 ZPO.) alle Forderungen auf Geld oder Leistung vertretbarer Sachen gleich, die in mehreren periodisch aufeinanderfolgenden Raten zu erfolgen haben und auf einheitlicher Quelle beruhen (OLG. 21, 90; SeuffArch. 44 Nr. 70), also Rentenforderungen aller Art, Provisionen Reisender (OLG. 31, 118) und Agenten, vor allem die in §§ 3, 4 der VO. u. § 850 Abs. 1 Nr. 7—9 ZPO. aufgeführten Forderungen. Dies gilt auch dann, wenn bei der Pfändung noch keine Rate fällig ist und auch bei Pfändung künftiger Forderungen (S. 52).

4. Die dinglichen Wirkungen der Pfändung künftiger Ansprüche — auch diejenigen des § 832 ZPO. — treten allerdings erst mit Fälligkeit der einzelnen Forderungen, dann aber unmittelbar in der Person des Pfandgläubigers ohne weiteres ein (RG. 67, 167). — Vorher aber zeigt sich bereits die Wirkung der Pfändung in der seit Zustellung des Beschlusses eingetretenen

unmittelbaren Gebundenheit der künftigen Forderung, vermöge deren anderweite Verfügungen in der Zwischenzeit — gleichviel, ob sie rechtsgeschäftlich oder im Wege der Zwangsvollstreckung erfolgen — dem auf der Pfändung oder deren Ankündigung (§ 845 ZPO.) beruhenden Pfandrechte weichen müssen (RG. 82, 231; Pr. JMBl. 1930, 86, f. S. 95 V).

5. Eine zweite oder weiterhin nachfolgende Pfändung ergreift beim Wegfalle der vorhergehenden ohne weiteres sofort die Forderung (RG. 21 S. 365) und schafft für sie ein Pfandrecht. — Das vor Konkurseröffnung erworbene Pfandrecht erstreckt sich auch auf die nach Eröffnung fällig werdenden Beträge (s. S. 39 f.).

III. Eine **Pfändung** des Pfandrechts selbst ist zwar zulässig, aber für sich allein ohne gleichzeitige Pfändung der Lohnforderung rechtsunwirksam (§§ 1250 Abs. 1, 1273 Abs. 2, 1257 BGB., 25 T. 140/09 LG. I Berlin); dasselbe gilt von Pfändung des gesetzlichen Pfandrechts an der Forderung auf Rückerstattung des hinterlegten Lohnbetrages (§ 233 BGB., 25 T. 208/13 LG. I Berlin).

IV. Das **Erlöschen** des Pfandrechts erfolgt materiell a) durch vollständige Befriedigung des Pfandgläubigers auch zufolge Aufrechnung des Drittschuldners, b) durch Verzicht auf die durch Pfändung erworbenen Rechte (§ 843 ZPO.), daher auch durch vertragsmäßige Aufhebung, ev. also auch durch Stundungserteilung (JW. 96 S. 337), formell aber erst durch Zustellung der Verzichtserklärung an den Schuldner (!); gerichtliche Aufhebung ist unnötig und unzulässig (OLG. 14 S. 180). — Natürlich endet das Pfandrecht auch bei Aufhebung des Vertragsverhältnisses, wenn der Arbeiter keine Forderung mehr gegen den Arbeitgeber hat.

Die **verzögerte Geltendmachung des Pfandrechts** macht den Pfandgläubiger schadensersatzpflichtig (§ 842 ZPO.).

V. Die Klage gegen den Drittschuldner

aus dem Pfändungsbeschlusse auf Zahlung des Lohnes stellt sich nicht als Schadensklage, sondern als Geltendmachung des Vergütungsanspruches des Schuldners dar (SeuffArch. 59 Nr. 117). — Berechtigt zur Klage ist nicht nur der Pfandgläubiger, sondern auch der Schuldner selbst. Des Letzteren kraft eigenen Rechts angestrengte Klage geht auf Zahlung an den Pfandgläubiger (bei arrestweiser Pfändung auf Hinterlegung) RG. 77, 141 f. — Für sie ist, weil es sich um einen Anspruch aus dem Dienstverhältnisse handelt, sachlich das Arbeitsgericht (ArbGerG. § 1) zuständig; über die örtliche Zuständigkeit befinden §§ 12 ff. ZPO.

Soweit Berufung zulässig (ArbGerG. § 64) ist das Landesarbeitsgericht, für die Revision das Reichsarbeitsgericht (eod. § 72) zuständig (JW. 1929, 93 u. 151).

Eine Streitverkündung an den Schuldner ist bei Erhebung der Klage gegen den Drittschuldner unerläßlich (§ 841 ZPO.). Wegen Verzögerung der Beitreibung der Forderung haftet der Gläubiger dem Schuldner (§ 842 ZPO.).

VI. **Die Klage gegen Schuldner und Drittschuldner** wegen bewußten Zusammenwirkens derselben zum Schaden des Pfandgläubigers (S. 68 f.) ist bei den ordentlichen Gerichten anhängig zu machen: es handelt sich in diesen Fällen um einen Schadensersatzanspruch, keinen Anspruch aus dem Arbeitsverhältnisse.

Anhang II.

Zusammenstellung der Behörden, welche als Drittschuldner bei Pfändung von Dienstvergütung (S. 46), Dienstbezügen (S. 139 f.), Pension, Dispositionsgehalt, laufender Unterstützung (S. 164) den Fiskus oder die Kommunen vertreten.

Vorbemerkungen.

I. Die Feststellung der richtigen Drittschuldnerin ist für den Erlaß des Pfändungsbeschlusses und seine Zustellung darum von entscheidender Bedeutung, weil die unrichtige Bezeichnung derselben die Pfändung unwirksam macht, auch wenn der richtige Drittschuldner davon Kenntnis erhält. Das Vollstreckungsgericht braucht die Richtigkeit der als Drittschuldnerin bezeichneten Dienststelle nicht nachzuprüfen. — Die richtigen Behörden im einzelnen Falle zu ermitteln ist darum jetzt noch besonders wichtig, weil die Diensteinkünfte der Beamten, welche ein Konto bei einem an den Reichsbankverkehr angeschlossenen Institut, Bankhause oder Sparkasse haben, diesem Konto im Giroverkehre schon an dem dem Fälligkeitstage vorangehenden Werktage bzw. bei Fälligkeit an einem Sonntage schon an dem zweitvorhergehenden Werktage überwiesen werden, durch unrichtige Bezeichnung der Behörde daher leicht die Pfändung nicht mehr rechtzeitig nachzuholen ist (JMVerf. v. 19. 12. 07).

Die Schwierigkeit der Feststellung der richtigen Behörde liegt aber darin begründet, daß zur Vertretung des Reichs- oder Staatsfiskus als Drittschuldner bei Pfändung der Dienstbezüge der im § 850 Abs. 1 Nr. 8 u. 9 Genannten, meistens nicht die Behörde berufen ist, die den Schuldner anstellt oder beschäftigt oder seine Bezüge auszahlt, vielmehr grundsätzlich diejenige, welche seine Bezüge zur Auszahlung anzuweisen hat. — Eine fernere Schwierigkeit erwächst auch aus dem Umstande, daß nicht immer für alle Bediensteten einer Behörde nun auch eine und dieselbe Stelle die Zahlungen anweist. In dieser Beziehung bestehen oft zwischen den Beamten und ihnen nach § 850 Abs. 1 Nr. 8 u. 9 ZPO. Gleichgestellten einerseits und den in privatrechtlichem Dienstverhältnisse zur Behörde stehenden Personen andrerseits Unterschiede.

II. Für die Beamten und ihnen gemäß § 850 Abs. 1 Nr. 8 ZPO. gleichgestellten Personenklassen folgt der Nachweis der bei Pfändung von Bezügen als Drittschuldner zuständigen Behörden nachstehend S. 139 f. — Die einzelnen Behörden sind im Sachregister unter ihren offiziellen Bezeichnungen aufgeführt.

III. Für die im privatrechtlichen Dienstverhältnisse zu den Behörden stehenden Personen werden ihre dem Schutze des LBG. und der VO. unterstellten Vergütungen in den Etatsfonds derjenigen Reichs-, Staats-, Kommunalbehörde (fast ausnahmslos als sächliche Ausgaben) eingesetzt, bei der die betreffenden Personen beschäftigt werden, und unterliegen dem Verfügungsrechte des Vorstandes dieser Behörde. Er erläßt daher auch diesbezüglich die Zahlungsanweisung. — Der Pfändungsbeschluß der Vergütungen dieser Personen ergeht deshalb an diese Beamten oder noch zweckmäßiger an den Rendanten derjenigen Kasse, dem die Auszahlung obliegt, weil auf diese Weise die gepfändeten Beträge sofort zurückbehalten werden. Dieser Grundsatz ist für Pfändungen im Bereiche des Pr. Justizfiskus nicht ganz durchgeführt (s. S. 160). Teilweise abweichende Bestimmungen für Heer u. Marine hat auch der Reichs-(Wehr-)Fiskus erlassen (vgl. S. 140 f.).

IV. Bei Pfändung des Anspruchs auf Auszahlung hinterlegter Bezüge aller bei Behörden Bediensteten (II und III) vertritt den Justizfiskus in Preußen die als Hinterlegungsstelle dienende Justizkasse oder das Gericht, das Hinterlegungsstelle ist (AV. d. Pr. JM. v. 20. 3. 30, JMBl. 1930, 84; HO. v. 21. 4. 13 § 2), in Berlin der Vorstand des AG. Bln.-Mitte, der Amtsger.-Präsident, in Berlin-Moabit der Oberrentmeister der Hinterlegungsbuchhalterei im Strafgerichtsgebäude. — Wegen Pfändung selbst S. 41.

Wegen der Hinterlegungsstellen in den anderen Bundesstaaten s. Staudinger, BGB. EinfGes. Art. 144 Anm.

Die bei dieser Behörde bewirkte Pfändung (§ 233 BGB.) erübrigt aber nicht die gleichzeitige Pfändung der Lohn- und Gehaltsforderung selbst und deren Zustellung an die zuständigen Dienststellen!

AA. Die für die Anweisung des Diensteinkommens in Betracht kommenden Behörden*) sind:

I. Reichsbehörden.

A. Reichsregierung.

Bei Pfändung des Diensteinkommens eines Beamten	Drittschuldner
1. der Presseabteilung	der Reichskanzler
2. der Reichszentrale für Heimatdienst	" "

B. Auswärtiges Amt.

Bei Pfändung des Diensteinkommens eines Beamten	Drittschuldner
1. des Auswärtigen Amtes	das Auswärtige Amt
2. der Gesandtschaften des Reiches	" " "
3. der Konsulate	" " "
4. des Archäologischen Instituts	" " "

C. Reichsfinanzministerium.

MVerf. v. 24. 4. 1922 (JMBl. S. 146).

Bei Pfändung des Diensteinkommens eines Beamten	Drittschuldner
1. des Ministeriums	der Minister
2. der Reichsbaudirektion Berlin	" "
3. des R.finanzhofes	dessen Präsident
4. der R.schuldenverwaltung	deren "

*) Die Angaben zu AA und BB des Verzeichnisses sind von den Behörden zum weitaus größten Teile überprüft, soweit sie nicht in allgemeinen VO. veröffentlicht sind.

Bei Pfändung des Diensteinkommens eines Beamten	Drittschuldner
5. d. R.monopolamts f. Branntwein	dessen Präsident
6. der Landesfinanzämter (auch Zollämter)	deren "
[7. der R.vermögensverwaltung f. d. besetzten Gebiete	" "] f. S. 154
8. in Angelegenheiten d. R.finanzverwaltung	der Minister
9. in Angelegenheiten der früheren R.schatzverwaltung	" "

D. Reichswehrministerium.

A. V. v. 23. 9. 1929 (JMBl.. S. 293).

I. Reichsheer.

Lfd. Nr.	Drittschuldner	bei Pfändung des Diensteinkommens
1	2	3
	A. Betreffs der Soldaten und Beamten:	
1	a) die Kompanie-, Eskadron- und Batteriechefs sowie die Standortärzte (Führer der Sanitätsstaffeln), b) (die Kommandeure der Infanterieschule Dresden, Kavallerieschule Hannover, Artillerieschule Jüterbog, Artillerieschule (Vorschriftenstelle) Jüterbog, Pionierschule München, c) der Leiter des Berittenmachungspersonals des Reichswehr-	der ihnen unterstellten Soldaten und Beamten

Lfd. Nr.	Drittschuldner	bei Pfändung des Diensteinkommens
1	2	3
	ministeriums — siehe Erläuterung 3 —, d) der Leiter des Lehrganges für Leibesübungen in Wünsdorf, e) dem Leiter des Kraftfahr-Ausbildungskommandos der 3. (Pr.) Kraftfahrabteilung — siehe Erläuterung 4 —, f) der Kommandant von Berlin, Breslau, Dresden, Glatz, Glogau, Hannover, Ingolstadt, Insterburg, Königsberg, Küstrin, Lötzen, Marienburg, München, Münster i. W., Oppeln, Stettin, Stuttgart, Ulm, Cuxhaven, Kiel, Pillau, Wilhelmshaven, der Truppenübungsplätze, des Artillerieschießplatzes in Jüterbog, g) der Führer des Schießplatzes Kummersdorf und des Kommandos des Pionierübungsplatzes Klausdorf — siehe Erläuterung 5 —, h) die Vorstände der Militärlehrschmieden Berlin, München und Hannover, der Zeugämter Spandau und Kassel, des Nebenzeugamts Königsberg, der Munitionsanstalten,	

Lfd. Nr.	Drittschuldner	bei Pfändung des Diensteinkommens
1	2	3
	der Gruppensanitätsdepots Berlin und Kassel, des Heeresveterinäruntersuchungsamts Berlin, der Veterinärmittelabteilung des Zeugamts Spandau in Berlin, der Heeresbücherei Berlin der Pionierwerkstatt Berlin-Schöneberg	
2	die Bataillons- und Abteilungskommandeure	der Angehörigen ihrer Stäbe sowie der ihnen unterstelltenKompanie- u. Batteriechefs
3	die Regimentskommandeure	der Angehörigen ihrer Stäbe sowie der Bataillons- und Abteilungskommandeure ihres Regiments, bei Reiterregimentern auch der Eskadronchefs
4	die Wehrkreisärzte	der Standortärzte (Führer der Sanitätsstaffeln)
5	die Infanterie- und Artillerieführer	der Angehörigen ihrer Stäbe
6	die Divisionskommandeure (Befehlshaber in den Wehrkreisen) und die Kavallerie-Divisionskommandeure	der Angehörigen der Divisions- (Wehrkreis-) Kommandos u. der Kavallerie - Divisionskommandos

Lfd. Nr.	Drittschuldner	bei Pfändung des Diensteinkommens
1	2	3
7	die Oberbefehlshaber der Gruppenkommandos	der Angehörigen der Gruppenkommandos
8	das zuständige Wehrkreisverwaltungsamt (I bis VII) — siehe Erläuterung 6 —	a) der unter 1 und 3 bis 7 in Spalte 2 aufgeführten Kommandeure (mit Ausnahme derjenigen der Reiterregimenter und der Kav.-Div.-Stäbe), Kommandanten, Vorstände, Inspekteure, Führer (mit Ausnahme des Leiters zu 1 c und der Führer zu 1 g) und Oberbefehlshaber, b) der Beamten der Wehrkreisverwaltungsämter und des Vorstandes des Verwaltungs-Zweigamts Breslau — Wehrkreis III — (mit Ausnahme der Vorstände der Wehrkreisverwaltungsämter), c) der Beamten der Heeresbauverwaltungsämter, der Heeresunterkunftsämter, der Heeresverpflegungseinrichtungen,

Lfd. Nr.	Drittschuldner	bei Pfändung des Diensteinkommens
1	2	3
		b. Heeresbekleidungsämter, der Heereswirtschafts- und Rechnungsämter (mit Ausnahme derjenigen der Reiterregimenter und der Kav.-Div.-Stäbe), der Remonteämter und der Heereslazarette, d) der Pfarrer in den Wehrkreisen und der ihnen zugeteilten Küster
9	das Verwaltungszweigamt Breslau	der unter 8 a bis d genannten Personen, soweit sie sich bei einer Heeresdienststelle in Schlesien befinden
10	die zuständigen Verwaltungsreferenten bei der 1. bis 3. Kavalleriedivision Es gehören zur 1. Kav.-Div. die Reit.-Regt. 1 bis 6 zur 2. Kav.-Div. die Reit.-Regt. 7 bis 12 zur 3. Kav.-Div. die Reit.-Regt. 13 bis 18.	a) der Kommandeure der Reiterregimenter, b) der Beamten bei den Verwaltungsreferenten der Kavalleriedivisionen sowie der Heereswirtschafts- und Rechnungsämter der Kav.-Div.-Stäbe und der Reiterregimenter
11	a) der Heeresforstinspektion I für die Wehrkreise I bis IV und VI,	der Beamten der Heeresforstverwaltung mit

Lfd. Nr.	Drittschuldner	bei Pfändung des Diensteinkommens
1	2	3
	b) der Heeresforstinspektion II für die Wehrkreise V und VII	Ausnahme der Leiter der Heeresforstinspektionen
12	die Oberheeresanwälte	der Beamten der Heeresanwaltschaften mit Ausnahme der Oberheeresanwälte
13	der Reichswehrminister	a) der Vorstände der Wehrkreisverwaltungsämter, der Leiter der Heeresforstinspektionen und der Oberheeresanwälte, b) sämtlicher übrigen nicht unter 1 bis 12 aufgeführten Soldaten und Beamten.

B. Betreffs derjenigen ehemaligen Angehörigen des Reichsheeres und ihrer Hinterbliebenen, die Wartegeld oder Versorgungsgebührnisse beziehen:

1	die Versorgungsämter Zuständig ist in jedem Falle das Versorgungsamt, in dessen Bereich der zu Pfändende wohnt.	bei Pfändung von Wartegeld oder Versorgungsgebührnissen der ehemaligen Angehörigen des Reichsheeres und ihrer Hinterbliebenen.

C. Betreffs der Vertragsangestellten und der Arbeiter:

1	der Reichswehrminister	bei Pfändung der Vergütung oder des Lohnes

Lfd. Nr.	Drittschuldner	Bei Pfändung des Diensteinkommens
1	2	3
2	der zuständige Wehrkreisverwaltungsamte (I bis VII), für Schlesien das Verwaltungszweigamt (Wehrkreis III) in Breslau	der im Reichswehrministerium beschäftigten Vertragsangestellten und Arbeiter bei Pfändung der Vergütung oder des Lohnes aller Vertragsangestellten und Arbeiter, die bei militärischen Dienststellen im Wehrkreisbereiche, für Schlesien im Bereiche des Verwaltungszweigamts Breslau, beschäftigt werden.

Erläuterungen.

1. Zu den Soldaten gehören die Offiziere aller Gattungen, die Unteroffiziere und die Mannschaften.
2. Für die Angehörigen der Reichsmarine gelten besondere Bestimmungen.
3. Der Leiter des Berittenmachungspersonals des Reichswehrministeriums untersteht dem Leiter der Allg. Abt. des RwMin.
4. Der Leiter des Kraftfahr-Ausbildungskommandos der 3. (Pr.) Kraftfahr-Abteilung untersteht dem Inspekteur der Verkehrstruppen.
5. Der Führer des Schießplatzkommandos Kummersdorf untersteht dem Leiter des Heeres-Waffenamts-Prüfwesen des RwMin.; der Führer des Kommandos des Pionierübungsplatzes Klausdorf untersteht der Inspektion der Pioniere und Festungen.

6. Es sind zuständig:
für den Oberbefehlshaber des Gruppenkommandos 1 das Wehrkreisverwaltungsamt III,
für den Oberbefehlshaber des Gruppenkommandos 2 das Wehrkreisverwaltungsamt V.

7. Die Pfändungs- und Überweisungsbeschlüsse über Forderungen von Handwerkern usw. für Lieferungen oder Arbeiten, die sie für Heeresortsbehörden (Heeresunterkunftsämter, Heeresverpflegungsämter usw.) ausgeführt haben, sind auch dann als rechtswirksam anzusehen, wenn sie den Heeresortsbehörden, nicht dem Wehrkreisverwaltungsamte zugestellt worden sind.

Ferner sind Abtretungsanzeigen nach §§ 409, 410 BGB. als für den Reichs-(wehr)fiskus verbindlich anzusehen, auch wenn sie nur den örtlichen Zahlstellen, nicht dem Wehrkreisverwaltungsamte zugegangen sind.

II. Reichsmarine.

Drittschuldner ist:

1. Bei Pfändungen gegen Soldaten und Beamte der Reichsmarine:
   a) der Reichswehrminister, falls Schuldner ein Admiral oder ein Chef oder Vorstand einer dem Reichswehrminister unmittelbar unterstellten Behörde ist oder zu auswärtigen Botschaften oder Gesandtschaften kommandiert ist
   b) die unmittelbar übergeordnete Behörde, falls Schuldner der Vorstand einer Marinebehörde ist,
   c) im übrigen die Behörde, zu welcher der Schuldner gehört oder kommandiert ist;
2. bei Pfändungen von Wartegeld oder Versorgungsgebührnissen ehemaliger Angehörigen der Reichsmarine und ihrer Hinterbliebenen:
   das Versorgungsamt, in dessen Bereich der zu Pfändende wohnt;
3. bei Pfändungen gegen Angestellte und Arbeiter der Reichsmarine diejenigen Behörde, bei welcher der Schuldner tätig ist;

4. bei Pfändungen gegen Personen, die zur Reichsmarine in vertraglichen oder sonstigen rechtlichen Beziehungen stehen, aber nicht unter Ziffer 3 fallen:
   a) falls zur Sicherung bestimmter Bedürfnisse eines größeren Kreises allgemeine Lieferungs- oder sonstige Verträge abgeschlossen sind, diejenige Behörde, welche die Bezahlung des Vertragsgegners anzuweisen hat,
   b) im übrigen diejenige Behörde, welche die Verpflichtungen der Reichsmarine eingegangen ist oder sonst herbeigeführt hat.

Erläuterungen.

1. Zu den Behörden gehören auch die Marineteile zu Land und zur See.
2. Zu den Soldaten gehören die Offiziere aller Gattungen, die Deckoffiziere, Unteroffiziere und die Mannschaften.

E. Reichsjustizministerium.

Bei Pfändung des Diensteinkommens eines Beamten	Drittschuldner
1. des Ministeriums	der Minister
2. des Reichsgerichts	dessen Präsident
3. der Reichsanwaltschaft	der Oberreichsanwalt
4. des Reichspatentamts	dessen Präsident

F. Reichsministerium des Innern.

Bei Pfändung des Diensteinkommens eines Beamten	Drittschuldner
1. des Ministeriums	der Minister
2. des Bundesamts für das Heimatwesen	" "
3. des Reichskunstwarts	" "
4. des Reichsverlagsamts	dessen Leiter

Bei Pfändung des Diensteinkommens eines Beamten	Drittschuldner
5. der Reichsstelle für das Auswanderungswesen	deren Direktor
6. der Chemisch-Technischen Reichsanstalt	" "
7. der Filmprüfstellen	deren Leiter
8. des Reichsgesundheitsamtes	dessen Präsident
9. der Physikalisch-Technischen Reichsanstalt	deren "
10. des Reichsarchivs	dessen "
11. des Reichsamts für Landesaufnahme	" "
12. des Kommissars der freiwilligen Krankenpflege	der Kommissar
13. der Reichsanstalt für Erdbebenforschung	deren Direktor
14. des Zentralnachweiseamts für Kriegerverluste und Kriegergräber	dessen Direktor
15. des Reichskommissars für Überwachung der öffentlichen Ordnung	der Reichskommissar

G. Reichswirtschaftsministerium.

Bei Pfändung des Diensteinkommens eines Beamten	Drittschuldner
1. des Ministeriums	der Minister
2. des Reichskommissars für Aus- und Einfuhrbewilligung (Abwicklungsstelle)	" "
3. des Reichskommissars für die Kohlenverteilung	" "
4. des Reichskommissars für das Handwerk und das Kleingewerbe	" "
5. des Statistischen Reichsamts	dessen Präsident

Bei Pfändung des Diensteinkommens eines Beamten	Drittschuldner
6. des Reichsaufsichtsamts für Privatversicherung	dessen Präsident
7. des Reichswirtschaftsgerichts (Kartellgerichts)	" "

H. **Reichsverkehrsministerium.**

Bei Pfändung des Diensteinkommens eines Beamten	Drittschuldner
1. des Ministeriums und der Leiter der nachgeordneten Behörden	der Reichsverkehrsminister
2. der Zentralstelle für Flugsicherung	" "
3. der Seezeichenverwaltung	der Regierungspräsident (Seezeichenverwaltung) in Schleswig; soweit Beamte des Feuerschiffs Adler, grund in Frage kommender Oberpräsident (Wasserstraßendirektion) in Stettin
4. der Ems-Jade-Kanalverwaltung	der Regierungspräsident (Ems-Jade-Kanalverwaltung) in Aurich
5. der Deutschen Seewarte	deren Präsident in Hamburg
6. des Reichskanalamts [Kanallotse, Reichsbeamter (JW. 12, 273)]	der Leiter des Amts in Kiel
7. der Neckarbauverwaltung	der Leiter der Neckarbaudirektion in Stuttgart
8. des Reichswasserschutzes	der Leiter des Reichswasserschutzes in Berlin

Bei Pfändung des Diensteinkommens eines Beamten	Drittschuldner
9. des Reichskommissariats für Seeschiffsvermessung	der Leiter des R.kommissariats in Berlin
10. des Reichsoberseeamts	der Leiter des R.amts in Berlin
11. der Seeschiffahrtsbehörden und hinsichtlich der Reichskommissare bei den Seeämtern	der Reichsverkehrsminister

I. **Reichsministerium für Ernährung und Landwirtschaft.**

Bei Pfändung des Diensteinkommens eines Beamten	Drittschuldner
1. des Ministeriums	der Minister
2. der Biologischen Reichsanstalt für Land- und Forstwirtschaft	der Direktor

K. **Reichsarbeitsministerium.**

Bei Pfändung des Diensteinkommens eines Beamten	Drittschuldner
1. des Ministeriums 2. der Reichsanstalt für Arbeitsvermittlung und Arbeitslosenversicherung 3. des Deutschen Arbeitsmuseums	das Reichsarbeitsministerium
4. des Reichsversicherungsamts	dessen Präsidenten
5. des Reichsversorgungsgerichts	" "
6. der Reichsversicherungsanstalt für Angestellte	deren Präsident
7. der Reichsarbeitskasse (Reichsversorgungskasse)	die Reichsarbeitskasse Berlin NW 40

Bei Pfändung des Diensteinkommens eines Beamten	Drittschuldner
8. der Hauptversorgungsämter	das Versorgungsamt gleichen Dienstsitzes
jedoch für das Hauptversorgungsamt Berlin	das Versorgungsamt II Berlin in Berlin-Schöneberg 1
für das Hauptversorgungsamt München	das Versorgungsamt München-Land
9. der Versorgungsämter	das örtliche Versorgungsamt
10. der Orthopädischen Versorgungsstellen	das Versorgungsamt gleichen Dienstsitzes
jedoch für die Orthopädische Versorgungsstelle Köslin	das Versorgungsamt Belgard
do. Versorgungsstelle Berlin	die Orthopädische Versorgungsstelle Berlin SW 68
do. Versorgungsstelle München	das Versorgungsamt München-Land
11. der Versorgungsärztlichen Untersuchungsstellen,	das Versorgungsamt gleichen Dienstsitzes
jedoch für die Versorgungsärztliche Untersuchungsstelle Berlin	das Versorgungsamt V Berlin in Berlin-Schöneberg 1
für die Versorgungsärztliche Untersuchungsstelle München	das Versorgungsamt München-Stadt
der Versorgungskrankenhäuser:	
a) Benediktbeuern, Hanau, Minden, Müllheim i. B., Weingarten	das Versorgungskrankenhaus
b) Chemnitz, Görlitz, Potsdam, Schleswig	das Versorgungsamt
c) Müllheim i. B.	das Versorgungskrankenhaus Müllheim i. B.
do. Potsdam	das Versorgungsamt Potsdam

Bei Pfändung des Diensteinkommens eines Beamten	Drittschuldner
der Versorgungskrankenhäuser Schleswig	das Versorgungsamt Schleswig
do. Weingarten	das Versorgungskrankenhaus Weingarten
12. der Versorgungskuranstalten	die Leitung
13. der Einkaufsstelle für Sanitätsbedarf im Versorgungswesen Berlin-Tempelhof	das Versorgungsamt IV Berlin in Berlin-Schöneberg 1
14. der Hilfsstelle für Arbeiter- und Angestelltenunterstützungen in Spandau	die Hilfsstelle
15. der Ausführungsbehörde für Unfallversicherung (Versorgungsamt I Berlin)	das Versorgungsamt I Berlin in Berlin-Schöneberg 1
16. des Kriegsinvalidenhauses Berlin	das Kriegsinvalidenhaus Berlin in Berlin NW 40
17. des Krankenbuchlagers Berlin	das Versorgungsamt VI Berlin in Berlin-Schöneberg 1
do. München	das Versorgungsamt München-Stadt
do. Dresden	das Versorgungsamt Dresden
do. Stuttgart	das Versorgungsamt Stuttgart
18. der Betriebskrankenkasse Altona	das Versorgungsamt Altona
do. Berlin	das Versorgungsamt I Berlin in Berlin-Schöneberg 1
do. Hannover	das Versorgungsamt Hannover

Bei Pfändung des Diensteinkommens eines Beamten	Drittschuldner
der Betriebskrankenkasse Leipzig	das Versorgungsamt Leipzig
do. Königsberg i. Pr.	das Versorgungsamt Königsberg i. Pr.

L. Reichsministerium für die besetzten Gebiete.

Das Reichsministerium für die besetzten Gebiete, das Reichskommissariat für die besetzten rheinischen Gebiete in Wiesbaden und die Reichsvermögensverwaltung für die besetzten rheinischen Gebiete in Koblenz, diese mit ihren Unterbehörden, sind aufgelöst.

Durch Verordnung des Reichspräsidenten ist bestimmt, welche Ressorts die noch verbleibenden Aufgaben übernehmen. Diese Ressorts übernehmen mit den Aufgaben nur Teile des Beamtenkörpers, während die übrigen Beamten, soweit sie nicht auf Wartegeld gehen, auf Dutzende von Verwaltungen des Reichs und der Länder verteilt werden. Teilweise sind die Beamten schon zu anderen Verwaltungen übergetreten. Die Vertretung des Fiskus als Drittschuldner bei Pfändung von Diensteinkommen der einzelnen Beamten ergibt sich durch die Feststellung der Behörde, zu der dieser übergetreten ist. Diese ist für den einzelnen Beamten zu erfragen:

bei Pfändung des Diensteinkommens eines Beamten	
a) für Beamte des Ministeriums und des Reichskommissariats	beim Reichsministerium des Innern,
b) für Beamte der Reichsvermögensverwaltung und ihrer Unterbehörden	bei der Abwicklungsbehörde der Reichsvermögensverwaltung in Koblenz, gegebenenfalls beim Reichsfinanzministerium.

M. Reichspostministerium.

Bei Pfändung des Diensteinkommens eines Beamten	Drittschuldner
des Reichspostministeriums, des Telegraphentechnisch. Reichsamts und der Oberpostdirektionen	der Minister
der Post-, Telegraphen- und Telephonämter	die Oberpostdirektion, der sie unterstehen
der Reichsdruckerei	die Direktion derselben

N. Rechnungshof des Deutschen Reichs.

Bei Pfändung des Diensteinkommens eines Beamten	Drittschuldner
des Amts	dessen Präsident
der Reichsschuldenverwaltung	deren Präsident

O. Reichsbank.

Bei Pfändung des Diensteinkommens eines Beamten	Drittschuldner
der Reichshauptbank zu Berlin einschließlich der Mitglieder des Reichsbankdirektoriums	der Präsident des Reichsbankdirektoriums
der Reichsbankhauptstellen, Reichsbankstellen und Reichsbanknebenstellen, soweit sie die Rechte der Beamten haben	" "

P. Deutsche Reichsbahn-Gesellschaft.

Bei Pfändung des Diensteinkommens eines Beamten	Drittschuldner
der Hauptverwaltung	der Generaldirektor
der Reichsbahndirektionen	deren Präsident
der Gruppenverwaltung Bayern	der Reichsbahndirektor

II. Staatsbehörden,

von denen hier nur die **preußischen** berücksichtigt werden konnten.

A. Staatsministerium.

Bei Pfändung des Diensteinkommens eines Beamten	Drittschuldner
1. des Ministeriums	der Ministerpräsident
2. der Vertreter Preußens	
a) beim Heiligen Stuhle	" "
b) bei den deutschen Ländern	" "
3. der Staatsarchive	der Generaldirektor derselben
4. des Reichsverlagsamtes	der Reichsminister des Innern
5. der Pressestelle des Ministeriums	der Ministerpräsident
6. des Disziplinarhofes für nicht richterliche Beamte	das Staatsministerium
7. der Prüfungskommission für höhere Verwaltungsbeamte	der Minister des Innern
8. des Gerichtshofes zur Entscheidung für Kompetenzkonflikte	das Staatsministerium
9. des Oberverwaltungsgerichts	dessen Präsident
10. der Oberrechnungskammer	deren Chefpräsident
11. des deutschen Reichs- und Preußischen Staatsanzeigers	dessen Kurator

B. Finanzministerium.

Bei Pfändung des Diensteinkommens eines Beamten	Drittschuldner
1. des Finanzministeriums	der Finanzminister
2. der Pr. Staatsbank (Seehandlung) nebst Staatl. Leihamt	deren Präsident
3. der Staatsmünze	" "
4. der Zentralgenossenschaftskasse	" "

Bei Pfändung des Diensteinkommens eines Beamten	Drittschuldner
5. der Hauptverwaltung der Staatsschulden	deren Präsident
6. der Generallotteriedirektion	die Direktion
7. der Beamtenfürsorgebehörden	das Ministerium
8. der Generaldirektion der allgem. Witwenverpflegungsanstalt	" "
9. der Pr. Krongutsverwaltung	" "
10. der Akademie des Bauwesens	" "
11. der Hochbauämter i. d. Provinzen	" "
12. des technischen Oberprüfungsamts i. Bausache	" "
13. des Oberpräsidiums	der Oberpräsident
14. der Regierungen und Landratsämter (einschließlich der Hilfsbeamten)	der Regierungspräsident
15. der Katasterämter	die betreffende Regierung*)
16. der Kreiskassen	

C. **Ministerium für Wissenschaft, Kunst und Volksbildung.**

Bei Pfändung des Diensteinkommens eines Beamten	Drittschuldner
1. des Ministeriums selbst	der Minister
2. der Staatsbibliothek	" "
3. des Geodätischen Instituts	" "
4. des Meteorolog. Instituts	" "
5. des Botanischen Gartens zu Dahlem	" "
6. der Kaiser Wilhelm-Gesellschaft	der Präsident
7. des Staatl. Materialprüfungsamts Berlin-Dahlem	" "
8. der Staatstheater	die Generalverwaltung

*) In Berlin die Bau- und Finanzdirektion.

Bei Pfändung des Diensteinkommens eines Beamten	Drittschuldner
9. der Akademie der Wissenschaften u. Künste, der Hochschule für bildende Künste und Musik, der Meisterschulen für musikalische Komposition und des Instituts für Kirchenmusik	deren Kurator
10. der Museen	a) in Berlin die Generalverwaltung der Museen
b) in den Provinzen	b) der Oberpräsident
11. der Nationalgalerie und des Rauch-Schinkel-Museums zu Berlin	der Minister
12. der Universitäten (Lehrer und sonstigen Beamten) und ihrer Institute (Seminarien, Anstalten und Sammlungen sowie klinischen Anstalten)	deren Kuratorium
13. der Klinischen Anstalten der Universität und des Botanischen, Geologischen, Mineralogischen, Zoologischen Museums, des Museums für Meeres- und Naturkunde	der Minister
14. der Technischen Hochschulen	" "
15. der Krankenhäuser (Berlin und Kassel) sowie der damit verbundenen Institute und der Entbindungsanstalt in Kassel (sonst sind sie Provinzialanstalten	" "
16. der Provinzialschulkollegien	der Oberpräsident
17. der höheren Lehranstalten	" "
18. a) der Volksschulen und	a) die Landesschulkasse, vertr. durch die Regierung, Abt. f. Kirchen- u. Schulwesen

Bei Pfändung des Diensteinkommens eines Beamten	Drittschuldner
b) der Mittelschulen	b) die Landesschulkasse ebenso
c) Landwirtschaftsschulen	c) der Oberpräsident (?)*)
19. der Staatl. Bildungsanstalten	der Oberpräsident
20. der Hochschule für Leibesübungen	der Minister
21. der Sachverständigenkammern f. Wissenschaft, Kunst u. Gewerbe	der Minister
22. der wissenschaftlichen Prüfungsämter	
a) in Berlin	" "
b) in den Provinzen	der Oberpräsident
23. der Taubstummen- und Blindenanstalten	" "

D. **Ministerium für Handel und Gewerbe.**

Bei Pfändung des Diensteinkommens eines Beamten	Drittschuldner
1. des Ministeriums	der Minister
2. der Techn. Deputation für Gewerbe	" "
3. des gewerbl. Unterrichtswesens	" "
4. des Prüfungsamtes für Gewerbeaufsichtsbeamten und	" "
5. das Bergfach	" "
6. des Grubensicherheitsamtes	" "
7. der Porzellanmanufaktur	" "
8. der Geologischen Landesanstalt	der Präsident
9. der Pr. Bergwerks- und Hütten A.-G. zu Berlin	der Vorstand
10. der Eichungsdirektionen	der Oberpräsident
11. der Eichungsämter (staatl.)	der Eichungsdirektor
12. der Oberbergämter	der Berghauptmann des betr. Oberbergamtes

*) Richtiger: Präsident der Landwirtschaftskammer.

E. Ministerium des Innern.

Bei Pfändung des Diensteinkommens eines Beamten	Drittschuldner
1. des Ministeriums	der Minister
2. der Prüfungskommission für höhere Verwaltungsbeamte	"
3. des Statistischen Landesamtes	dessen Präsident
4. der Polizeiverwaltungen (staatl.)	
a) in Berlin	der Polizeipräsident
b) sonst	der Leiter
5. der Grenzpolizei	der Regierungspräsident
6. der Landjägerei	" "
7. der Verwaltungsdirektion der Landjägerei	die Direktion in Berlin
8. der Prüfstellen für Lichtspielvorführer	der Regierungspräsident (in Berlin der Polizeipräsident)
9. der Prüfstelle für technische Bühnenvorstände	der Regierungspräsident (in Berlin der Polizeipräsident)

F. Justizministerium.

Verfügung des Justizministers vom 20. 3. 30. (JMBl. 84).

Bei Pfändung des Diensteinkommens eines Beamten	Drittschuldner
a) eines im Justizministerium oder Landesprüfungsamt angestellten oder beschäftigten Beamten, Angestellten oder Lohnempfängers:	der Justizminister

Bei Pfändung des Diensteinkommens eines Beamten	Drittschuldner
b) eines nicht im Justizministerium oder Landesprüfungsamt angestellten oder beschäftigten Justizbeamten, Angestellten oder Lohnempfängers und c) bei Pfändung der Ruhegehalts- oder Wartegeldbezüge oder der Bezüge der Hinterbliebenen von Justizbeamten oder der Bezüge eines nach Art. 104 Abs. 3 der Reichsverfassung vom Amt entfernten Richters	die Justizkasse, die die Ausgabe leistet; neben ihr ist zuständig der Justiz- und Kassenrat bei dem der Kasse vorgesetzten Oberlandesgericht, im Falle zu b) außerdem der Vorstand der Beschäftigungsbehörde.

G. **Ministerium für Landwirtschaft, Domänen und Forsten.**

Bei Pfändung des Diensteinkommens eines Beamten	Drittschuldner
1. des Ministeriums	der Minister
2. des landwirtschaftlichen Unterrichts- u. Bildungswesens	" "
3. des Ausschusses zur Prüfung der Forstbeflissenen	" "
4. der Forstoberexaminationskommission	" "
5 des Landesveterinäramtes	" "
6. der Pr. Hauptlandwirtschaftskammer	der Präsident
7. der Landwirtschaftlichen Hochschulen	der Rektor
8. der Tierärztlichen Hochschulen	" "
9. der Forstlichen Hochschulen	" "
10. der Pr. Landwirtsch. Versuchs- und Forschungsanstalten	der Verwaltungsdirektor

Bei Pfändung des Diensteinkommens bei Beamten	Drittschuldner
11. der Forstinspektionen, Oberförstereien, Forstkassen	der Kurator
12. des Oberlandeskulturamtes	der Präsident
13. der Deichverbände	der Regierungspräsident
14. der Wasserbaudirektionen	der Oberpräsident
15. der Wasserbauämter	der Regierungspräsident
16. der Landeskulturämter und Kulturämter	der Landeskulturamtspräsident

H. Ministerium für Volkswohlfahrt.

Bei Pfändung des Diensteinkommens eines Beamten	Drittschuldner
1. des Ministeriums	der Minister
2. des Pr. Staatskommissars für die Regelung der Wohlfahrtspflege	" "
3. der Potsdamer Waisenhäuser	" "
4. der Medizinalräte	der Regierungspräsident
5. der staatl. Nahrungsmitteluntersuchungsanstalt	der Minister
6. der Pr. Landespfandbriefanstalt	der Vorstand
7. der Oberversicherungsämter	der Regierungspräsident
8. der Versorgungsgerichte	" "
9. der Landesanstalt für Wasser-, Boden- und Lufthygiene Berlin-Dahlem	der Minister
10. des Instituts f. Infektionskrankheiten „Robert Koch" Berlin	" "
11. des Verbandspräsidiums des Siedlungsverbandes Ruhrkohlenbezirk	der Verbandspräsident in Essen
12. der Landesarbeitsämter (diese sind in Preußen den Provinzialverwaltungen angegliedert)	der Landeshauptmann der Provinz.

III. Provinzialverbände.

Die Behörden, welche den Fiskus als Drittschuldner bei Pfändung der Bezüge von Beamten dieser Verbände vertreten, sind bei den einzelnen Ministerien (II) aufgeführt, soweit es sich nicht um die zu IV genannten handelt.

IV. Kommunalverbände.

Bei den Beamten der Kommunalverbände in den Provinzen, Kreisen, Gemeinden erfolgt — im Gegensatze zu den Beamten der Reichs- und Staatsbehörden (I bis II) — die Anstellung sowie Anweisung und Auszahlung der Bezüge durch die unmittelbar vorgesetzte Behörde. Ihr Vorsitzender ist daher Drittschuldner bei Pfändung ihrer Bezüge. Dies ist

a) der Landeshauptmann (-direktor in Brandenburg) als Vorsitzender des Provinzialausschusses, wenn es sich um Mitglieder desselben, des Provinzialrats und der Provinzialverwaltung, ihrer Bureaus, Kassen, Anstalten (Landesrat-Bauinspektor, -baurat, -assessor, -rentmeister, -sekretäre usw.) auch des Landesversicherungsamts handelt (s. aber Berlin S. 164);

b) der Landrat als Vorsitzender des Kreisausschusses bei Pfändung des Gehalts eines Mitgliedes des Kreisausschusses und der Kreisverwaltung ihrer Bureaus, Kassen (nicht Kreiskassen s. II B), Anstalten (Vorsteher, Direktor, Baumeister, Rendanten, Sekretäre usw.) auch der gemeindlichen Versicherungsämter;

c) der Magistrat in den Städten und

d) der Gemeindevorstand (Schulze) in den Landgemeinden, gleichviel ob der Beamte in der Verwaltung selbst oder in ihren Anstalten, Betrieben, Stiftungen beschäftigt wird.

Zu c) und d) wird noch bemerkt:

Die Polizeibeamten sind, soweit sie ihr Gehalt von der Gemeindebehörde beziehen, als deren Beamte anzusehen (vgl. II E Min. d. Innern). — Die Angestellten der in größeren Städten gebildeten Berufsfeuerwehr beziehen ihre Dienstvergütung als städtische Beamte.

Die Standesbeamten und das Personal der Standesämter sind wohl an sich Staatsbeamte, aber ihre Dienstbezüge beziehen sie von den Gemeinden, sofern sie nicht in dem besonderen Falle des § 7 d. RG. vom 6. II. 1875 von der höheren Verwaltungsbehörde bestellt werden. Daher weist der Gemeindevorstand (in Städten der Magistrat), bei Standesamtsbezirken, welche aus mehreren Gemeinden gebildet werden, der Landrat in seiner Eigenschaft als Vorsitzender des Kreisausschusses, und nur bei Bestellung durch die höhere Verwaltungsbehörde der Regierungspräsident die Bezüge an; dieser ist also Drittschuldner bei Pfändung ihrer Bezüge.

Zu c) wird bemerkt:

Im Stadtkreise **Berlin** ist das Versicherungs- und Landesversicherungsamt der Stadtgemeinde angegliedert; ihre Beamten sind daher städtische. — Das Oberversicherungsamt Groß-Berlin untersteht dem Oberpräsidium; er ist daher Drittschuldner, wenn das Diensteinkommen seiner Beamten beschlagnahmt wird. — Im übrigen ist in diesen Fällen der Polizeipräsident überall an die Stelle des Regierungspräsidenten für den Stadtkreis Berlin getreten (ausgenommen für die Katasterämter s. S. 157), während sonst der Letztgenannte den Fiskus als Drittschuldner vertritt (siehe die einzelnen Ressorts unter II.).

Ein Gehaltspfändungsbeschluß gegen Angestellte von Orts-, Land-, Innungs-, Betriebskrankenkassen ist dem Vorstande der betreffenden Kasse zuzustellen.

BB. Die Pfändungsbeschlüsse hinsichtlich der Pensionen, Wartegelder und laufenden Unterstützungen

aller Reichs- (außer den Militärpersonen s. S. 140 f.), Staats- und Kommunalbeamten sind in der Regel derselben Behörde zuzustellen, bei welcher als Drittschuldnerin das Diensteinkommen zu pfänden ist (s. AA.) oder derjenigen Kasse, aus welcher die Pensions- usw. Zahlungen erfolgen. — Wo aber diese weder zur Anweisung noch zur Auszahlung bei derjenigen Behörde selbst kommen, bei welcher der Beamte angestellt war, ist der übergeordneten Behörde der Pfändungsbeschluß dieser Bezüge zuzustellen. — Soweit es sich um Beamte handelt, die in Berlin wohnen oder von dort nach außerpreußischen Gebieten verzogen sind, ist Drittschuldner der Präsident der Preuß. Bau- und Finanzdirektion Berlin. — Die in Ruhestand versetzten staatlichen Polizeibeamten, soweit sie in Berlin wohnen, werden durch den Polizei-Präsidenten in Berlin als Drittschuldner vertreten (s. S. 163).

Die einen der Justizbeamten betreffenden Beschlüsse werden der Justizkasse, die die Zahlung leistet, oder dem Justiz- und Kassenrat bei dem der Kasse vorgesetzten Oberlandesgericht zugestellt; daneben dem Vorstande der Beschäftigungsbehörde (JMBl. 1930, 84).

CC. Bei Pfändung von Versorgungsgebührnissen

ist Drittschuldner in der Regel das Versorgungsamt, in dessen Bezirk der Versorgungsberechtigte z. Zt. der Pfändung wohnt (vgl. S. 145 u. 147). Dies gilt insbesondere für Beamte des Reichsfinanzministeriums einschließlich Reichshauptkasse, des R.ausgleichsamts, des ehem. R.entschädigungsamts für Kriegsschäden, des ehem. R.kommissariats für Reparationslieferungen, des ehem. R.schatzministeriums, des ehem. R.ministeriums für Wiederaufbau, der ehem. R.vermögensverwaltung für die besetzten rhein. Gebiete.

Drittschuldner ist bezüglich der Beamten des R.monopolamts für Branntwein und der R.schuldenverwaltung deren Präsident, bezüglich der Beamten des R.finanzhofs und der Landesfinanzämter nebst ihnen untergeordneten Behörden der Präsident des für die zahlende Kasse zuständigen Landesfinanzamts, das ist auch wieder der Präsident des Landesfinanzamts, in dessen Bezirke der Beamte wohnt.

Schlußwort.

Zuverlässige Angaben zur Vervollständigung dieses Verzeichnisses oder über etwaige Unrichtigkeiten werden vom Verfasser mit Dank entgegengenommen.

IV.

Alphabetisches Sachregister.

(Die Zahlen verweisen auf die Seiten der Schrift.)

Systematische Übersicht über Zulässigkeit der Beschlagnahme von Lohn und Gehalt S. 51 f.

Systematische Übersicht über Zulässigkeit der Beschlagnahme von Lohn und Gehalt S. 51 f.

Systematische Übersicht über Zulässigkeit der Beschlagnahme von Lohn und Gehalt S. 51 f.

Systematische Übersicht über Zulässigkeit der Beschlagnahme von Lohn und Gehalt S. 51 f.

Systematische Übersicht über Zulässigkeit der Beschlagnahme von Lohn und Gehalt S. 51 f.

Systematische Übersicht über Zulässigkeit der Beschlagnahme von Lohn und Gehalt S. 51 f.

Systematische Übersicht über Zulässigkeit der Beschlagnahme von Lohn und Gehalt S. 51 f.

Systematische Übersicht über Zulässigkeit der Beschlagnahme von Lohn und Gehalt S. 51 f.

Systematische Übersicht über Zulässigkeit der Beschlagnahme von Lohn und Gehalt S. 51 f.

Nachweis wichtiger Gesetzesausgaben

mit und ohne Erläuterungen, größere und kleinere Kommentare, Lehrbücher, Sammelwerke, Entscheidungssammlungen, Zeitschriften

Zusammengestellt vom Verlage Walter de Gruyter & Co., Berlin W 10

Herbst 1930

Inhaltsübersicht

I. Allgemeines, Sammelwerke.

Handwörterbuch der Rechtswissenschaft. Unter Mitberatung von Reichsgerichtspräsident Dr. E. Bumke, L. Busch, Oberreichsanwalt Dr. L. Ebermayer, Geh. Justizrat Professor Dr. Fr. Endemann, Geh. Justizrat Professor Dr. E. Heymann, Senatspräsident am Reichsgericht Dr. O. Strecker, Präsident des Bayrischen Obersten Landesgerichts Staatsrat Dr. K. v. Unzner herausgegeben von Dr. jur. Fritz **Stier-Somlo,** o. Professor an der Universität Köln, und Dr. jur **Alex. Elster,** Berlin. 6 Bände. Lexikon-Oktav. 1926/29.
In Halbleder geb. RM. 304.—

Ein Ergänzungsband, der das Handwörterbuch bis auf den letzten Stand von Wissenschaft und Praxis fortführt, befindet sich im Druck.

„Es zeigt sich doch jetzt immer mehr, daß Ihr Handwörterbuch ein ganz großer Wurf war. Wie ich höre, wird es auch in der Praxis in steigendem Maße benutzt.“ Professor Dr. Nipperdey, Köln.

Die Reichsgerichtspraxis im deutschen Rechtsleben. Festgabe der juristischen Fakultäten zum 50jährigen Bestehen des Reichsgerichts (1. Oktober 1929). unter Mitwirkung der Professoren Gerhard Anschütz, Heidelberg, Ernst Heymann, Berlin, Theodor Kipp, Berlin, Wilhelm Kisch, München, Alfred Schultze, Leipzig, Heinrich Siber, Leipzig, herausgegeben von Otto Schreiber, weiland Professor in Königsberg i. Pr. 6 Bde. Groß-Oktav. 1929.
Geh. RM. 110.—, in Halbfranz geb. RM. 134.—

I. Band: Öffentliches Recht. II. Band: Zivil- und Handelsrecht. III. Band: Zivil- und Handelsrecht (Fortsetzung). IV. Band: Handels- und Wirtschaftsrecht. V. Band: Strafrecht und Strafprozeß. VI. Band: Zivilprozeßrecht.

Die Bände werden einzeln abgegeben.

Mit dieser umfangreichen Festgabe wird eine große, systematisch geordnete Reihe hervorragender Monographien veröffentlicht, die durchweg besonders wichtige und schwierige Fragen aus allen Teilen des Rechts behandeln.

Fünfzig Jahre Reichsgericht am 1. Oktober 1929. Von Dr. Adolf **Lobe,** Senatspräsident am Reichsgericht i. R., M. d. R. unter Mitarbeit von Mitgliedern und Beamten des Reichsgerichts, der Reichsanwaltschaft und der Rechtsanwaltschaft am Reichsgericht. Mit 14 Porträts und 15 Abbildungen. Lexikon-Oktav. VI, 436 Seiten. 1929.
RM. 20.—, in Halbfranz RM. 24.—

Von den beiden Festschriften „Lobe, Fünfzig Jahre Reichsgericht“ und der Festgabe der juristischen Fakultäten gibt die vorliegende ein Bild der organisatorischen Gestaltung des Reichsgerichts und seiner Einrichtungen, in deren Schutz sich seine Aufgaben und seine Arbeit gestalten. Ausführlicher Prospekt mit Inhaltsverzeichnis kostenlos.

Bürgerliches Rechtslexikon. (Nach dem Bürgerlichen Gesetzbuch, dem Handelsgesetzbuch und sonstigen Reichs- und Landesgesetzen.) Von E. **Christiani,** weil. Amtsgerichtsrat. Vierte, durchgearbeitete und verbesserte Auflage von Dr. Alexander **Elster,** Rechtsanwalt Dr. Hugo Hoormann, Amtsgerichtsrat Georg Krause, Lexikon-Oktav. IV, 474 Seiten. 1930 . . . . Geb. RM. 15.—

Christianis „Bürgerliches Rechtslexikon“ erscheint nach seinen großen Erfolgen vor dem Kriege nunmehr in vierter Auflage. Die besondere Art der Stichwortaufteilung und die verständliche Darstellung haben es in alle Kreise gelangen lassen, die stets eine Gelegenheit zu zuverlässiger Rechtsbelehrung haben müssen.

Hedemann, J. W., **Einführung in die Rechtswissenschaft.** Zweite, erweiterte und umgestaltete Auflage. Oktav. XXII, 566 Seiten. 1927. (Lehrbücher und Grundrisse der Rechtswissenschaft Bd. IX.)
RM. 14.—, geb. RM. 16.—

„. . . Das Buch Hedemanns, welches die Aufgabe einer Einführung am reichsten und umfassendsten auffaßt und löst . . .“
Juristische Wochenschrift.

Sternberg, Theodor, **Einführung in die Rechtswissenschaft.**
I. Teil: Methoden- und Quellenlehre. Zweite, neugestaltete Auflage. Verbesserter Neudruck. 190 Seiten. 1927. (Sammlung Göschen Bd. 169.)
Geb. RM. 1.80
II. Teil: Das Rechtssystem. Erste Hälfte: Grundbegriffe und Privatrecht. Zweite, vermehrte Auflage. 133 Seiten. 1922. (Sammlung Göschen Bd. 170.) . . . . Geb. RM. 1.80
Eine in ihrer Knappheit ganz ausgezeichnete Darstellung der juristischen Begriffe und Probleme.

Schröder, Richard, und **Glitsch**, Heinrich, **Deutsche Rechtsgeschichte.** Sechste, verbesserte Auflage. Groß-Oktav. Mit einer Abbildung im Text, fünf Tafeln und einem Bildnis. 1124 Seiten. 1922.
RM. 26.—, in Halbleder geb. RM. 30.—
Dieses bekannte Lehrbuch hat sich seit langen Jahren bestens bewährt.

Fehr, Hans, **Deutsche Rechtsgeschichte.** Zweite, verbesserte und ergänzte Auflage. Oktav. 416 Seiten. 1925. (Lehrbücher und Grundrisse der Rechtswissenschaft Bd. X.) RM. 13.—, geb. RM. 14.50
Das Buch gibt eine plastische Darstellung der deutschen Rechtsgeschichte, die eine Anhäufung von Stoff ausdrücklich vermeidet, vielmehr das Schwergewicht auf eine mehr ideengeschichtliche Behandlung des Gegenstandes legt.

Schröder, Richard, und **Glitsch**, Heinrich, **Deutsche Rechtsgeschichte.** Zweite Auflage. Neudruck.
I. Bis zum Ende des Mittelalters. 160 Seiten. 1929. (Sammlung Göschen Bd. 621.) . . . . Geb. RM. 1.80
II. Die Neuzeit. 90 Seiten. 1929. (Sammlung Göschen Bd. 664.)
Geb. RM. 1.80
Eine gemeinverständliche kurze Darstellung der deutschen Rechtsgeschichte.

Giese, Friedrich, **Preußische Rechtsgeschichte.** Übersicht über die Rechtsentwicklung der preußischen Monarchie und ihrer Landesteile. Ein Lehrbuch für Studierende. Groß-Oktav. 256 Seiten. 1920.
RM. 5.—, geb. RM. 6.50
„Das Buch ist nicht ein, sondern das (bisher fehlende) Lehrbuch der preußischen Rechtsgeschichte.“
Dr. Karl Strupp im „Verwaltungsarchiv“.

von **Mayr**, Robert, **Römische Rechtsgeschichte.** I. Buch. Die Zeit des Volksrechtes. 1. Hälfte: Das öffentliche Recht. 150 Seiten. 1912. (Sammlung Göschen Bd. 577.) . . . . Geb. RM. 1.80
2. Hälfte: Das Privatrecht. 117 Seiten. 1912. (Sammlung Göschen Bd. 578.) . . . . Geb. RM. 1.80
II. Buch: Die Zeit des Amts- und Verkehrsrechtes. 1. Hälfte: Das öffentliche Recht. 158 Seiten. 1912. (Sammlung Göschen Bd. 645.)
Geb. RM. 1.80
2. Hälfte: Das Privatrecht I. 122 Seiten. 1913. (Sammlung Göschen Bd. 646.) . . . . Geb. RM. 1.80
Das Privatrecht II. 150 Seiten. 1913. (Sammlung Göschen Bd. 647.)
Geb. RM. 1.80

III. Buch. Die Zeit des Reichs- und Volksrechtes. 111 Seiten. 1913. (Sammlung Göschen Bd. 648.) . . . . Geb. RM. 1.80
IV. Buch. Die Zeit der Orientalisierung des römischen Rechtes. 155 Seiten. 1913. (Sammlung Göschen Bd. 697.) . . . . Geb. RM. 1.80

Stammler, Rudolf, **Lehrbuch der Rechtsphilosophie.** Dritte, vermehrte Auflage. Groß-Oktav. XVI, 396 Seiten. 1928. RM. 13.—, geb. RM. 15.—

„. . . Ein Werk aus einem Gusse, ein herbes Werk von größter wissenschaftlicher Strenge, eine Schule, durch die jeder gehen muß, der mit den rechtsphilosophischen Problemen der Gegenwart ringt." Schweizerische Juristenzeitung.

Stammler, Rudolf, **Rechts- und Staatstheorien der Neuzeit.** Leitsätze zu Vorlesungen. Zweite, vermehrte und verbesserte Auflage. Oktav. IV, 116 Seiten. 1925. . . . . RM. 3.50, geb. RM. 4.50

Ein unentbehrlicher Führer durch die Rechts- und Staatstheorien der Neuzeit.

Stammler, Rudolf, **Wirtschaft und Recht** nach der materialistischen Geschichtsauffassung. Eine sozialphilosophische Untersuchung. Fünfte, durch einen Nachtrag ergänzte Auflage. Oktav. VIII, 704 Seiten. 1924. . . . . RM. 14.—, geb. RM. 16.—

„Das Werk Stammlers darf den Ruhm in Anspruch nehmen, unter allen Büchern, die in der letzten Zeit auf dem hier in Betracht kommenden Gebiet erschienen sind, die stärkste Wirkung hervorgebracht zu haben." Historische Zeitschrift.

Friedrichs, Karl, **Der Allgemeine Teil des Rechts.** Eine Darstellung der gemeinsamen Lehren des öffentlichen und des privaten Rechts. Groß-Oktav. X, 306 Seiten. 1927. . . . . . . RM. 12.—, geb. RM. 13.50

„Eine solche Arbeit fehlte bisher in der juristischen Literatur. Friedrichs ist wie kein anderer berufen, eine grundlegende Arbeit über dieses Gebiet zu schreiben." Mitteilungen des Preuß. Richtervereins.

Maas, Georg, und **Magnus**, Julius, **Abkürzungsverzeichnis der Rechtssprache.** Abkürzungen der Bezeichnungen von Rechtsquellen, Behörden, Entscheidungen usw. des deutschen und österreichischen Rechts. Oktav. IV, 140 Seiten. 1929. . . . . RM. 4.—

„Bis jetzt fehlte eine Zusammenstellung, die in zuverlässiger Weise die gebräuchlichsten Abkürzungen wiedergab. Diese Lücke füllt das neue Buch in glücklicher Weise aus." Der junge Rechtsgelehrte.

Endemann, Friedrich, **Grundriß des römischen Privatrechts.** Oktav. X, 256 und 30 Seiten. 1925. (Lehrbücher und Grundrisse der Rechtswissenschaft Bd. XII.) . . . . RM. 9.—, geb. RM. 10.50

„. . . ein nach jeder Richtung hochstehendes Werk." Der junge Rechtsgelehrte.

Stammler, Rudolf, **Aufgaben aus dem römischen Recht.** Der „Institutionenübungen für Anfänger" vierte Auflage. Oktav. IV, 92 Seiten. Mit Figuren im Text. 1919 . . . . Geb. RM. 5.—

Zum selbständigen Einarbeiten in das System des römischen Privatrechts.

II. Bürgerliches Recht

1. Bürgerliches Gesetzbuch

Lehmann, Heinrich, **Allgemeiner Teil des Bürgerlichen Gesetzbuches.** Dritte, vermehrte und verbesserte Auflage (9. bis 12. Tausend). Oktav. XIV, 439 Seiten. 1928. (Lehrbücher und Grundrisse der Rechtswissenschaft Bd. I.) . . . . RM. 12.—, geb. RM. 13.50

„Es liegt ein großer pädagogischer Wert in diesem Buch. Es wird sich unter den Studenten rasch großer Beliebtheit erfreuen."
Das Recht.

Leonhard, R., **Der Allgemeine Teil des Bürgerlichen Gesetzbuches** in seinem Einflusse auf die Fortentwicklung der Rechtswissenschaft. Groß-Oktav. XVI, 537 Seiten. 1900. (Recht des Bürgerlichen Gesetzbuches in Einzeldarstellungen Nr. X.) . . . . RM. 10.—
Die Sammlung „Recht des Bürgerlichen Gesetzbuches" umfaßt systematische Darstellungen des BGB. aus der Feder erster Juristen der Wissenschaft und Praxis.

Oertmann, Paul, **Allgemeiner Teil des Bürgerlichen Gesetzbuches.**
I. Einleitung. Lehre von den Personen und von den Sachen. Dritte, verbesserte Auflage. 136 Seiten. 1926. (Sammlung Göschen Bd. 447.) Geb. RM. 1.80
II. Erwerb und Verlust, Geltendmachung und Schutz der Rechte. Dritte, verbesserte Auflage. 147 Seiten. 1928. (Sammlung Göschen Bd. 448.) . . . . Geb. RM. 1.80
Nach der die Vorgeschichte des BGB. und einzelne für seine Bedeutung und Anwendung wichtige Hauptfragen behandelnden Einleitung bespricht der Verfasser die Lehre von den Personen und von den Sachen. Er verarbeitet den Inhalt der einzelnen Gesetzesparagraphen wissenschaftlich und erörtert dabei auch mehrfach Fragen, die im BGB. selbst nicht geregelt, höchstens gestreift werden.

Plancks Kommentar zum Bürgerlichen Gesetzbuch nebst Einführungsgesetz. Bisher herausgegeben von E. Strohal. Bearbeitet von E. Brodmann, L. Busch, J. Ebbecke, F. Flad, M. Greiff, K. Gunkel, P. Knoke, M. Landois, A. Lobe, Fr. Oegg, H. Siber, O. Strecker, K. von Unzner. Vierte, völlig neubearbeitete Auflage. Lexikon-Oktav. Bisher sind erschienen:
I. Band: Allgemeiner Teil. 606 Seiten. 1913. RM. 15.—, geb. RM. 17.—
II. Band, 1. Hälfte: Recht der Schuldverhältnisse. (Allgemeiner Teil.) 640 Seiten. 1914 . . . . RM. 15.—, geb. RM. 17.—
II. Band, 2. Hälfte: Recht der Schuldverhältnisse. (Besonderer Teil.) 1296 Seiten. 1928 . . . . RM. 49.—, geb. RM. 52.—
III. Band: Sachenrecht. 1464 Seiten. 1920. RM. 30.—, geb. RM. 33.—
IV. Band: Familienrecht. 1. Hälfte §§ 1297—1588. 701 Seiten. 1928. RM. 26.—, geb. RM. 28.—
V. Band: Erbrecht. Vierte, völlig neubearbeitete Auflage. Groß-Oktav. XII, 1136 Seiten. 1930 . . RM. 51.—, geb. RM. 54.—
„Für jeden Praktiker, der tiefer in den Rechtsstoff eindringen muß, um die zur Entscheidung stehende Frage zu prüfen, ist Plancks Kommentar immer ein zuverlässiger Ratgeber und seine Erläuterung und Meinung von hohem Wert und Gewicht, stets sorgfältiger Beachtung wert." *Zentralblatt für freiwillige Gerichtsbarkeit.*

Das Bürgerliche Gesetzbuch mit besonderer Berücksichtigung der Rechtsprechung des Reichsgerichts. Erläutert von Dr. Busch, Erler, Dr. Lobe, Michaelis, Oegg, Sayn, Schliewen und Seyffarth, Reichsgerichtsräten und Senatspräsidenten am Reichsgericht. Siebente, unveränderte Auflage. 5 Bände. §§ 1—2385. Lexikon-Oktav. 3182 Seiten. 1928 . . . . RM. 125.—, in Halbleder geb. RM. 150.—
I. Band: Allgemeiner Teil. Recht der Schuldverhältnisse I. (Allgemeiner Teil.) — II. Band: Recht der Schuldverhältnisse II. (Einzelne Schuldverhältnisse.) — III. Band: Sachenrecht. — IV. Band: Familienrecht. — V. Band: Erbrecht. Alphabetisches Sachverzeichnis.
(Das Werk wird nur komplett abgegeben.)
„Eine neue Auflage dieses für die Praxis wertvollsten Kommentars ist ein Ereignis für die Juristenwelt."
Blätter für Rechtspflege im Bezirk des Kammergerichts.

Achilles-Greiff, Bürgerliches Gesetzbuch nebst Einführungsgesetz. Mit Einleitung, Anmerkungen und Sachregister. Nach dem Tode des ersten Herausgebers Dr. A. Achilles in Verbindung mit J. Altstötter, Oberamtsrichter in Sonthofen, O. Meyer, Oberlandesgerichtspräsident in Celle, Dr. J. Kieckebusch, Land- und Amtsgerichtsrat in Kassel, Dr. O. Strecker, Senatspräsident am Reichsgericht i. R. in Leipzig, herausgegeben von Dr. M. Greiff, Wirkl. Geh. Oberjustizrat, Oberlandesgerichtspräsident i. R. in Berlin. Dreizehnte, vermehrte und verbesserte Auflage. Mit Erläuterungen der Verordnung über das Erbbaurecht, des Gesetzes über die religiöse Kindererziehung und des Gesetzes für Jugendwohlfahrt. Groß-Oktav. XXIII, 1304 Seiten. 1930. (Guttentagsche Sammlung Deutscher Reichsgesetze Bd. 38/39.) . . . . RM. 24.—

„Das ausgezeichnete Buch, das einer weiteren Empfehlung kaum bedarf, wird seine führende Stellung unter den Handausgaben ohne Zweifel behaupten.“ Juristische Rundschau.

Bürgerliches Gesetzbuch nebst Einführungsgesetz. Vom 18. August 1896 mit Berücksichtigung der bis zum 1. Januar 1928 ergangenen Abänderungen. Textausgabe mit ausführlichem Sachregister. Sechzehnte Auflage. (61. bis 66. Tausend). Taschenformat. 758 Seiten. 1928. (Guttentagsche Sammlung von Textausgaben ohne Anmerkungen mit Sachregister.) . . . . Geb. RM. 5.—

Die vorliegende Ausgabe zeichnet sich durch Vollständigkeit und besondere Ausführlichkeit des Sachregisters aus.

Lindemann, Otto, Ausführungsgesetz zum Bürgerlichen Gesetzbuche vom 20. September 1899 nebst einem Anhang: Verordnung zur Ausführung des Bürgerlichen Gesetzbuchs vom 16. November 1899. Nach dem Tode des früheren Herausgebers Kammergerichtsrat Dr. P. Siméon, erläutert von Geh. Oberjustizrat Otto Lindemann, Ministerialdirektor im Pr. Justizministerium. Vierte Auflage. Taschenformat. 208 Seiten. 1930. **(Guttentagsche Sammlung Preußischer Gesetze Bd. 23.) Geb. RM. 5.—**

Die neue Auflage kommt im richtigen Augenblick, um dem fühlbaren Mangel an neuen Bearbeitungen der Ausführungsgesetze zum Bürgerlichen Gesetzbuch abzuhelfen. Sie ist völlig neu bearbeitet und nach den Ergebnissen von Gesetzgebung und Rechtsprechung bis in die jüngste Zeit ergänzt.

Schulz, F. H., **Bürgerliches Gesetzbuch.** Taschenformat. XI, 682 Seiten. 1930 . . . . Geb. RM. 8.—
(Lehrausgaben Deutscher Gesetze, Bd. I.)

Schück, Richard, **Zivilrechtspraktikum.** Zum Selbststudium und zum Lehrgebrauch. Vierte, vermehrte Auflage. Herausgegeben von Gustav Schreiber. Groß-Oktav. 160 Seiten. 1930.
Geb. RM. 6.—

Das „Schücksche Zivilrechtspraktikum“ bringt in einem billigen Band über 600 Fälle aus allen fünf Büchern des BGB. und dem Einführungsgesetz. Es hat sich seit seinem Erscheinen durch seine praktische Auswahl überall durchgesetzt und durch drei hohe Auflagen hindurch bewährt. Die vorliegende vierte Auflage weist eine Anzahl Ergänzungen auf, die aber durch die besondere Art ihrer Einordnung den Gebrauch mehrerer Auflagen nebeneinander nicht stören.

von der Mosel, Heinrich, **Lösungen** zu dem von Kammergerichtsrat Dr. Richard Schück herausgegebenen Zivilrechtspraktikum. Nach dem Bürgerlichen Gesetzbuch bearbeitet für Studierende und Referendare. Vierte Auflage. Groß-Oktav. 148 Seiten. 1924.
Geb. RM. 5.50

Die Lösungen behandeln fast alle in dem Praktikum enthaltenen Fälle.

v. Schwerin, Cl., Frhr., **Grundzüge des deutschen Privatrechts.** Zweite Auflage. Oktav. XII, 342 Seiten. 1928. (Lehrbücher und Grundrisse der Rechtswissenschaft Bd. XIII.) RM. 9.50, geb. RM. 11.—
„Was dem Studenten not tut, ist ein kurzgefaßtes Handbuch. ... Ein ausgezeichnetes Hilfsmittel dieser Art ist das vorliegende Buch."
Zeitschrift für Rechtspflege in Bayern.

Wegner, Arthur, **Jugendrecht.** Ein Lehrbuch zur Einführung. Oktav. IX, 219 Seiten. 1929 . . . . RM. 6.—, geb. RM. 7.50
„Ein gleichartiges und gleichwertiges Werk über das Jugendgericht gibt es noch nicht." *Breslauer Zeitung.*

Schuldverhältnisse insbesondere

Hedemann, Justus Wilh., **Schuldrecht des Bürgerlichen Gesetzbuches.** Oktav. Zweite Auflage in Bearbeitung. (Lehrbücher und Grundrisse der Rechtswissenschaft Bd. II.)
„Die Schrift bietet die beste mir bekannte Einführung in das schwierige Recht der Schuldverhältnisse." *Staats- und Selbstverwaltung.*

Oertmann, Paul, **Schuldrecht.** (BGB. II.)
I. Allgemeine Lehren. Dritte, verbesserte Auflage. 142 Seiten. 1927. (Sammlung Göschen Bd. 323.) . . . . Geb. RM. 1.80
II. Die einzelnen Schuldverhältnisse. Dritte, verbesserte Auflage. 159 Seiten. 1929. (Sammlung Göschen Bd. 324.) . . Geb. RM. 1.80
„In knapper Form und gemeinverständlicher Ausdrucksweise ist ein vorzüglicher Überblick über den Stoff gegeben."
Leipziger Zeitschrift für deutsches Recht.

Meyer, Georg, **Das Recht der Beschlagnahme von Lohn- und Gehaltsforderungen.** Sechste Auflage. Taschenformat. 1927. Mit Nachtrag 1928. (Guttentagsche Sammlung Deutscher Reichsgesetze Bd. 55.) Geb. RM. 4.50
„Das Buch ist in flüssiger, übersichtlicher Form geschrieben und schöpft aus der Praxis für die Praxis; ein Handbuch nicht nur für den Juristen, sondern ebenso für das kaufmännische Büro, die Fabrik und das Handelsgeschäft." *Württembg. Wirtschafts-Zeitung.*

Seligsohn, Franz, **Haftpflichtgesetz.** Groß-Oktav. 349 Seiten. 1920. RM. 8.—, geb. RM. 9.50
„Das reiche Material hat der Verfasser mit logischer Schärfe und in knapper Form bearbeitet und damit ein mustergültiges Werk geschaffen, das für die meist veralteten Kommentare zum Reichshaftpflichtgesetz einen wertvollen Ersatz bietet."
Blätter für Rechtspflege im Bezirk des Kammergerichts.

Krieg, O., **Mietrecht und Wohnungsmangelgesetzgebung** im Reiche, in Preußen und in Berlin, einschließlich Hauszinssteuer, Kostenwesen und Rechtsentscheiden des Kammergerichts und des Obersten Landesgerichts. Zusammengestellt und mit ausführlichem Schlagwortregister versehen. Vierte Auflage. Taschenformat. XII, 594 Seiten. 1928. (Guttentagsche Sammlung Deutscher Reichsgesetze Bd. 156.) Geb. RM. 10.—
„Eine solche Ausgabe zu besitzen, ist wertvoll. Diese Ausgabe verdient schon wegen ihrer Vollständigkeit besondere Beachtung. Ein vortreffliches Sachregister ist beigegeben." *Juristische Wochenschrift*

Stölzle, Hans, **Viehkauf nach Bürgerlichem Gesetzbuch und ausländischem Recht.** Verordnung, betreffend die Hauptmängel und Gewährfristen beim Viehhandel. Von Eugen Fröhner. Sechste, vermehrte und wesentlich verbesserte Auflage. Taschenformat. 699 Seiten. 1926. (Guttentagsche Sammlung Deutscher Reichsgesetze Bd. 50.) Geb. RM. 15.—
„Das Buch ist Juristen wie Laien als lichtvoller Ratgeber in allen Fragen nur auf das wärmste zu empfehlen."
Deutsche Juristen-Zeitung.

Hoffmann, J., **Abzahlungsgeschäfte.** Vierte Auflage, besorgt von K.-A. Crisolli. Taschenformat. Im Druck. (Guttentagsche Sammlung Deutscher Reichsgesetze Bd. 34.)

„Jeder, der mit Abzahlungsgeschäften zu tun hat, kann sich bestens aus dem Büchlein informieren. Der Kommentar ermöglicht es auch dem Laien, sich mit allen einschlägigen Fragen vertraut zu machen."

Berliner Intelligenz-Blatt.

Göppert, H., **Gesetz, betreffend die gemeinsamen Rechte der Besitzer von Schuldverschreibungen.** Zweite Auflage, bearbeitet von E. Trendelenburg. Taschenformat. 156 Seiten. 1915. (Guttentagsche Sammlung Deutscher Reichsgesetze Bd. 52.) . . . . . Geb. RM. 1.50

Dungs, H., **Sechs Haager Abkommen über internationales Privatrecht.** Taschenformat. 116 Seiten. 1910. (Guttentagsche Sammlung Deutscher Reichsgesetze Bd. 98.) . . . . Geb. RM. 1.50

„Die diesen Abkommen vom Verfasser beigefügten Erläuterungen sind kurz und klar gefaßt und entsprechen den allgemeingültigen Anschauungen. Der Kommentar von Dungs kann nur angelegentlichst empfohlen werden." Juristisches Literaturblatt.

Bogeng, G., **Die Haager Abkommen über das internationale Privatrecht.** Taschenformat. 173 Seiten. 1908. (Guttentagsche Sammlung Deutscher Reichsgesetze Bd. 90.) . . . . Geb. RM. 2.—

Beiträge zum ausländischen und internationalen Privatrecht, herausgegeben vom Institut für ausländisches und internationales Privatrecht.

Heft 1:

Nußbaum, Arthur, **Vertraglicher Schutz gegen Schwankungen des Geldwertes.** Goldklauseln und andere Abreden zur Minderung des Valutarisikos. Groß-Oktav. 95 Seiten. 1928 . . . . . . RM. 5.—

Das vorliegende Werk befaßt sich mit dem Gesamtproblem des Valutarisikos, das für die weitesten, namentlich international orientierten Wirtschaftskreise auch nach der Inflation Gegenstand dauernder Überlegung und Sorge geblieben ist.

Heft 2:

Wolff, John, **Die Haftung des Verkäufers einer fremden beweglichen Sache** in den Vereinigten Staaten von Amerika in Vergleichung mit dem deutschen bürgerlichen Recht. Groß-Oktav. 84 Seiten. 1930. RM. 4.—

Mit dieser Arbeit bietet das „Institut für ausländisches und internationales Privatrecht" eine Darstellung der Rechtsmängelhaftung, und zwar gezeigt am einfachsten und zugleich wichtigsten Beispiele des Rechtsmangels: dem fehlenden Eigentum.

Heft 3:

Friedmann, Wolfgang, **Die Bereicherungshaftung** im anglo-amerikanischen Rechtskreis in Vergleichung mit dem deutschen bürgerlichen Recht. Groß-Oktav. 148 Seiten. 1930 . . . . . . RM. 7.—

Die Problematik des Bereicherungsrechts beruht auf der eigenartigen Funktion des Bereicherungsanspruches, der wegen seines stark ethischen Gehaltes stets droht, das Rechtssystem durch übermäßige Ausdehnung zu durchbrechen.

Dieser grundsätzlichen Bedeutung wegen hat das Institut für ausländisches und internationales Privatrecht dieses Problem in seine Arbeit einbezogen und schickt diese systematische Darstellung anderen Arbeiten aus dem gleichen Problemkreis voraus.

Sachenrecht insbesondere

Hedemann, Justus Wilh., **Sachenrecht des Bürgerlichen Gesetzbuches.** Oktav. XXXII, 507 Seiten. 1924. (Lehrbücher und Grundrisse der Rechtswissenschaft Bd. III.) . . . . . RM. 12.—, geb. RM. 13.50

„Ein trotz seiner Kürze ausgezeichnetes und inhaltreiches Lehrbuch, nicht nur für den Studierenden, sondern auch für ältere Juristen. Die Arbeit ist wissenschaftlich tiefgründig und doch gemeinverständlich geschrieben." Zeitschrift des Deutschen Notarvereins.

Kretschmar, F., Sachenrecht.

I. Allgemeine Lehren. Besitz und Eigentum. Zweite, verbesserte Auflage. 142 Seiten. 1922. (Sammlung Göschen Bd. 480.) Geb. RM. 1.80
II. Begrenzte Rechte. 144 Seiten. 1923. (Sammlung Göschen Bd. 481.) Geb. RM. 1.80

Diese Bändchen bieten die Grundzüge des Sachenrechts in gedrängter und klarer Form.

Lenzen, Georg, **Das Deutsche Pfandleihrecht.** Kommentar zum preußischen Pfandleihgesetz unter Berücksichtigung der außerpreußischen Gesetze. Oktav. XXVI, 266 Seiten. 1929 . . . . Geb. RM. 20.—

„Diese zusammenfassende Darstellung ist die erste ihrer Art und sehr verdienstlich. Das Buch regt zu allerhand Fragen an." Juristische Wochenschrift.

Günther, Hermann, **Erbbaurecht.** Taschenformat. 167 Seiten. 1919. (Guttentagsche Sammlung Deutscher Reichsgesetze Bd. 135.) Geb. RM. 2.—

„Günther ist ausführlich, ohne weitschweifig zu sein; ausgezeichnete Vorbemerkungen geben vorzügliche Übersicht und wahren den Zusammenhang. Überall ist der bisherige Rechtszustand, der ja für absehbare Zeit seine Bedeutung behält, mit in das Bereich der Betrachtungen gezogen. Der Praxis wird das Werk von hervorragendem Nutzen sein." Beiträge zur Erläuterung des deutschen Rechts.

Arnheim, Hugo, **Grundbuchordnung.** Kommentar zur Grundbuchordnung für das Deutsche Reich nebst den für Preußen erlassenen Ausführungsbestimmungen Zweite, völlig neubearbeitete Auflage. Lexikon-Oktav. 959 Seiten. 1913 . . . . RM. 15.—

„Der Band weist außerordentliche Gründlichkeit, Klarheit und Übersichtlichkeit auf. Man kann wohl sagen, daß kaum eine Frage auftauchen wird, die nicht wenigstens berührt wäre; die bisher zutage getretenen Fragen aber sind sämtlich in der eingehendsten Weise erörtert." Zentralblatt für freiwillige Gerichtsbarkeit.

Fischer, Otto, und **Fischer,** Norbert, **Grundbuchordnung für das Deutsche Reich** nebst den preußischen Ausführungsbestimmungen. Neunte, durchgearbeitete und ergänzte Auflage. Taschenformat. 322 Seiten. 1927. (Guttentagsche Sammlung Deutscher Reichsgesetze Bd. 42.) Geb. RM. 5.—

„Eine der vortrefflichen alteingeführten Handausgaben der Guttentagschen Sammlung, bei der schon die Auflagenziffer für die Brauchbarkeit in der Praxis spricht. Nach wie vor ist das Buch ein vortrefflicher Wegweiser und Berater." Juristische Wochenschrift.

Ricks, Gerhard, **Die Grundbuchpraxis.** Ein Handbuch für den täglichen Gebrauch in Grundbuchsachen. Achte Auflage. Groß-Oktav. XII, 412 Seiten. 1929 . . . . RM. 12.—, geb. RM. 14.—

„Das Buch hat einen Anspruch darauf, in der Praxis geradezu verschlungen zu werden. Es ist aus der täglichen Praxis heraus für die Praxis lebensfrisch und unterhaltend geschrieben." Mitteilg. a. d. Württemb. Notariats-Praxis.

Friedlaender, Martin, **Hypothekenbeschaffung für Wohn- und Geschäftshäuser.** Handbuch für die Praxis der Grundstückswirtschaft. Groß-Oktav. VIII, 151 Seiten. 1929 . . . . . RM. 6.—, geb. RM. 7.50

„Das Buch gibt einen außerordentlich praktischen Überblick über alle Fragen der Hypothekenbeschaffung. Die anschauliche Art der Zer-

gliederung und die gründliche Darlegung des Statuts sichern dem Buch eine weite Verbreitung." *Deutsche Sparkassen-Zeitung.*

Familienrecht, Erbrecht

Lehmann, Heinrich, **Familienrecht** des Bürgerlichen Gesetzbuches einschließlich Jugendfürsorgerecht. Oktav. XII, 352 Seiten. 1926. (Lehrbücher und Grundrisse der Rechtswissenschaft Bd. IV.)
RM. 11.—, geb. RM. 12.50

„Die Schilderung Lehmanns ist überall anregend und fesselnd. Das Werk kann allen Rechtsstudenten und Referendaren zur Anschaffung dringend empfohlen werden." *Der junge Rechtsgelehrte.*

Titze, Heinrich, **Familienrecht.** (BGB. IV.) 169 Seiten. Neudruck. 1924. (Sammlung Göschen Bd. 305.) . . . . Geb. RM. 1.80

Endemann, Fr., **Erbrecht.** Oktav. XII, 166 Seiten. 1923. (Lehrbücher und Grundrisse der Rechtswissenschaft Bd. V.) RM. 3.—, geb. RM. 4.50

„Dieser Leitfaden behandelt den spröden Stoff des schwierigen Erbrechts in meisterhafter, fesselnder Darstellung."
Zeitschrift des Bundes Deutscher Justizamtmänner.

Blume, Wilh. von, **Erbrecht.** (BGB. V.)
I. Einleitung. Die Grundlagen des Erbrechts. 75 Seiten. 1913. (Sammlung Göschen Bd. 659.) . . . . Geb. RM. 1.80
II. Die Nachlaßbeteiligten. Mit 23 Figuren. 131 Seiten. 1913. (Sammlung Göschen Bd. 660.) . . . . Geb. RM. 1.80

Riesenfeld, S., **Die Erbenhaftung nach dem Bürgerlichen Gesetzbuch.** Groß-Oktav. 2 Bände. 1916 . . . . . RM. 15.—, geb. RM. 18.—
I. Band: Die Grundsätze der Haftung. XII, 461 Seiten.
II. Band: Das Inventar und die Mittel der Haftungsbeschränkung. VIII, 455 Seiten.

„Ein hervorragendes Werk, das in allen Teilen die vollständige Beherrschung des schwierigen Stoffes erkennen läßt und sich dabei durch klare und gemeinverständliche Darstellung auszeichnet."
Sächsisches Archiv für Rechtspflege.

Aufwertung

Michaelis, Richard, **Das Aufwertungsrecht** nach den Aufwertungsgesetzen und nach allgemeinem bürgerlichem Rechte. Kommentar zu den Gesetzen vom 16. Juli 1925 über die Aufwertung von Hypotheken und anderen Ansprüchen und über die Ablösung öffentlicher Anleihen sowie systematische Darstellung des Aufwertungsrechts außerhalb dieser Gesetze. Zweite, gänzlich umgearbeitete Auflage des Kommentars zur Dritten Steuernotverordnung vom 14. Februar 1924 (Aufwertung). Mit einer Fristentabelle von H. Hoormann. Groß-Oktav. X, 516 Seiten. 1926. Mit Nachtrag 1927. (de Gruytersche Sammlung Deutscher Gesetze. Handkommentare.) . . . . Geb. RM. 16.—

„Es handelt sich um ein ganz erstklassiges Werk, das sich für jeden Aufwertungsinteressenten als unentbehrlich erweisen wird."
Deutsche Allgemeine Zeitung.

Michaelis, Richard, Die beiden **Aufwertungsnovellen** vom 18. Juli 1930. (Hypotheken-Fälligkeits- und Verzinsungsgesetz; Grundbuchbereinigungsgesetz.) Taschenformat. VI, 202 Seiten. 1930. (Guttentagsche Sammlung Deutscher Reichsgesetze Bd. 178.)

Reichsgerichtsrat Michaelis, der im „Kommentar über das Bürgerliche Gesetzbuch von Reichsgerichtsräten" den Abschnitt „Aufwertung" bearbeitet hat, erläutert in der gleichen autoritativen Art auch die neuen Gesetze, die die Aufwertungsgesetzgebung ändern und abschließen. Die Erläuterung der zuverlässig abgedruckten Gesetzestexte ist übersichtlich und in der Sprache leicht verständlich, wie überhaupt in ihrer ganzen Anlage, nicht zuletzt aber wegen ihres niedrigen Preises, auf die Praxis zugeschnitten.

Berliner, Ludwig, und **Pfaffenberger,** Ernst, **Aufwertung von Versicherungsansprüchen** mit Durchführungsbestimmungen.

I. Teil. Oktav. 235 Seiten. 1925. (Guttentagsche Sammlung Deutscher Reichsgesetze Bd. 164.) . . . . Geb. RM. 6.50

II. Teil: Sach- und Transportversicherung; Unfall- und Haftpflichtversicherung. Oktav. 112 Seiten. 1926. Mit Nachtrag. (Guttentagsche Sammlung Deutscher Reichsgesetze Bd. 164a.) . . Geb. RM. 3.50

„Eine ganz ausgezeichnete, wohldurchdachte Darstellung und Erläuterung des Aufwertungsrechtes des gesamten Versicherungswesens, eine unentbehrliche Ergänzung zu jedem Gesamtkommentar über das Aufwertungsgesetz." Zentralblatt für Handelsrecht.

2. Handelsrecht.

v. Gierke, Jul., **Handelsrecht und Schiffahrtsrecht.** Dritte, ergänzte Auflage. Groß-Oktav. XIV, 744 Seiten. 1929. (Lehrbücher und Grundrisse der Rechtswissenschaft Bd. VI.) RM. 21.—, geb. RM. 22.50

„. . . ein außerordentlich hochstehendes, immer den neuesten Stand der Lehre und der Rechtsprechung widerspiegelndes Lehrbuch des Handelsrechts im weitesten Sinn." Der junge Rechtsgelehrte.

v. Gierke, Jul., **Handelsrecht.** Mit Wechselordnung und Scheckgesetz. Erscheint im Spätherbst. (Lehrausgaben Deutscher Gesetze, Bd. IV.)

Lehmann, K., und **Hoeniger,** H., **Lehrbuch des Handelsrechts.** Dritte Auflage. Erster Halbband, enthaltend die Lehre vom Handelsstand und von den Handelsgesellschaften. Groß-Oktav. 432 Seiten. 1921 RM. 10.—

Ein großangelegtes Lehrbuch des Handels- und Schiffahrtsrechts.

Lehmann, K., und **Hoeniger,** H., **Deutsches Handelsrecht.**

I. **Einleitung.** Der Kaufmann und seine Hilfspersonen. Offene Handelsgesellschaft, Kommandit- und stille Gesellschaft. 117 Seiten. 1921. (Sammlung Göschen Bd. 457.) . . . . Geb. RM. 1.80

II. Aktiengesellschaften, Gesellschaften mit beschränkter Haftung, eingetragene Genossenschaften. Handelsgeschäft, 126 Seiten. 1924. (Sammlung Göschen Bd. 458.) . . . . Geb. RM. 1.80

Eine gemeinverständliche Darstellung in gedrängter Form.

Hein, Joh., **Die Zusammenhänge zwischen Steuerrecht und Handelsrecht und ihre Entwicklung,** untersucht an dem Gewinn und an der Bewertung. Eine bilanzrechtliche und bilanzkritische Darstellung mit praktischen Beispielen. Groß-Oktav. X, 280 Seiten. 1928. RM. 10.—, geb. RM. 12.—

„Das Buch führt in klarer Gestaltung in die Probleme des Bilanzrechts ein. Eine übersichtliche Gliederung ermöglicht eine schnelle und doch gründliche Einführung. Darüber hinaus stellt das Buch eine wesentliche Förderung für die dringend notwendige wissenschaftliche Behandlung des Steuerbilanzrechts und seiner Zusammenhänge mit den verwandten Rechtsmaterien dar." Zeitschrift für Handelsrecht.

Staubs Kommentar zum Handelsgesetzbuch. Zwölfte und dreizehnte Auflage. Bearbeitet von Heinrich Koenige, Albert Pinner, Felix Bondi. Vier Bände und ein Registerband. Groß-Oktav. 4000 Seiten. 1927 . . . . Zusammen RM. 157.—, in Halbleder RM. 183.60

„Der Staubsche Kommentar ist das klassische Hilfswerk zum Deutschen Handelsgesetzbuch und für die Beurteilung der zahlreichen schwierigen Fragen dieses Gesetzes maßgebend geworden; es stellt

ein unentbehrliches Mittel zur Erfassung und zur Anwendung des Gesetzes dar." Frankfurter Zeitung.

Mosse, Albert, und **Heymann,** Ernst, Handelsgesetzbuch (ohne Seerecht). Mit den ergänzenden Vorschriften des Bürgerlichen Gesetzbuchs und einem Anhang, enthaltend das Einführungsgesetz, das Depotgesetz, die Bestimmungen über Börsentermin- und Differenzgeschäfte u. a. Nebst Erläuterungen. Im Anschluß an die Textausgabe von F. Litthauer. Siebzehnte Auflage. Unter Mitwirkung von Karl August Crisolli. Oktav. VIII, 693 Seiten. 1926 (Guttentagsche Sammlung Deutscher Reichsgesetze Bd. 4.) . . . . Geb. RM. 14.—

„Die Litthauer-Mossesche Ausgabe des Handelsgesetzbuches hat bei allen Praktikern seit langem den wohlbegründeten Ruf größter Zuverlässigkeit und übersichtlicher Anordnung, die mit möglichster Knappheit des Ausdrucks gepaart sind. Das Buch ist ein zuverlässiger Führer durch das immer schwieriger werdende Gebiet des Handelsrechts." Vossische Zeitung.

Handelsgesetzbuch nebst Einführungsgesetz vom 10. Mai 1897, unter Berücksichtigung der bis 15. Juni 1930 ergangenen Novellen. Textausgabe mit Sachregister. Zwölfte Auflage. 370 Seiten. 1930. (Guttentagsche Sammlung von Textausgaben ohne Anmerkungen mit Sachregister.) . . . . Geb. RM. 3.50

Die handliche Ausgabe enthält den genauen Gesetzestext mit einem das Zurechtfinden sehr erleichternden Sachregister.

Baum, G., **Das vertragliche Wettbewerbsverbot** (Konkurrenzklausel). Nebst Kommentar zum Gesetze vom 10. Juni 1914. Taschenformat. XII, 231 Seiten. 1914. (Guttentagsche Sammlung Deutscher Reichsgesetze Bd. 115.) . . . . Geb. RM. 3.—

Gesellschaften

Brodmann, Erich, **Aktienrecht.** Kommentar. Groß-Oktav. XII, 580 Seiten. 1928. (Gewerbe- und Industrie-Kommentar Bd. IV.)
RM. 28.—, geb. RM. 30.—

„Mit unvergleichlichem Geschick hat der Verfasser Großartiges geleistet — Brodmann ist Trumpf!" Zeitschrift für Aktiengesellschaften.

Hachenburg, Max, **Kommentar zum Gesetz, betr. die Gesellschaften mit beschränkter Haftung.** (Früher **Staub-Hachenburg.**) Fünfte Auflage unter Mitarbeit von Fritz Bing und Walter Schmidt. 2 Bände . . . . RM. 43., geb. RM. 47.—
I. Band: §§ 1—34. Groß-Oktav. VI, 527 Seiten. 1926.
II. Band: §§ 35—84. Groß-Oktav. II, 452 Seiten. 1927.

„Was Hachenburg in seinen Neubearbeitungen aus diesem Buche gemacht hat, ist erstaunlich. Sein reiches juristisches Wissen, sein überlegener und kritischer Verstand, seine vorzügliche Gestaltungskraft und seine nur wenigen Juristen eigene vielseitige Auslegungskunst haben etwas Großes, Unvergleichliches geschaffen. Man findet selten ein literarisches Werk, in welchem Rechtsgelehrsamkeit und praktisches Können vereint einem Spezialgesetz so zugute kamen wie hier." Zeitschrift für Aktiengesellschaften.

Brodmann, Erich, **Gesetz, betr. die Gesellschaften mit beschränkter Haftung.** Kommentar. Groß-Oktav. VIII, 304 Seiten. 1930. Gewerbe- und Industrie-Kommentar Bd. I.) . . . . RM. 16.—, geb. RM. 18.—

„Übersichtliche, klare Anordnung der Erläuterungen, tiefes Eindringen in die Einzelheiten des Gesetzes unter steter Berücksichtigung des Wirtschaftslebens, erschöpfende Wiedergabe der Rechtsprechung, namentlich des Reichsgerichts, sind die besonderen Vorzüge des Werkes, das damit ein unentbehrliches Rüstzeug werden wird." Badische Rechtspraxis.

Parisius, Ludolf, und **Crüger,** Hans, **Das Reichsgesetz, betr. die Gesellschaften mit beschränkter Haftung.** Textausgabe mit Anmerkungen und Sachregister. Achtzehnte Auflage, bearbeitet von Adolf Crecelius und Fritz Citron. Taschenformat. 244 Seiten. 1929. (Guttentagsche Sammlung Deutscher Reichsgesetze Bd. 32.) Geb. RM. 3.50

„Die äußerst sachkundig erläuterte Ausgabe wird von den interessierten Kreisen freudig begrüßt werden. Wir können das Bändchen der bekannten Sammlung bestens empfehlen." Badische Wirtschafts-Zeitung.

Starke, Arthur, **Offene Handelsgesellschaften, Kommanditgesellschaften und stille Gesellschaften** von der Errichtung bis zur Auflösung. Nebst Vertrags- und Anmeldeformularen und mit Berücksichtigung des Steuerrechts. Oktav. XIV, 167 Seiten. 1928 . . . . RM. 5.—

Eine systematische Darstellung für Studium und Praxis.

Wechselordnung und Scheckrecht

Staubs Kommentar zur Wechselordnung. Fortgesetzt von J. Stranz und M. Stranz. Zwölfte Auflage, bearbeitet von M. Stranz und Martin Stranz. Groß-Oktav. 432 Seiten. 1929. RM. 16.—, geb. RM. 18.—

„Staub-Stranz ist der Kommentar zur Wechselordnung. Auch die jüngste Auflage des Kommentars gibt einen echten Staub-Stranz. Weiterer Kommentar dazu ist überflüssig." Juristische Wochenschrift.

Stranz, J., und **Stranz,** M., **Wechselordnung** vom 3. Juni 1908. Kommentar. Zwölfte Auflage von M. und M. Stranz. Taschenformat. VIII, 396 Seiten. 1923. Mit Nachtrag 1926. (Guttentagsche Sammlung Deutscher Reichsgesetze Bd. 5.) . . . Geb. RM. 3.50

„Die Ausgabe der Wechselordnung mit ihrem äußerst nützlichen, guten Kommentar ist sehr zu empfehlen. Erfreulicherweise enthält das Bändchen auch die Bestimmungen der Zivilprozeßordnung über Urkunden- und Wechselprozesse im Anhang." Badische Wirtschaftszeitung.

Wechselordnung in der Fassung der Bekanntmachung vom 3. Juni 1908 (RGBl. S. 326 ff.). Mit einem Anhang, enthaltend den Wechselprozeß und Nebengesetze. Textausgabe mit Einleitung und Sachregister. Taschenformat. 102 Seiten. 1928. (Guttentagsche Sammlung von Textausgaben ohne Anmerkungen.) . . . . Geb. RM. 1.50

Vorteilhafte Anordnung, ein zuverlässiges Sachregister, das das Gesetz erschließt, Handlichkeit und sauberer Druck zeichnen auch die neue Auflage der Wechselordnung aus, deren Einleitung den letzten Stand dieser Materie erfaßt und deren Anhang „Nebengesetze" bis auf die letzte Zeit ergänzt ist.

Michaelis, Richard, **Scheckgesetz** mit allen einschlägigen Nebengesetzen, den ausländischen Gesetzen und dem Deutschen Postscheckgesetz mit Postscheckordnung. Kommentar. Groß-Oktav. VII, 339 Seiten. 1927. (Gewerbe- und Industrie-Kommentar Bd. II.) RM. 16.—, geb. RM. 18.—

„Wenn irgendein Buch, so entspricht dieses einem Bedürfnis." Berliner Tageblatt.

Schiffahrtsrecht

Schaps, Georg, **Das deutsche Seerecht.** Kommentar zum vierten Buche des Handelsgesetzbuches (als Ergänzung zu Staub's Kommentar nebst Erläuterungen zu den seerechtlichen Nebengesetzen. Zweite, vollständig umgearbeitete Auflage herausgegeben von Max Mittelstein † und Julius Sebba.

I. Band. (Handelsgesetzbuch: Viertes Buch.) Groß-Oktav. VIII, 1041 Seiten. 1921 . . . . RM. 25.—, geb. RM. 28.—

II. Band. (Seerechtliche Nebengesetze mit Nachtrag zur Ergänzung des I. Bandes nach dem Stand von 1929.) Bearbeitet von J. Sebba. XVI, 1108 Seiten. 1929 . . . . RM. 52.—, geb. RM. 55.—

„Die alte, auf der Staubschen Kommentierungsmethode beruhende Auflage erfreute sich mit Recht schon großen Ansehens. In diesen bewährten Bahnen leistet die zweite Auflage an Vollständigkeit, Übersichtlichkeit und Genauigkeit das Höchste, was Wissenschaft und Praxis nur wünschen können." Juristische Wochenschrift.

Brandis, Otto, **Das deutsche Seerecht** (mit Ausschluß des Seeversicherungsrechts.) I. Allgem. Lehren: Personen und Sachen des Seerechts. 130 Seiten. 1908. II. Die einzelnen seerechtlichen Schuldverhältnisse: Verträge des Seerechts und außervertragliche Haftung. 156 Seiten. 1908. (Sammlung Göschen Bd. 386/87.) . . . . . Geb. je RM. 1.80

Sieveking, Gustav, **Das deutsche Seeversicherungsrecht.** Kommentar zum zehnten Abschnitt des vierten Buches des Handelsgesetzbuches. Lexikon-Oktav. 218 Seiten. 1912 . . . . RM. 5.—, geb. RM. 6.80

„Der Kommentar ruht auf einer vortrefflichen Grundlage und zeigt sich auch in seinem Inhalte dieser Grundlage durchaus würdig. Er ersetzt ein Lehrbuch und kann daher auch zur Einführung in das Seeversicherungsrecht empfohlen werden."

Leipziger Zeitschrift für deutsches Recht.

Ritter, Carl, **Das Recht der Seeversicherung.** Ein Kommentar zu den Allgemeinen Deutschen Seeversicherungsbedingungen. Groß-Oktav. 2 Bände. 1494 Seiten. 1924. (Friederichsen, de Gruyter & Co., m. b. H., Hamburg.) . . . . Geb. RM. 100.—

Allgemeine Deutsche Seeversicherungs-Bedingungen. Im Jahre 1919 herausgegeben von den deutschen Seeversicherern nach Beratung mit deutschen Handelskammern und Fachverbänden unter Vorsitz der Handelskammer Hamburg. 16.—20. Tausend. 50 Seiten. 1925. (Friederichsen, de Gruyter & Co., m. b. H., Hamburg.) . . . . RM. 2.—

General Rules of Marine. Insurance 1919 adopted by the German Underwriters. Authorind Translation by Dr. Alfred Sieveking, larger in Hamburg. 64 Seiten. 1920. (Friederichsen, de Gruyter & Co., m. b. H., Hamburg.) . . . . RM. 3.—

Materialien zu den Allgemeinen Deutschen Seeversicherungs-Bedingungen. Im Auftrag der vereinigten Handelskammern herausgegeben von Prof. Dr. E. Bruck. Groß-Oktav. 2 Bände. 678 Seiten. 1920. (Friederichsen, de Gruyter & Co., m. b. H., Hamburg.) . . . . RM. 10.—

Bene, F., **Der Begriff des Versicherungsfalles in der Seeversicherung.** (Hamburger Rechtsstudien, herausgegeben von Mitgliedern der Rechts- und Staatswissenschaftlichen Fakultät der Hamburgischen Universität, Heft 1.) Groß-Oktav. 75 Seiten. 1928. (Friederichsen, de Gruyter & Co., m. b. H., Hamburg.) . . . . RM. 4.50

Elkan, H. H., **Die Bedeutung des Interesses für die Veräußerung der versicherten Sache.** (Hamburger Rechtsstudien, herausgegeben von Mitgliedern der Rechts- und Staatswissenschaftlichen Fakultät der Hamburgischen Universität, Heft 2.) Oktav. 58 Seiten. 1928. (Friederichsen, de Gruyter & Co., m. b. H., Hamburg.) . . . . RM. 4.—

Makower, H., **Gesetze, betreffend die privatrechtlichen Verhältnisse der Binnenschiffahrt und der Flößerei.** Nach den Materialien erläutert. Sechste, vermehrte Auflage, bearbeitet von E. Loewe. Taschenformat. 458 Seiten. 1923. (Guttentagsche Sammlung Deutscher Reichsgesetze Bd. 36.) . . . . Geb. RM. 4.—

„Das vorzüglich bearbeitete Buch dürfte mit seinen klaren und verständlichen Erläuterungen für jeden, der in irgendeiner Weise mit der Binnenschiffahrt und der Flößerei zu tun hat, ein nie versagender Ratgeber sein.“ *Schiffbau.*

Sebba, Jul., Seewasserstraßenordnung. (Polizeiverordnung zur Regelung des Verkehrs auf den deutschen Seewasserstraßen vom 31. März 1927.) Taschenformat. 493 Seiten. 1928. (Guttentagsche Sammlung Deutscher Reichsgesetze Nr. 171.) . . . . Geb. RM. 8.50

Die vorliegende Ausgabe ist für die an dem neuen Gesetz interessierten beiden Fachgruppen, die der Nautiker und der Juristen, von gleich großer Bedeutung. Diese Verbindung zweier Kenntnisgebiete gibt dem vorliegenden Kommentar seine besondere Note und seinen großen Wert.

Genossenschaften

Parisius, Ludolf, **Crüger,** Hans, **Crecelius,** Adolf, und **Citron,** Fritz, **Reichsgesetz, betreffend die Erwerbs- und Wirtschaftsgenossenschaften.** Kommentar zum praktischen Gebrauch für Juristen und Genossenschaften. Elfte, neubearbeitete Auflage. Groß-Oktav. XV, 598 Seiten. 1928 . . . . RM. 28.—, geb. RM. 30.—

„Crüger beherrscht wie kein anderer Theorie und Praxis des Genossenschaftswesens, auch nach der wissenschaftlichen Seite hin.“

Juristische Wochenschrift.

Parisius, Ludolf, und **Crüger,** Hans, **Das Reichsgesetz, betreffend die Erwerbs- und Wirtschaftsgenossenschaften.** Textausgabe mit Anmerkungen und Sachregister. Zwanzigste, neubearbeitete und erweiterte Auflage von Hans Crüger, Adolf Crecelius und Fritz Citron. Taschenformat. 297 Seiten 1930. (Guttentagsche Sammlung Deutscher Reichsgesetze Bd. 29.) . . . . Geb. RM. 4.—

„In knapper und klarer Form werden die gesetzlichen Bestimmungen abgehandelt und alles zum Verständnis unbedingt Erforderliche in den Anmerkungen beigebracht. Das Werk kann nur empfohlen werden.“ *Ministerialblatt f. d. Preuß. innere Verwaltung.*

Verschiedenes

Schreiber, Otto, **Handelsrechtliche Nebengesetze.** Taschenformat. VIII, 1002 Seiten. 1926. (Guttentagsche Sammlung Deutscher Reichsgesetze Bd. 162.) . . . . Geb. RM. 14.—

„Die Sammlung ist ein unentbehrliches Hilfsmittel für den Praktiker. Die Zusammenstellung ist sehr zuverlässig; auch das Sachregister von Kleffel verdient volle Anerkennung.“

Zentralblatt für Handelsrecht.

Staffel, W., **Verordnung gegen Mißbrauch wirtschaftlicher Machtstellungen** vom 2. November 1923. Kommentar. Oktav. 108 Seiten. 1927. (Guttentagsche Sammlung Deutscher Reichsgesetze Bd. 167.) Geb. RM. 3.50

„Die für das Wirtschaftsrecht so wichtige Kartellverordnung findet hier eine eingehende Kommentierung. Die Erläuterungen werden daher um so unentbehrlicher für die wirtschaftliche Praxis auf diesem Gebiete sein.“ *Industrie- und Handelszeitung.*

Lusensky, F., **Gesetz über die Handelskammern.** Taschenformat. (Guttentagsche Sammlung Preußischer Gesetze Bd. 21.)

Neue Auflage in Vorbereitung.

„Das Buch ist ein vortrefflicher Berater aller derer, die in der Handelskammerorganisation sind oder zu ihr in Beziehung stehen. Es kann warm empfohlen werden.“

Zeitschrift für Polizei- und Verwaltungsbeamte.

Göppert-Seydel, Hypothekenbankgesetz vom 13. Juli 1899 (mit den Änderungen durch die Gesetze vom 14. Juli 1923, vom 26. Januar 1926 und 21. Dezember 1927). Textausgabe mit Einleitung, Anmerkungen und Sachregister. Dritte Auflage bearbeitet von Dr. **Martin Friedländer.** Taschenformat. VIII, 202 Seiten. 1929. (Guttentagsche Sammlung Deutscher Reichsgesetze Nr. 51.) . . . . RM. 5.—

Die vorliegende Auflage des bekannten „Göppert-Seydel" ist den veränderten Verhältnissen entsprechend vollkommen umgearbeitet worden; sie berücksichtigt sowohl die nach dem Kriege erfolgten Änderungen und Ergänzungen des Gesetzes und des Aufwertungsrechtes wie auch die Judikatur und das Schrifttum bis auf die letzte Zeit. Damit kommen die Vorzüge des „Göppert-Seydel" der Praxis und Wissenschaft wieder in ihrem ganzen Umfange zugute.

Behlert, Heinz, **der Konnossement-Teilschein.** Groß-Oktav. 79 Seiten. 1930. (Friederichsen, de Gruyter & Co. m. b. H., Hamburg.) (Hamburger Rechtsstudien, Heft 5.) RM. 5.—

Die Schrift löst die Frage, ob ein Konnossement-Teilschein dem Konnossement gleichzusetezn ist, unter Zugrundelegung der Hamburger Verhältnisse und unter Berücksichtigung der Rechtsprechung, der Lehre und des ausländischen Rechtes.

Lion, Robert, **Reine Konnossemente gegen Revers.** Groß-Oktav. 78 Seiten. 1930. (Friederichsen, de Gruyter & Co. m. b. H., Hamburg.) (Hamburger Rechtsstudien, Heft 7.) RM. 5.—

Die Abhandlung beginnt mit einer ausführlichen Darstellung der Entwicklung, Anwendung und Funktion des Konnossementsreverses. Es folgt eine Untersuchung der rechtlichen Probleme, die sich bemüht, die wirtschaftlichen Interessen aller Beteiligten gegeneinander abzuwägen; eine eingehende Übersicht über die Rechtsprechung ist mit ihr verbunden. Den Abschluß bildet eine Darstellung und Würdigung der zahlreichen Reformvorschläge. Wirtschaft und Recht des Auslandes sind in weitestgehendem Umfange berücksichtigt.

Bank und Börse

Koch, R., und **Schacht,** Hjalmar, **Die Reichsgesetzgebung über das Münz- und Notenbankwesen.** Textausgabe mit Anmerkungen und Sachregister. Siebente, völlig neubearbeitete Auflage. Taschenformat. XVIII, 617 Seiten. 1925. (Guttentagsche Sammlung Deutscher Reichsgesetze Bd. 26.) . . . . Geb. RM. 14.—

„Dieser Kommentar zeichnet sich durch Vollständigkeit und Reichhaltigkeit aus und bietet außerdem in der Einleitung einen vortrefflichen Überblick über die Entwicklung des deutschen Noten- und Geldwesens während der letzten Jahrzehnte."

Monatsschrift für Handelsrecht und Bankwesen.

Nußbaum, Arthur, **Bank- und Börsenrecht.** Eine Sammlung von Gesetzen und Geschäftsbedingungen. Taschenformat. XII, 622 Seiten. 1927. (Guttentagsche Sammlung Deutscher Reichsgesetze Bd. 169) Geb. RM. 11.—

Die vorliegende Sammlung der verstreuten bank- und börsenrechtlichen Vorschriften fehlte bisher in der kaufmännischen und juristischen Bankpraxis ebenso wie im handelsrechtlichen und betriebswirtschaftlichen Unterricht. Ihr Erscheinen wurde daher vielseitig begrüßt. Die Sammlung berücksichtigt auch die dem freien Verkehr entstammenden Rechtsbildungen.

Kommentar zum Börsengesetz. Im Auftrage des Centralverbandes des Deutschen Bank- und Bankiergewerbes (E. V.) bearbeitet von H. Rehm, H. Trumpler, Heinrich Dove, Ernst Neukamp, R.

Schmidt-Ernsthausen, James Breit. Mit einem Vorwort von J. Rießer. Lexikon-Oktav. VIII, 464 Seiten. 1909.
RM. 12.—, geb. RM. 13.50

„Einen so guten Kommentar zum Börsengesetz hat es noch nie gegeben. Wer sich darein vertieft, wird reiche Belehrung daraus schöpfen über das Börsenwesen im allgemeinen und über seine Rechtsübung und Rechtsprechung im besonderen."
Sächsisches Archiv für Rechtspflege.

Hemptenmacher, Th., **Börsengesetz.** Dritte Auflage von O. Meyer. Taschenformat. XXIII, 373 Seiten. 1915. (Guttentagsche Sammlung Deutscher Reichsgesetze Bd. 41.) . . . . Geb. RM. 3.50

„Das Bändchen bringt neben einem kurzen Überblick und einem vorteilhaft erweiterten Anhang das Börsengesetz nebst Ausführungsbestimmungen. Alles in allem schließt sich auch dieses Bändchen wieder den übrigen Textausgaben der wegen ihrer unbedingten und erschöpfenden Sachlichkeit bekannten Guttentagschen Sammlung Deutscher Reichsgesetze würdig an." *Bayrische Handelszeitung.*

Lusensky, F., **Gesetz, betreffend die Pflichten der Kaufleute bei Aufbewahrung fremder Wertpapiere (Depotgesetz).** Neue Auflage in Bearbeitung. (Guttentagsche Sammlung Deutscher Reichsgesetze Bd. 40.)

„Die beste Bearbeitung des sogenannten Depotgesetzes."
Zeitschrift für Aktiengesellschaften.

Frohner, G., **Aktiensonderdepot und Legitimationsübertragung.** (Hamburger Rechtsstudien, herausgegeben von Mitgliedern der Rechts- und Staatswissenschaftlichen Fakultät der Hamburgischen Universität, Heft 3.) Groß-Oktav. VII, 114 Seiten. 1929. (Friederichsen, de Gruyter & Co., m. b. H., Hamburg.) . . . . RM. 7.—

Schwerin, Frh. Cl. von, **Recht der Wertpapiere** (einschließlich Wechsel- und Scheckverkehr). Oktav. X, 234 Seiten. 1924. (Lehrbücher und Grundrisse der Rechtswissenschaft Bd. 7.) RM. 7.—, geb. RM. 8.50

„Das Buch löst seine Aufgabe, den Studierenden eine Einführung in die Materie des Wertpapierrechts zu geben, ausgezeichnet, vor allem deshalb, weil es eine gute theoretische Fundierung mit einer dem Lehrzweck entsprechenden Darstellung des praktischen Rechts und der Rechtstatsachen verbindet." *Deutsche Juristenzeitung.*

Zeitgemäße Bankrechtsfragen. Festgabe der Rechtsabteilung der Disconto-Gesellschaft zum 70. Geburtstage des Herrn Dr. jur. Arthur Salomonsohn. Quart. 120 Seiten. 1929 . . . RM. 8.—, geb. RM. 10.—

„Der Band enthält 8 vorzügliche Aufsätze. Die Verfasser befassen sich mit Problemen, die in der Rechtsabteilung einer Großbank oft zur Debatte stehen und deren endgültige Klärung ein praktisches Bedürfnis ist." *Wirtschaftl. Nachrichten.*

Verhandlungen des VII. allgemeinen deutschen Bankiertages. Köln 9.—11. September 1928 auf Grund stenographischer Berichte. Groß-Oktav. 436 Seiten . . . . RM. 10.—

III. Grenzgebiete des Bürgerlichen Rechts

1. Privat- und Sozialversicherung

Koenige, Heinrich, und **Petersen,** A., **Gesetz über die privaten Versicherungsunternehmungen** vom 12. Mai 1901. Textausgabe mit Anmerkungen und Sachregister. Dritte, umgearbeitete Auflage. Taschenformat. 856 Seiten. 1927. (Guttentagsche Sammlung Deutscher Reichsgesetze Bd. 62.) . . . . Geb. RM. 20.—

„Der Verfasser hat es meisterhaft verstanden, reiche Literatur und Judikatur zu dem wichtigen Grundgesetz der Privatversicherung mit seiner eigenen selbständigen Auffassung von der Bedeutung der Ge-

setzesbestimmungen in Verbindung zu bringen. Für Theorie und Praxis der Privatversicherung wird das Werk dadurch zu einem unentbehrlichen Hilfsmittel.“ Deutsche Versicherten-Zeitung.

Bruck, E., Reichsgesetz über den Versicherungsvertrag nebst dem zugehörigen Einführungsgesetz vom 30. Mai 1908. Sechste, vollkommen neubearbeitete Auflage. Taschenformat. 708 Seiten. 1929. (Guttentagsche Sammlung Deutscher Reichsgesetze Bd. 83.) Geb. RM. 14.—

„Die Vorzüge, welche die früheren Auflagen schon zeigten, die Fülle des Gebotenen, die Beherrschung des Stoffes, die anschauliche und doch knappe Sprache, und dies alles in dem engen Rahmen einer Textausgabe, kleinen Handausgabe mit Anmerkungen, sind auch dieser vierten Auflage in hohem Maße eigen.“

Mitteilungen für die öffentlichen Feuerversicherungs-Anstalten.

Moldenhauer, Paul, **Das Versicherungswesen.**

I. Allgemeine Versicherungslehre. Vierte Auflage. 152 Seiten. 1925. (Sammlung Göschen Bd. 262.) . . . . Geb. RM. 1.80

II. Die einzelnen Versicherungszweige. Zweite Auflage. 130 Seiten. 1923. (Sammlung Göschen Bd. 636.) . . . . Geb. RM. 1.80

„Das Buch ist für jeden, der sich mit dem Versicherungswesen und seinen Zweigen vertraut machen will, ein trefflicher Führer.“

Versicherungspost.

Veröffentlichungen des Reichs-Aufsichtsamts für Privatversicherung. Groß-Oktav. 29. Jahrgang. Pro Band RM. 40.—, bis RM. 50.—

Versicherungsstatistik für 1902 über die unter Reichsaufsicht stehenden Unternehmungen. Herausgegeben vom Reichsaufsichtsamt für Privatversicherung. Lexikon-Oktav. LXXVII, 384 Seiten. 1905. RM. 10.—

— für 1903 bis 1917 . . . . Je Jahrgang RM. 10.—

Berliner, Ludwig, und **Pfaffenberger,** Ernst, **Aufwertung von Versicherungsansprüchen** mit Durchführungsbestimmungen.

I. Teil. Oktav. 235 Seiten. 1926. Mit Nachtrag. (Guttentagsche Sammlung Deutscher Reichsgesetze Bd. 164.) . . . . Geb. RM. 6.50

II. Teil: Sach- und Transportversicherung; Unfall- und Haftpflichtversicherung. Oktav. 112 Seiten. 1926. (Guttentagsche Sammlung Deutscher Reichsgesetze Bd. 164a.) . . . . Geb. RM. 3.50

„Ein bedeutsamer Kommentar, durch den die gesetzlichen Bestimmungen von der juristischen und versicherungstechnischen Seite aus eingehend erläutert werden. In seinem straffen, systematischen Aufbau, der Geschlossenheit der Darstellung muß man das Buch als ein Standardwerk für das gesamte versicherungsrechtliche Aufwertungsgebiet bezeichnen.

Ein unentbehrlicher Ratgeber in allen interessierten Kreisen.“

Versicherungs-Post, Berlin.

Lippmann, Karl, **Die Reichsversicherungsordnung** in der Fassung der Bekanntmachung vom 15. Dezember 1924 und des Gesetzes über das Reichsschiedsamt vom 22. Januar 1925 nebst dem Einführungsgesetze, den wichtigsten Ausführungsvorschriften, den ergänzenden Gesetzen und Verordnungen sowie den Verordnungen über das Verfahren. Oktav. XV, 589 Seiten. 1925. (Guttentagsche Sammlung Deutscher Reichsgesetze Bd. 161.) . . . . Geb. RM. 11.—

Ergänzungsband, enthaltend den vollständigen Wortlaut der neuen Fassung des Unfallversicherungsgesetzes sowie die Ergänzungen der übrigen Bücher der RVO. Oktav. 224 Seiten. 1926. (Guttentagsche Sammlung Deutscher Reichsgesetze Bd. 161a.) . . . Geb. RM. 4.—

Zweiter Ergänzungsband, enthaltend weitere Änderungen und Ergänzungen durch die in der Zeit von Anfang 1926 bis Mitte 1928 erlassenen Gesetze und Verordnungen. Zweite, vermehrte Ausgabe, Stand vom 1. Juli 1928. Oktav. 71 Seiten. 1928. (Guttentagsche Sammlung Deutscher Reichsgesetze Bd. 161b.) . . . . . RM. —.80

Dritter Ergänzungsband, enthaltend weitere Änderungen und Ergänzungen durch die bis Mitte 1929 erlassenen Gesetze und Verordnungen. Oktav. 81 Seiten. 1929. (Guttentagsche Sammlung Deutscher Reichsgesetze Bd. 161c.) . . . . RM. 1.—

„Das Buch dürfte sich in der Bibliothek eines jeden finden, der sich mit der Reichsversicherungsordnung befaßt. Es gehört zu den praktisch wertvollsten.“ Deutsche Allgemeine Zeitung.

Reuß, Max, und **Hense**, Fritz. **Das Reichsknappschaftsgesetz** vom 1. Juli 1926 nebst Einführungsgesetz. 2. Aufl. Taschenformat. XVI, 640 Seiten. 1926. (Guttentagsche Sammlung Deutscher Reichsgesetze Bd. 155.) . . . . Geb. RM. 12.—

„Die Herausgabe des Gesetzes bedarf keiner besonderen Empfehlung. Das Buch kann allen, die auf dem Gebiete des Knappschaftswesens tätig sind, aufs wärmste empfohlen werden.“

Zeitschrift für Bergrecht.

Tsirintanis, Alexander, **Die Order-Polize.** Groß-Oktav. 95 Seiten. 1930. (Friederichsen, de Gruyter & Co. m. b. H., Hamburg.) RM. 6.— (Hamburger Rechtsstudien, Heft 6.)

Der Verfasser behandelt die Frage, inwieweit das Versicherungsrecht, um den heutigen Verkehrsbedürfnissen zu entsprechen, die Orderklausel und das Indossament verwerten kann. Nach einer Darstellung und kritischen Würdigung der Ergebnisse aus der Anorderstellung des Versicherungsscheins in anderen Ländern, insbesondere in Frankreich, versucht der Verfasser die rechtlichen und wirtschaftlichen Folgen aus der Ausstellung von Order-Polizen darzulegen. In einem besonderen Teil wird die Order-Polize mit anderen, auf denselben wirtschaftlichen Erfolg gerichteten Rechtsinstituten, namentlich der Versicherung für Rechnung wen es angeht, verglichen und die vorhandenen Unterschiede gestreift.

Embden, Helmuth, **Versicherung für Rechnung wen es angeht.** Groß-Oktav. VIII, 39 Seiten. 1930. (Friederichsen, de Gruyter & Co. m. b. H., Hamburg.) . . . . RM. 3.— (Hamburger Rechtsstudien, Heft 8.)

Im ersten Teil wird der versicherungsrechtliche Interessenbegriff im streng individualistischen Sinne präzisiert. Im Hauptteil versucht dann der Verfasser, die universelle Vertragsform der Versicherung für Rechnung wen es angeht in Einklang mit einer so engen Auffassung des Interessenbegriffs zu bringen.

Angestelltenversicherungsgesetz vom 28. Mai 1924. Zweite Auflage. Taschenformat. 143 Seiten. 1927. Mit Nachtrag. (Guttentagsche Sammlung Deutscher Reichsgesetze. Textausgaben ohne Anmerkungen.) Geb. RM. 2.50

Diese neue Ausgabe entspricht der neuesten Fassung des Gesetzes unter Berücksichtigung der letzten Änderungen und Verordnungen. Das beigefügte Sachregister erleichtert das rasche Zurechtfinden in den einzelnen Bestimmungen des Gesetzes.

Manes, Alfred, **Sozialversicherung.** 7., ergänzte Aufl. 1928. Kl.-Oktav. 139 Seiten. (Sammlung Göschen Bd. 267.) . . . . Geb. RM. 1.80

„Es gibt keine andere Darstellung der geltenden Sozialversicherung, die in solch erfreulicher Kürze und Sachlichkeit durch die annähernd 2400 Paragraphen führt.“

Hanseatische Rechts- und Gerichts-Zeitschrift.

Schmeißer, Herbert, **Handbuch der Arbeitslosenversicherung.** Mit einer Einführung und Erläuterungen. Taschenformat. 2. Aufl. im Druck. (Guttentagsche Sammlung Deutscher Reichsgesetze Bd. 165.)

„Das Buch gibt in kurzer, aber ausreichender Form eine Darstellung des gesamten Rechtsstoffes der Erwerbslosenfürsorge unter Anpassung an die praktischen Bedürfnisse." Kommunalpolitische Blätter.

2. Arbeitsrecht

Depéne, Hans, Das Arbeitsgerichtsgesetz. Taschenformat. (Guttentagsche Sammlung Deutscher Reichsgesetze Bd. 168.) 2. Auflage im Druck.

Arbeitsrechtliche Spruchsammlung. Beiträge zum Deutschen Handwerksblatt . . . . Pro Quartal RM. 0.90

Günther, Adolf, und **Schneider,** Richard, **Arbeiterschutz und Arbeitsrecht.** Zweite Auflage. Taschenformat.

I. Teil: **Arbeitszeitschutz.** Das Arbeitszeitnotgesetz und die übrige arbeitszeitrechtliche Gesetzgebung des Reichs seit dem 9. November 1918. 386 Seiten. 1927 . . . . Geb. RM. 7.50

„Der Kommentar umfaßt die gesamte arbeitszeitrechtliche Gesetzgebung von der Staatsumwälzung bis zur Gegenwart. Er ist ein Führer durch das weite und unübersichtliche Gebiet der arbeitszeitrechtlichen Gesetzgebung. Ein ausführliches Sachregister soll die praktische Benutzung erleichtern." Die Wirtschaftsgenossenschaft.

II. Teil: Gesetz über die **Beschäftigung Schwerbeschädigter** nebst den einschlägigen gesetzlichen Bestimmungen. 404 Seiten. 1928. (Guttentagsche Sammlung Deutscher Reichsgesetze Bd. 138a/138c.) Geb. RM. 8.—

„Das Buch stellt nicht nur beim Studium des Gesetzes ein wertvolles Hilfsmittel dar, sondern ist auch für den Handgebrauch des Arbeitsrechtspraktikers unentbehrlich." Berliner Wohlfahrtsblatt.

IV. Teil: **Betriebsstillegungsverordnung.** 240 Seiten. 1929. (Guttentagsche Sammlung Deutscher Reichsgesetze. Bd. 138d.) Geb. RM. 6.50

V. Teil: **Warneyer, Betriebsrätegesetz.** Im Druck.

Tilly, Dr. Helmuth Tczerclas von, **Internationales Arbeitsrecht.** Unter besonderer Berücksichtigung der Internationalen Arbeitsorganisation. 120 Seiten. 1924. (Sammlung Göschen Bd. 882.) . . . . Geb. RM. 1.80

Es ist das erste Werk, das in klarer, kurzer und allen leicht verständlicher Weise das gesamte grundlegende Tatsachenmaterial — und zwar nur dieses — auf dem umfassenden Gebiete des internationalen Arbeiterschutzes von dessen ersten Anfängen bis in die neueste Zeit bietet.

3. Gewerberecht

Hiller, Fr., und **Luppe,** H., **Gewerbeordnung für das Deutsche Reich** nebst **Kinderschutzgesetz und Hausarbeitsgesetz** sowie den für das Reich und Preußen erlassenen Ausführungsbestimmungen. Einundzwanzigste, veränderte Auflage. (143. bis 148. Tausend.) Taschenformat. 931 Seiten. 1928. Mit Nachtrag vom 11. 2. 1929. (Guttentagsche Sammlung Deutscher Reichsgesetze Bd. 6.) . . . . . . Geb. RM. 11.—

„Ein Wort der Empfehlung für dieses Buch zu sagen, erübrigt sich. Hervorgehoben sei, daß diese Auflage alle Vorzüge der früheren Auflagen in sich schließt. Die zahlreichen neuen Gesetze sind erschöpfend berücksichtigt." Zeitschrift des Deutschen Notarvereins.

Brassert, H., **Allgemeines Berggesetz** für die preußischen Staaten mit Kommentar. Zweite Auflage, bearbeitet von Hans Gottschalk. Groß-Oktav. XXIX, 1291 Seiten. 1914. RM. 27.—, geb. RM. 30.—

Sonnenfeld, Hugo, **Die reichsrechtlichen Bestimmungen, betreffend den Handel mit Drogen und Giften.** Dritte, veränderte Auflage. Taschenformat. 435 Seiten. 1926. (Guttentagsche Sammlung Deutscher Reichsgesetze Bd. 64.) . . . . Geb. RM. 12.—

„Die Arbeit gehört einem Spezialgebiet an, mit dem nicht jeder Jurist zu tun hat. Wird er einmal genötigt, sich auf dieses Gebiet zu begeben, so ist er um so dankbarer für eine Arbeit, die sofort den Eindruck größter Sachkunde und vollständiger Materialsammlung macht, und deren Führung man sich unbedenklich anvertrauen kann."

Vossische Zeitung.

Friedrichs, Karl, **Gaststättengesetz** vom 28. April 1930 mit den Durchführungs- und Ausführungsverordnungen des Reichs und Preußens. Taschenformat. VIII, 144 Seiten. 1930. (Guttentagsche Sammlung Deutscher Reichsgesetze, Textausgabe mit Erläuterungen und Sachregister, Band 176.) . . . . RM. 3.50

Der Verlag legt hiermit auch das Gaststättengesetz in seiner neuen Fassung mit ausführlichen Erläuterungen von Justizrat Dr. Karl Friedrichs vor, der als Kommentator von Verwaltungsgesetzen einen besonderen Namen hat. Der Verfasser hat zur vollständigen und zuverlässigen Erläuterung alles herangezogen, was aus der bisherigen Rechtsprechung und den einschlägigen Reichstagsdrucksachen verwertbar ist; die Durch- und Ausführungsverordnungen für das Reich und Preußen sind wörtlich abgedruckt und, soweit notwendig, erläutert.

Lebbin, Georg, **Nahrungsmittelgesetze** mit Erläuterungen. Zweite, stark vermehrte Auflage in zwei Bänden.

I. Band: Das Lebensmittelgesetz vom 5. Juli 1927 mit Nebengesetzen (Margarine, Fleisch, Milch, Süßstoff, Essigsäure usw.). Erläutert von G. Lebbin und R. Gießner. Taschenformat. XVI, 419 Seiten. 1928. Geb. RM. 8.50

II. Band: Getränkegesetze und Getränkesteuergesetze (Wein, Bier, Branntwein, Mineralwasser). Unter Mitarbeit von Rechtsanwalt Dr. Kniebe. Taschenformat. XII, 400 Seiten. 1926. (Guttentagsche Sammlung Deutscher Reichsgesetze Bd. 54b.) . . . . Geb. RM. 10.—

„Das Werk ist für unsere Leser und überhaupt die ganze Fachwelt der Getränkeindustrie unentbehrlich, muß doch jedermann mit den einschlägigen Gesetzesbestimmungen sich soweit wie irgend möglich vertraut machen, wenn er nicht in Nachteile geraten will. Die Anschaffung des Buches kann bestens empfohlen werden."

Branntweinmonopol.

Voß, Werner, **Die reichs- und landesrechtlichen Bestimmungen auf dem Gebiete des Gesundheitswesens. Taschenformat** 608 Seiten. 1929. (Guttentagsche Sammlung Deutscher Reichsgesetze Bd. 172.) Geb. RM. 11.—

„Das Buch wird seiner Aufgabe, fast den gesamten Gesetzesstoff in einem einzigen kleinen Bande in die Hand zu geben, gewiß gerecht und wird sich schnell als unentbehrliches Hilfsmittel für jeden erweisen, der öfter mit dem Gesundheitswesen zu tun hat." Reichsverwaltungsblatt.

4. Geistig-gewerblicher Rechtsschutz.

Pietzcker, Eduard, **Patentgesetz und Gebrauchsmusterschutzgesetz.** Kommentar unter Berücksichtigung der vorgeschlagenen und weiter beantragten Abänderungen des Patentgesetzes. Erster Halbband: §§ 1—12 PatG. Groß-Oktav. 427 Seiten. 1929. (Gewerbe- und Industrie-Kommentar Bd. V, 1.) . . . . . RM. 26.—, geb. RM. 28.—

„Die überall zutage tretende geistige Leistung macht Pietzckers Kommentar für jeden, der sich mit diesem Rechtsgebiet zu beschäftigen hat, zum unentbehrlichen Rüstzeug."

Markenschutz und Wettbewerb.

Seligsohn, Arnold, **Patentgesetz und Gesetz, betr. den Schutz von Gebrauchsmustern.** Siebente Auflage. Oktav. 1930. In Bearbeitung.

„Die Vorzüge des Buches sind bekannt. Klare, leichtfaßliche Sprache,

wissenschaftliche Vertiefung, dabei starke Betonung der Praxis, lückenlose Behandlung aller Probleme sind die Vorzüge, die den Seligsohnschen Kommentar zum unentbehrlichen Rüstzeug jedes im gewerblichen Rechtsschutz Tätigen gemacht haben."

Mitteilungen vom Verband Deutscher Patentanwälte.

Lutter, R., **Patentgesetz.** Nebst Ausführungsbestimmungen, völkerrechtlichen Verträgen und Patentanwaltsgesetz, unter eingehender Berücksichtigung der Rechtsprechung des Reichsgerichts und der Praxis des Reichspatentamts. Neunte Auflage. Taschenformat. XV, 467 Seiten. 1928. (Guttentagsche Sammlung Deutscher Reichsgesetze Bd. 22.) Geb. RM. 10.—

„Der jetzige Verfasser hat einen völlig neuen Kommentar geschaffen, der in seiner Knappheit und Sparsamkeit dem ursprünglichen Zweck gerecht wird, aber an wissenschaftlicher Durcharbeitung und Gründlichkeit die vorangegangenen Auflagen weit überragt."

Gewerblicher Rechtsschutz und Urheberrecht.

Elster, Alexander, **Urheber- und Erfinder-, Warenzeichen- und Wettbewerbsrecht.** (Gewerblicher Rechtsschutz.) Zweite, stark erweiterte und völlig umgearbeitete Auflage. Mit Abdruck der Gesetzestexte. Oktav. XII, 611 Seiten. 1928. (Lehrbücher und Grundrisse der Rechtswissenschaft Bd. VIII.) . . . . RM. 18.—, geb. RM. 19.50

„Seit Kohler und Osterrieth endlich wieder das lang entbehrte Lehrbuch. Hier unternimmt ein wahrhaft selbständiger und ideenreicher Kopf den Versuch, eine wirkliche Synthese zu schaffen."

Juristische Rundschau.

Neuberg, J., **Der internationale gewerbliche Rechtsschutz.** 2. Auflage. 128 Seiten. 1923. (Sammlung Göschen Bd. 271.) . . . Geb. RM. 1.80

Daude, Paul, **Die Reichsgesetze über das Urheberrecht an Werken der Literatur und der Tonkunst und das Verlagsrecht** vom 19. Juni 1901 in der Fassung des Gesetzes vom 22. Mai 1910 zur Ausführung der revidierten Berner Übereinkunft. Oktav. VIII, 293 Seiten. 1910. RM. 6.—

„Der Zusammenhang der erläuterten Gesetze mit dem Strafgesetzbuch, dem Bürgerlichen Gesetzbuch und anderen Gesetzen ist in leichtverständlicher Weise praktisch dargestellt. Es wird vorzügliche Dienste leisten." *Deutsche Literatur-Zeitung.*

Lindemann, O., **Gesetz, betr. das Urheberrecht** an Werken der Literatur und der Tonkunst. Vierte Auflage. Taschenformat. 171 Seiten. 1921. (Guttentagsche Sammlung Deutscher Reichsgesetze Bd. 60.) Geb. RM. 1.80

„Die Arbeit ist nicht bloß eine Gesetzesausgabe, sondern ein wertvoller Kommentar des Gesetzes. Das Werk sei jedermann auf das beste empfohlen." *Juristische Wochenschrift.*

Fuld, Ludwig, **Gesetz, betr. das Urheberrecht an Werken der bildenden Künste und der Photographie.** Zweite Auflage. Taschenformat. 192 Seiten. 1925. (Guttentagsche Sammlung Deutscher Reichsgesetze Bd. 81.) . . . . Geb. RM. 6.—

„Der zwar kleine, aber inhaltreiche und daher sehr beliebte Kommentar von Fuld erscheint in zweiter, völlig neubearbeiteter Auflage. Überall ist dem Stande der heutigen Rechtsprechung und wissenschaftlichen Auffassungen Rechnung getragen. In einem Anhang sind die einschlägigen internationalen Übereinkommen abgedruckt. Alle Interessenten werden mit Freuden die neue Auflage begrüßen."

Danziger Juristische Monatsschrift.

Heinitz, Ernst, und **Marwitz**, Bruno, **Das Reichsgesetz über das Verlagsrecht.** Textausgabe mit Einleitung, Anmerkungen und Sachregister. Dritte Auflage. Taschenformat. 136 Seiten. 1922. (Guttentagsche Sammlung Deutscher Reichsgesetze Bd. 61.) . . . . . Geb. RM. 1.60

„Dieser kurze Kommentar ist durch seine knappen, das Wichtige klar vortragenden Darlegungen dazu berufen, eine Lücke auszufüllen, die sich für den Praktiker des Verlagsrechts seit Jahren ergab. Man darf deshalb das Erscheinen dieser neuen Auflage aus der Feder des Spezialisten des Verlagsrechts mit größter Freude begrüßen."
Börsenblatt für den Deutschen Buchhandel.

Elster, A., **Das deutsche Urheber- und Verlagsrecht.** 128 Seiten. 1923. (Sammlung Göschen Bd. 863.) . . . . Geb. RM. 1.80

„Erstaunlich ist, wie Elster diese beiden so viel umstrittenen Gesetze auf so engem Raum in vortrefflicher Weise zur Darstellung gebracht hat." *Deutscher Journalistenspiegel.*

Heymann, E., **Die zeitliche Begrenzung des Urheberrechts.** Oktav. 74 Seiten. 1927. (Sitzungsberichte der Preußischen Akademie der Wissenschaften zu Berlin.) . . . . RM. 5.—

Elster, A., **Das deutsche Erfinderrecht.** (Patent- und Musterschutzrecht). 118 Seiten. 1924. (Sammlung Göschen Bd. 891.) . . Geb. RM. 1.80

„Die Aufgabe, einen Überblick über das deutsche Erfinderrecht zu geben, ist im Rahmen der kurzen Erörterungen mit viel Geschick gelöst. Deshalb wird das Büchlein auch bei allen Gruppen der am Patentrecht interessierten Personen seine Freunde finden."
Gewerblicher Rechtsschutz und Urheberrecht.

Seligsohn, Jul., **Geheimnis und Erfindungsbesitz.** Groß-Oktav. 147 Seiten. 1921 . . . . RM. 3.—

Reininger, G., **Der Schutz des Urheberrechts im deutschen Rundfunk.** Oktav. 88 Seiten. 1929 . . . . RM. 4.—

„Eine interessante, zeitgemäße, namentlich auch für geistige Neuschöpfer wichtige Studie." *Badische Rechtspraxis.*

Wolff, F., und **Crisolli**, K.-A., **Das Recht der Reklame.** Lexikon-Oktav. 424 Seiten. 1929 . . . . RM. 20.—, geb. RM. 22.—

„. . . Mit großer Umsicht ist ein umfänglicher Stoff gesammelt und in gründlicher Arbeit juristisch durchdrungen und dargestellt. Das Buch ist wohl in erster Reihe für Juristen bestimmt, aber auch für wirtschaftliche Kreise und Reklamefachleute wertvoll und jedenfalls für die Beschäftigung mit diesem Sondergebiet ein zuverlässiges Hilfsmittel." *Flad, i. d. „Juristischen Rundschau".*

Pinner-Elster, **Gesetz gegen den unlauteren Wettbewerb.** Achte, sehr vermehrte und umgestaltete Auflage. Taschenformat. 254 Seiten. 1927. (Guttentagsche Sammlung Deutscher Reichsgesetze Bd. 37.) Geb. RM. 5.—

„Das Buch ist mehr als eine bloße ‚Textausgabe mit Anmerkungen', nämlich ein richtiger Kommentar, und wird in der Praxis ausgezeichnete Dienste tun."
Senatspräsident am Reichsgericht Dr. Lobe, Leipzig, i. d. Jurist. Wochenschrift.

Wassermann, Martin, **Der unlautere Wettbewerb** nach deutschem Recht. I. Generalklausel, Reklameauswüchse, Ausverkaufswesen, Angestelltenbestechung. 160 Seiten. 1911. II. Kreditschädigung, Firmen- und Namenmißbrauch, Verrat von Geheimnissen, Ausländerschutz. 151 Seiten. 1911. (Sammlung Göschen Bd. 339 u. 535.) . . . Geb. je RM. 1.80

Born, A., **Reichspreßgesetz** vom 7. Mai 1874 nebst den einschlägigen Bestimmungen der Reichsverfassung, des Reichsstrafgesetzbuches, der Gewerbeordnung usw. Mit Kommentar und Sachregister. Dritte Auflage. Taschenformat. 176 Seiten. 1924. (Guttentagsche Sammlung Deutscher Reichsgesetze Bd. 53.) . . . . Geb. RM. 4.—

„Das Werk bringt eine sehr reichhaltige Kommentierung des Stoffes, die um so wertvoller ist, als den Entscheidungen der Wortlaut der Urteilsbegründungen beigefügt ist. Sämtliche einschlägigen Bestimmungen der das Pressewesen berührenden Gesetze sind aufgeführt, eingehend besprochen und in Beziehung zueinander gebracht worden. Als Nachschlagewerk in Zweifelsfällen wird das Buch von großem Nutzen sein." Ministerialblatt für die preußische innere Verwaltung.

Hagens, Alfred, **Warenzeichenrecht.** Kommentar. Groß-Oktav. VIII, 408 Seiten. 1927. (Gewerbe- und Industrie-Kommentar Bd. III.) RM. 22.—, geb. RM. 24.—

„Eine ausführliche Darstellung, die zeigt, daß der Verfasser das gesamte Fachschrifttum und die reichhaltige Rechtsprechung restlos beherrscht. Ich habe gefunden, daß nicht ein einziger Fall von Bedeutung fehlt." Markenschutz und Wettbewerb.

Seligsohn, Arnold, **Gesetz zum Schutz der Warenbezeichnungen.** Dritte Auflage, bearbeitet in Gemeinschaft mit Martin Seligsohn in Berlin. Groß-Oktav. IV, 416 Seiten. 1925. RM. 15.—, geb. RM. 16.50

„Der Kommentar zeigt alle Vorzüge des in der Wissenschaft und Praxis des gewerblichen Rechtsschutzes gleich ausgezeichneten Juristen: volle theoretische und praktische Beherrschung des Stoffes, klare Darstellungsgabe, sorgsame Behandlung und treffsicheres Urteil." Badische Rechtspraxis.

Freund, G. S., **Magnus,** Julius, und **Jüngel,** Friedrich, **Das deutsche Warenzeichenrecht.** Sechste, neubearbeitete Auflage. Teil I: Die internationalen Verträge. VI, 247 Seiten. Mit 4 Tafeln. 1924. (Guttentagsche Sammlung Deutscher Reichsgesetze Bd. 87a.) Geb. RM. 9.—

„Das ganze Werk mit seiner Fülle von Gesetzen, Verordnungen, Verträgen, Bekanntmachungen bildet eine Quellensammlung für das internationale deutsche Zeichenrecht, ohne die man fortan nicht mehr auskommen kann." Gewerblicher Rechtsschutz und Urheberrecht.

IV. Zivilprozeß

Fischer, Otto, **Lehrbuch des deutschen Zivilprozeß- und Konkursrechts.** Groß-Oktav. XII, 488 Seiten. 1918 . . . RM. 8.—, geb. RM. 10.—

Kisch, Wilh., **Deutsches Zivilprozeßrecht.**

I. Band. Vierte, verbesserte Auflage. 115 Seiten. 1929. (Sammlung Göschen Bd. 428.) . . . . Geb. RM. 1.80

II. Band. Vierte, verbesserte Auflage. 168 Seiten. 1929. (Sammlung Göschen Bd. 430.) . . . . Geb. RM. 1.80

III. Band. Vierte, verbesserte Auflage. 148 Seiten. 1929 (Sammlung Göschen Bd. 430.) . . . . Geb. RM. 1.80

Diese Auflage wird jedem, der sich auf gemeinverständliche Weise über unser geltendes Zivilgerichtswesen unterrichten will, gute Dienste leisten, und kann namentlich den Studierenden des Rechts als Einführung bestens empfohlen werden.

Sydow, R., **Busch,** L., und **Krantz,** W., **Zivilprozeßordnung und Gerichtsverfassungsgesetz** nebst Anhang, enthaltend Entlastungsgesetze. Handkommentar unter besonderer Berücksichtigung der Entscheidungen oberster Gerichte. Neubearbeitete, zwanzigste Auflage.
Erster Band: Einführungsgesetz und Zivilprozeßordnung §§ 1—703. Groß-Oktav. VIII, 872 Seiten. 1930. (de Gruytersche Sammlung Deutscher Gesetze, Handkommentare.) . . . . . Geb. RM. 18.—

Der Bezug des ersten Bandes verpflichtet zur Abnahme des zweiten Bandes.

„Der Wert des Werkes ist längst anerkannt. Es gibt wohl keinen Praktiker, der sich seiner nicht mit besonderer Vorliebe bedient. Vollständigkeit, Übersichtlichkeit, Zuverlässigkeit und Ausführlichkeit der Erläuterungen sind auch diesmal dem allgemein beliebten Buche als seine hervorstechendsten Vorzüge treugeblieben. Für die Praxis ist es unentbehrlich."

Zeitschrift des Bundes Deutscher Justizamtmänner.

Rosenberg, L., **Zivilprozeßgesetzgebung.** Taschenformat. 580 Seiten. 1930. Geb. RM. 8.—
(Lehrausgaben Deutscher Gesetze, Bd. II.)

Dieser Band berücksichtigt auch die internationale Gesetzgebung, soweit sie heute im Unterricht behandelt zu werden pflegt. Diese Ausgabe ist ein Beispiel für die besondere Nützlichkeit einer so gearbeiteten Lehrausgabe. Die Besonderheiten der vorliegenden handlichen und erschöpfenden Ausgabe der Zivilprozeßgesetzgebung bestehen in der sachlichen Ordnung des umfassenden Stoffes.

Zivilprozeßordnung mit Gerichtsverfassungsgesetz und Einführungsgesetzen in der Fassung der Bekanntmachung vom 13. Mai 1924 mit den bis 1. April 1929 ergangenen Abänderungen. Textausgabe mit Sachregister. Taschenformat. 440 Seiten. 1929. (Guttentagsche Sammlung von Textausgaben ohne Anmerkungen.) . . . Geb. RM. 3.50

Die handliche Ausgabe enthält den genannten Gesetzestext mit einem das Zurechtfinden sehr erleichternden Sachregister.

Sydow, R., **Busch,** L., und **Krantz,** W., **Gerichtsverfassungsgesetz** mit Einführungsgesetz. Unter besonderer Berücksichtigung der Entscheidungen des Reichsgerichts. Zehnte Auflage. Taschenformat. 347 Seiten. 1925. (Guttentagsche Sammlung Deutscher Reichsgesetze Bd. 14.) Geb. RM. 6.—

„Das Buch bedarf keiner Empfehlung, es empfiehlt sich selbst durch die Fülle dessen, was es bietet. Gesetzgebung und Rechtsprechung sind bis in die neueste Zeit berücksichtigt."

Leipziger Zeitschrift für Deutsches Recht.

Rausnitz, Julius, **Gebührenordnung für Notare** vom 28. Oktober 1922 (GS. 404) nebst den einschlägigen Vorschriften des Preußischen Gerichtskostengesetzes vom 28. Oktober 1922 (GS. 363), beide in der Fassung der Gesetze vom 12. April 1923 (GS. 107), 18. Dezember 1923 (GS. 556) und der Verordnung vom 28. Juni 1924 (GS. 573). Sechste, umgearbeitete Auflage. Oktav. 158 Seiten. 1925. (Guttentagsche Sammlung Preußischer Gesetze Bd. 4.) . . . Geb. RM. 7.—

„Der in seiner äußeren Form sehr handlich und gut ausgestaltete Kommentar kann nur auf das wärmste empfohlen werden. Er wird sehr bald ein unentbehrlicher, weil nie versagender Ratgeber werden, der die Berufsarbeit sehr erleichtern wird." Juristische Wochenschrift.

Sydow, R., **Busch,** L., und **Krieg,** O., **Die Deutsche Gebührenordnung für Rechtsanwälte,** das Gesetz, betreffend die Erstattung von Rechtsanwaltsgebühren in Armensachen, und die Preußische Landesgebührenordnung mit Erläuterungen. Auf der Grundlage der Sydow-Busch'schen Textausgabe mit Anmerkungen in dreizehnter Auflage unter Mitaufnahme des Gesetzes über die Erstattung in Armensachen neubearbeitet. Taschenformat 496 Seiten. 1929. (Guttentagsche Sammlung Deutscher Reichsgesetze Bd. 17.) . . . . Geb. RM. 9.—

„Die Erläuterung der Gebührenordnung bietet besonders Wertvolles. Sie steht schon lange unter den Anmerkungsausgaben mit an erster Stelle. Und das mit Recht."

Zeitschrift des Bundes Deutscher Justizamtmänner.

Sydow, R., **Busch**, L., und **Krieg**, O., **Deutsches Gerichtskostengesetz nebst Gebührenordnung** für Gerichtsvollzieher und für Zeugen und Sachverständige in den neuesten Fassungen. Auf der Grundlage der Sydow-Busch'schen Textausgabe mit Anmerkungen neubearbeitet in elfter Auflage. Taschenformat. XI, 433 Seiten. 1928. (Guttentagsche Sammlung Deutscher Reichsgesetze Bd. 15.) . . . . Geb. RM. 7.50

„Die neue Auflage bietet unter gründlicher Berücksichtigung der gesamten einschlägigen Rechtsprechung eine zeitgemäße, übersichtliche und erschöpfende Erläuterung des Gesetzes. Für den täglichen Gebrauch in der Praxis erscheint diese Textausgabe mit Anmerkungen als unentbehrlich."

Dr. Natter in der „Württembergischen Zeitschrift für Rechtspflege".

Lindemann, Otto, **Preußisches Gerichtskostengesetz** (neueste Fassung). Nach dem Tode des früheren Herausgebers P. Siméon erläutert. Achte, völlig umgearbeitete Auflage. Taschenformat. 439 Seiten. 1928. (Guttentagsche Sammlung Preußischer Gesetze Bd. 17.) Geb. RM. 8.—

„Die achte Auflage dieser bekannten Ausgabe des Preußischen Gerichtskostengesetzes ist entsprechend den bedeutsamen Änderungen der letzten Jahre völlig umgearbeitet. Die gesamte Rechtsprechung wurde eingehend berücksichtigt, so daß hier eine Erläuterung vorliegt, die Zuverlässigkeit und Vollständigkeit in sich verbindet."

Mitteilungen des Preußischen Richtervereins.

Freiwillige Gerichtsbarkeit

Jastrow, Hermann, und **Günther**, Hermann, **Die Gesetze des Reiches und Preußens über die freiwillige Gerichtsbarkeit.** Textausgabe mit Einleitung, Anmerkungen und Sachregister. Siebente, vermehrte Auflage. Taschenformat. 548 Seiten. 1928. (Guttentagsche Sammlung Deutscher Reichsgesetze Bd. 46.) . . . . Geb. RM. 9.—

„Die Anmerkungen unterrichten in zuverlässiger Weise über die wichtigste Rechtsprechung des Reichsgerichts und der deutschen Oberlandesgerichte auf dem Gebiete der freiwilligen Gerichtsbarkeit. Ein ausführliches Sachregister erhöht die Brauchbarkeit des bewährten Buches, das auch in der neuen Auflage seinen Zweck auf das beste erfüllen wird." *Juristische Wochenschrift.*

Die Gesetze des Reiches und Preußens über die freiwillige Gerichtsbarkeit. Textausgabe mit Sachregister. Taschenformat. 168 Seiten. 1930. (Guttentagsche Sammlung von Textausgaben ohne Anmerkungen mit Sachregister.) . . . . RM. 3.—

Das Buch enthält in der bekannten Art der Guttentagschen Gesetzesausgaben außer dem „Gesetz über die Angelegenheiten der freiwilligen Gerichtsbarkeit" alle in dieses Gebiet fallenden sonstigen Gesetze, Ausführungsbestimmungen, Abkommen, Verordnungen usw. in absolut zuverlässigem Abdruck und ein das Zurechtfinden sehr erleichterndes Sachregister.

Szkolny, Felix, und **Kober**, Leopold, **Das Notariatsrecht**, unter besonderer Berücksichtigung des materiellen Rechts und des Steuer- und Stempelrechts erläutert. Oktav. 236 Seiten. 1926. (Guttentagsche Sammlung Deutscher Reichsgesetze Bd. 163.) . . . . Geb. RM. 8.50

„Die Darlegung des materiellen Rechts, soweit es in der täglichen Anwendung den Notar hauptsächlich beschäftigt. Es wird die Beurkundung einzelner Rechtsgeschäfte und anderer Rechtsvorgänge behandelt. Die Ausführungen verwerten die neueste Lehre und Recht-

sprechung eingehend, die Darstellung ist leicht faßlich und klar, einzelne Muster vervollkommnen das anschauliche Bild.“
Zeitschrift des Deutschen Notarvereins.

Szkolny, Felix, **Die Belehrungspflicht des Notars.** Oktav. 52 Seiten. 1927. . . . . RM. 2.—
„Ein trotz seines geringen Umfanges sehr nützliches Buch, für das wir dem Verfasser Dank wissen müssen. Es ist zu begrüßen, daß die Beschäftigung mit dem Notariatsrecht zunimmt, und es besteht die Hoffnung, daß dies eine günstige Einwirkung auf die Handhabung des Notariats nicht verfehlen wird.“
Zeitschrift des Deutschen Notarvereins.

Konkursordnung und Zwangsvollstreckung

Jaeger, Ernst, **Kommentar zur Konkursordnung** und den Einführungsgesetzen. Mit einem Anhang, enthaltend das Anfechtungsgesetz, die Vergleichsordnung, Auszüge aus den Kostengesetzen, Ausführungsgesetze und Geschäftsordnungen. Sechste und siebente, neubearbeitete Auflage. Groß-Oktav. Der Umfang des Gesamtwerkes umfaßt etwa 100 Bogen. Die Ausgabe erfolgt in Lieferungen.
Gesamtpreis etwa RM. 80.—
Erster Band. Erste Lieferung (§§ 1—16). 296 Seiten. 1928. RM. 16.—
Erster Band. Zweite Lieferung (§§ 17—27). Seite 297—472. 1929. RM. 10.—
Erster Band. Dritte Lieferung (§§ 28—42). 1930. RM. 15.—
„Das Jaegersche Werk ist ohne Zweifel der beste von den mehreren guten Kommentaren zur Konkursordnung, die wir besitzen.“
Zeitschrift für Deutschen Zivilprozeß.

Sydow, R., **Busch,** L., und **Krieg,** O., **Konkursordnung** und Anfechtungsgesetz mit Erläuterungen. Auf der Grundlage der Sydow-Busch-schen Textausgabe mit Anmerkungen in fünfzehnter Auflage unter Mitaufnahme der Vergleichsordnung neubearbeitet. Taschenformat. 816 Seiten. 1929. (Guttentagsche Sammlung Deutscher Reichsgesetze Bd. 13.) . . . . Geb. RM. 12.—
„Die Erläuterungsbücher von Sydow-Busch sind als Kommentare mittleren Umfanges seit vielen Jahren in der Juristenwelt rühmlichst bekannt.“ *Juristische Rundschau.*

Fischer, K., und **Schäfer,** L., **Die Gesetzgebung, betr. die Zwangsvollstreckung in das unbewegliche Vermögen** im Reiche und in Preußen. Bearbeitet von J. Krech und O. Fischer. Zweite Auflage. Lexikon-Oktav. XVI, 728 Seiten. 1910 . . . RM. 15.—, geb. RM. 18.—
„Unter den zahlreichen Bearbeitungen des Zwangsvollstreckungsgesetzes ist der Kommentar von Fischer und Schäfer wohl der wissenschaftlich bedeutendste. Überall sind die Erläuterungen systematisch, manchmal geradezu lehrbuchartig aufgebaut, die leitenden Gedanken treten trotz der Fülle der behandelten Einzelfragen klar und deutlich hervor.“
Zeitschrift für Rechtspflege in Bayern.

Krech, J., und **Fischer,** O., **Die Gesetzgebung, betr. die Zwangsvollstreckung in das unbewegliche Vermögen** im Reiche und in Preußen. Textausgabe mit Einleitung, Anmerkungen und Sachregister. Zehnte Auflage, bearbeitet von O. Fischer. Taschenformat. 266 Seiten. 1929. (Guttentagsche Sammlung Deutscher Reichsgesetze Bd. 43.)
Geb. RM. 5.—
„Einer besonderen Empfehlung dieser handlichen Ausgabe, deren Hauptteil das Gesetz über die Zwangsversteigerung und Zwangsverwaltung bildet, bedarf es nicht. Gesetzgebung, Rechtsprechung und Rechtslehre sind bis zur Gegenwart berücksichtigt.“
Sächsisches Archiv für Rechtspflege.

Huyke, W., Offenbarungseid und Haft im Zivilprozeß. Taschenformat. 1930. (Guttentagsche Sammlung Deutscher Reichsgesetze, Bd. 177.) RM. 4.—

Dieser Band bietet eine ganz auf die Praxis zugeschnittene Erläuterung der das Offenbarungseidsverfahren betreffenden Paragraphen der ZPO. und gibt in einem allgemeinen Teil zuverlässig Auskunft über die sich auf diesem Gebiete ergebenden Streit- und Zweifelsfragen. Die Rechtsprechung der höheren Gerichte und die Literatur ist berücksichtigt worden.

Kretzschmar, F., Die Zwangsversteigerung und die Zwangsverwaltung. 110 Seiten. 1911. (Sammlung Göschen Bd. 523.) . . Geb. RM. 1.80

V. Strafrecht und Strafprozeß

Strafgesetzbuch

Ebermayer, Ludwig, **Lobe,** Adolf und **Rosenberg,** Werner, **Das Reichsstrafgesetzbuch,** Leipziger Kommentar mit besonderer Berücksichtigung der Rechtsprechung des Reichsgerichts. Vierte, vermehrte und verbesserte Auflage. Lexikon-Oktav. X, 1282 Seiten. 1929. RM. 56.—, in Halbleder geb. RM. 63.—

„Zusammenfassend wird man sagen müssen, daß der Kommentar nun wohl endgültig an die Spitze der großen Kommentare zum StGB. getreten ist.“ *Zeitschrift für Rechtspflege in Bayern.*

Kohlrausch, Eduard, **Strafgesetzbuch für das Deutsche Reich mit Nebengesetzen.** Textausgabe mit Anmerkungen und Sachregister. Früher von Dr. Fr. v. Liszt u. Dr. E. Delaquis. Neunundzwanzigste Auflage. Taschenformat. X, 562, *48 Seiten. 1930. (Guttentagsche Sammlung Deutscher Reichsgesetze Bd. 2.) . . . Geb. RM. 8.—

„Ein Buch, an Hand dessen eine schnelle und zuverlässige Orientierung über die wichtigsten Auslegungsfragen möglich ist. Es dient in gleicher Weise dem Studierenden zur Einführung in eine Lektüre des Gesetzes wie dem Praktiker zur schnellen Auffindung einer Entscheidung.“

Rechtsanwalt Dr. Max Alsberg in der „Juristischen Wochenschrift“.

Liszt, Fr. v., **Lehrbuch des deutschen Strafrechts.** Fünfundzwanzigste, vollkommen durchgearbeitete und zum Teil umgestaltete Auflage, besorgt von Dr. E. Schmidt, Professor an der Universität Breslau. Groß-Oktav. XXXIV, 976 Seiten. 1927. RM. 27.50, geb. RM. 30.—

„Das Lisztsche Lehrbuch wird auch in dieser neuen Bearbeitung seinen ersten Platz und seinen Weltruf sich bewahren.“

Zeitschrift des Deutschen Notarvereins.

Gerland, H. B., **Das deutsche Reichsstrafrecht.** Oktav. 600 Seiten. 1922. (Lehrbücher und Grundrisse der Rechtswissenschaft Bd. XVI.) RM. 10.—, geb. RM. 11.50

„Durch knappe, geradezu klassische Kürze zeigende Darstellung gelang es Gerland auf engem Raume eine ungeheure Fülle des Stoffes zu bieten und auf jede Frage Antwort zu geben.“

Juristische Wochenschrift.

Gerland, H., **Der Entwurf 1925.** Allgemeiner Teil. Kritische Bemerkungen. Oktav. 96 Seiten. 1925 . . . . RM. 5.—

„Eine außerordentlich interessante Abhandlung. Die Schrift stellt ein fast unentbehrliches Hilfsmittel für jeden dar, der sich mit den einschlägigen Fragen zu beschäftigen hat.“

Mitteilungen des Preußischen Richtervereins.

Aschrott, P. F. u. **Kohlrausch**, Ed., **Reform des Strafrechts.** Kritische Besprechung des Amtlichen Entwurfs eines Allgemeinen Deutschen Strafgesetzbuchs. Auf Veranlassung der Deutschen Landesgruppe der Internationalen Kriminalistischen Vereinigung unter Mitwirkung erster Fachgenossen herausgegeben. Gr.-Oktav. V, 415 S. 1926. RM. 18.—

„Die gestellte Aufgabe ist glänzend gelöst. Kaum ein Punkt ist übersehen worden, der die Kritik herausfordert. — Niemand, der an der endgültigen Gestaltung unseres Strafrechts Anteil nimmt, darf an dieser Sammelkritik achtlos vorübergehen."

Geh. Hofrat Prof. Dr. v. Lilienthal in der „Deutschen Juristen-Zeitung".

Sammlung außerdeutscher Strafgesetzbücher in deutscher Übersetzung. Herausgegeben von den Schriftleitungen der Zeitschrift für die ges. Strafrechtswissenschaft u. d. Mitteilungen der Internationalen Kriminalistischen Vereinigung. Nr. 1—43. 1881—1914 . . Preise auf Anfrage.

Nr. 44:

Japanische Strafgesetze. I. Schwurgerichtsordnung vom 18. April 1923 und strafrechtliche Nebengesetze. Übersetzt von Hyoichiro Kusano, Reichsgerichtsrat in Tokio, Tadao Sugiura, Oberlandesgerichtsrat in Sapporo, und Dr. jur. Fritz Bartelt in Berlin. II. Strafvollzugsgesetz vom 28. März 1908 nebst Ausführungsverordnung vom 16. Juni 1908. Übersetzt von Dr. jur. Toshita Tokiwa, Gerichtsassessor in Tokio, und Dr. jur. Werner Gentz, Justizrat beim Strafvollzugsamt in Kiel. Oktav. 55 Seiten. 1927. RM. 3.—

Nr. 45:

Die Auslieferungsgesetze Norwegens, Schwedens und Finnlands. Mit einer systematischen Darstellung der Grundzüge des nordischen Auslieferungsrechts im Hinblick auf den Erlaß eines deutschen Auslieferungsgesetzes Von Dr. jur. Ernst Wolgast, Privatdozent in Königsberg i. Pr. Groß-Oktav. VIII, 487 Seiten. 1928. . . RM. 20.—

Nr. 46:

Das Türkische Strafgesetzbuch vom 1. März 1926. Gesetz Nr. 765. (Türkisches Gesetzblatt Nr. 320 vom 13. März 1926.) Das Ausführungsgesetz zum Türkischen Strafgesetzbuch vom 26. April 1926. Deutsche Übersetzung von Dr. K. Ziemke. Oktav. 138 S. 1927. RM. 5.—

Nr. 47:

Entwurf eines griechischen Strafgesetzbuches. Übersetzt und eingeleitet von Demetrius G. Venturas, Rechtsanwalt in Korfu, Griechenland. Oktav. 123 Seiten. 1928 . . . . RM. 7.—

Nr. 48:

Italienischer Vorentwurf zu einem neuen Strafgesetzbuch. (Progetto di un nuovo codice penale.) In deutscher Übersetzung von Dr. K. Bunge, Landgerichtsrat in Berlin. Oktav. XXXII, 244 Seiten. 1928. RM. 10.—

Lindemann, Otto, **Sammlung der wichtigsten preußischen Strafgesetze.** Zweite Auflage. Taschenformat. 372 Seiten. 1912. (Guttentagsche Sammlung Preußischer Gesetze Bd. 34.) . . . . . Geb. RM. 3.50

„Die durch mehrere wichtige Gesetze erweiterte zweite Auflage dieses unentbehrlichen Ergänzungsbandes zu den in Einzelausgaben erschienenen Preußischen Gesetzen ist durch die Wiedergabe der noch geltenden vereinzelten alten Strafvorschriften nebst trefflich unterrichtenden Vorbemerkungen und Erläuterungen besonders wertvoll. Nur mittels einer solchen ausgezeichneten Sammlung ist es möglich, auch die zerstreuten Gebiete des Strafrechts völlig zu beherrschen."

Deutsche Juristen-Zeitung.

Fraustädter, Werner, **Deutsches Auslieferungsgesetz** vom 23. Dezember 1929 und andere neuere Vorschriften der Rechtshilfe in Strafsachen, einschließlich der Auslieferung. Textausgabe mit Einleitung, Erläuterungen und Sachregister. Taschenformat. 143 Seiten. 1930. (Guttentagsche Sammlung Deutscher Reichsgesetze Bd. 86.) . Geb. RM. 4.—

Das Auslieferungsgesetz hat durch die Neufassung vom 25. 12. 1929 eine starke Umgestaltung erfahren, die zur Hearusgabe der vorliegenden Neubearbeitung geführt hat. Diese enthält eine ausführliche Erläuterung der neuen Bestimmungen sowie einen Abdruck der wichtigsten Verträge und Vorschriften und ermöglicht einen vollständigen Überblick über den gegenwärtigen Stand des deutschen Auslieferungsrechtes.

Kirchner, Rudolf, **Gesetz über den Verkehr mit Kraftfahrzeugen.** Vierte Auflage. (Guttentagsche Sammlung Deutscher Reichsgesetze Bd. 92.) In Vorbereitung.

„Ein sehr wertvolles Hilfsmittel für Anwendung und Auslegung des wichtigen Gesetzes.“ Leipziger Zeitschrift für deutsches Recht.

Lindemann, Otto, **Polizeiverordnungen in Preußen.** Zweite Auflage. Taschenformat. 189 Seiten. 1912. (Guttentagsche Sammlung Preußischer Gesetze Bd. 36.) . . . . Geb. RM. 2.50

Abhandlungen des Kriminalistischen Instituts an der Universität Berlin. Herausgegeben von Dr. **Franz von Liszt,** o. Professor der Rechte. Sonderverzeichnis kostenlos. Vierte Folge. I. Band.

Heft 1:

Dannenberg, Herbert, **Liberalismus und Strafrecht im 19. Jahrhundert unter Zugrundelegung der Lehren Karl Georg von Waechters.** Oktav. IV, 66 Seiten. 1925 . . . . RM. 3.—

Heft 2:

Tarnowski, Dr. Hans, **Die systematische Bedeutung der adäquaten Kausalitätstheorie für den Aufbau des Verbrechensbegriffs.** Oxtav. X, 340 Seiten. 1927 . . . . RM. 18.—

Heindl, Robert, **System und Praxis der Daktyloskopie** und der sonstigen technischen Methoden der Kriminalpolizei. Dritte, neubearbeitete und vermehrte Auflage. 900 Abbildungen im Text und 21 Bildertafeln. 780 Seiten. Groß-Oktav. 1927 . . . . . RM. 36, geb. RM. 40.—

„Ein Werk, mit dem wohl für geraume Zeit die Literatur dieses Gebiets ihren krönenden Abschluß gefunden haben dürfte. — Es darf erwartet werden, daß jeder Richter, Rechtsanwalt und Verteidiger sich dieses vorzüglichen Werkes bedient.“ Deutsche Juristenzeitung.

Kleine kriminalistische Bücherei.

Band 1:

Schneickert, Hans, **Die strafrechtlichen Aufgaben der Polizei.** Für den Polizeiunterricht und die Polizeipraxis. Taschenformat. 182 Seiten. 1921. RM. 2.—

Band 2:

Philipp, Lothar, **Beobachtungs- und Ermittlungspraxis im Polizei- und Detektivdienst.** Taschenformat. 180 Seiten. 1923 . . . RM. 2.—

„Alles in allem: ein Buch, für den Fachmann lesenswert, für den Anfänger ein guter Leitfaden, für den Laien interessant.“
Zeitschrift für gerichtliche Schriftvergleichung.

Band 3:

Manteuffel, H. v., **Falschspieler.** Formen und Technik des Spielbetruges, nebst einem Anhange: Der Spielprofessor und sein angeblich sicheres System beim Spiele gegen eine öffentliche Roulettebank. Taschenformat 90 Seiten. 1923 . . . . RM. 2.—

Gerade heutzutage, wo die Spielleidenschaft so weite Kreise zieht, ist es von besonderem Reiz, diese klare, flüssige und lehrreiche Darstellung zu verfolgen.

Band 4:

Schneickert, Hans, **Kriminalistische Spurensicherung.** Sammlung dienstlicher Anweisungen und sachverständiger Ratschläge für den Dienstgebrauch und für Polizeischulen. Zweite, vermehrte und verbesserte Auflage. Taschenformat. 96 Seiten. Mit 2 Abbildungen. 1925. Geb. RM. 3.—

„Alle Einzelheiten werden hervorgehoben und als möglicherweise wichtige Beweismomente in einem vielarmigen System zusammengefaßt. In der Durchführung seiner Aufgabe hat der Verfasser tatsächlich alles berücksichtigt, was für das Beweisverfahren von Bedeutung ist und sein könnte.“ Archiv für Kriminologie.

Band 5:

Rehfeld, P., **Gerichtsärztliche Tatbestandsfeststellungen** im Dienste der Polizei. Ein Leitfaden für Polizei- und Kriminalbeamte. Taschenformat. 133 Seiten. 1927 . . . . Geb. RM. 3.50

„Die Bearbeitung gibt eine geschlossene, einheitliche Behandlung des Stoffgebietes durch einen Arzt, wie sie anderweitig in der kriminalistischen Literatur nicht vorhanden ist.“ Deutsches Polizeiarchiv.

Strafprozeßordnung

Kohlrausch, Eduard, **Strafprozeßordnung** und Gerichtsverfassungsgesetz. Textausgabe mit Einleitung, Anmerkungen und Nebengesetzen. In Verbindung mit Dr. Hermann Mannheim, Landgerichtsrat und Professor in Berlin, bearbeitet von Dr. Eduard Kohlrausch, Professor der Rechte in Berlin. Zweiundzwanzigste Auflage (101. bis 104. Tausend). Taschenformat. XI, 510 Seiten. 1930. (Guttentagsche Sammlung Deutscher Reichsgesetze Bd. 12.) RM. 7.50

„Das Buch ist nicht nur für den Praktiker, der sich rasch unterrichten will, sondern auch für den Studierenden, zumal wenn ihm die wirtschaftlichen Verhältnisse die Anschaffung umfangreicher Kommentare nicht ermöglichen, von größtem Wert.“
Oberreichsanwalt Dr. Ebermayer in der „Juristischen Wochenschrift“.

Feisenberger, Albert, **Strafprozeßordnung und Gerichtsverfassungsgesetz.** Handkommentar. Groß-Oktav. IX, 517 Seiten. 1926. Mit Nachtrag. 1927. (de Gruytersche Sammlung Deutscher Gesetze. Handkommentare.) . . . . Geb. RM. 17.—

„Eine glänzende Arbeit, die bald in der Hand jedes Strafrichters und Rechtsanwalts sein wird. Geradezu vorbildlich ist der Handkommentar für den Umfang der Heranziehung der Rechtsprechung. Alles Wesentliche ist berücksichtigt.“ Danziger Juristische Monatsschrift.

Beling, E., **Deutsches Reichsstrafprozeßrecht** mit Einschluß des Strafgerichtsverfassungsrechts. Oktav. XIV, 568 Seiten. 1928. (Lehrbücher und Grundrisse der Rechtswissenschaft Bd. XVII.) RM. 15, geb. RM. 16.50

Die Eigenart des vorliegenden Lehrbuches des Reichsstrafprozeßrechts ist, daß es dem Verständnis der Gesetzestexte vorarbeiten und zu ihnen hinführen will. Gerade das, was nicht im Gesetz steht, ist die Hauptsache; die Gesetzesparagraphen sind Ziel, nicht Ausgangspunkt. Insbesondere aber stellt der Verfasser die Regelungsinhalte des geltenden Rechts in die heutige rechtspolitische Gedankenwelt hinein und gibt ein auch äußerlich scharf hervortretendes System, das den Lernenden befähigt, die Fülle der Einzelheiten unter allgemeinen Ordnungsgesichtspunkten zusammenzusetzen.

Rosenfeldt, E. H., **Deutsches Strafprozeßrecht.** 2 Bände. 128 und 148 Seiten. 1926. (Sammlung Göschen Bd. 938/939.) Geb. je RM. 1.80

„Eine wissenschaftlich hochstehende, auf einem knappen Raum zusammengedrängte, klar und originell geschriebene Einführung in den deutschen Strafprozeß." *Schweizer. Zeitschrift für Strafrecht.*

Löwe, F., und **Rosenberg**, Werner, **Die Strafprozeßordnung für das Deutsche Reich** vom 22. März 1924 nebst dem Gerichtsverfassungsgesetz. Kommentar. Achtzehnte, neubearbeitete Auflage. Lexikon-Oktav. 1332 Seiten. 1929 . . . . RM. 44.—, in Halbleder geb. RM. 50.—

„Der Löwesche Kommentar hat sich in Wissenschaft und Rechtsprechung eine so hervorragende Stellung erworben, daß er zum unentbehrlichen Ratgeber für Theoretiker und Praktiker geworden ist. Der Kommentar steht nach wie vor an erster Stelle und ist ein Meisterwerk in der Kunst einer klaren, übersichtlichen und erschöpfenden Darstellung dieses außerordentlich spröden Stoffes."
Zeitschrift des deutschen Notarvereins.

Feisenberger, Albert, **Strafprozeßordnung und Gerichtsverfassungsgesetz**, in alter und neuer Fassung synoptisch gegenübergestellt. Mit ausführlichem Sachregister. Taschenformat. 265 Seiten. 1924. Mit Nachtrag. 1927. (Guttentagsche Sammlung Deutscher Reichsgesetze Bd. 158.) . . . . Geb. RM. 4.50

„Die Ausgabe ist für die Praxis auf längere Zeit unentbehrlich. Die synoptische Darstellung erleichtert die Arbeit und schützt vor Gedächtnisfehlern." *Juristische Wochenschrift.*

Aschrott, P. F., Die Reform des Strafprozesses. Kritische Besprechungen der von der Kommission für die Reform des Strafprozesses gemachten Vorschläge. Auf Veranlassung der Internationalen Kriminalistischen Vereinigung, Gruppe Deutsches Reich. Groß-Oktav. XII, 120 und 784 Seiten. 1906 . . . . RM. 12.—

Beiträge zur Reform des Strafprozesses. Herausgegeben von Dr. Franz **Adickes**, Dr. P. F. **Aschrott**, Dr. K. **von Lilienthal**, Dr. Fr. **von Liszt**. 2 Bände. Groß-Oktav. I. Bd. Heft 1—6. 1908. RM. 9.70. — II. Bd. Heft 1—5. 1909. RM. 15.10.

Frede, L. u. **Grünhut**, M., **Reform des Strafvollzuges.** Kritische Beiträge zu dem Amtlichen Entwurf eines Strafvollzugsgesetzes. Oktav. VII, 264 Seiten. 1927 . . . . RM. 10.—

Die in dem vorliegenden Buch zusammengefaßten Beiträge üben nicht nur eine Einzelkritik an den Bestimmungen des Entwurfs, sondern dienen zugleich unter dem Gesichtspunkt der gegenwärtigen gesetzgeberischen Aufgabe der wissenschaftlichen Grundlegung des ganzen Strafvollzugsproblems.

VI. Öffentliches Recht.

1. Staats- und Völkerrecht.

Fischbach, O. G., **Allgemeine Staatslehre.** Zweite Auflage. 136 Seiten. 1928. (Sammlung Göschen Bd. 358.) . . . . . Geb. RM. 1.80

„Das Buch darf einer breiten Öffentlichkeit als ausgezeichnete Einführung, den Fachgenossen aber, jung und alt, als Musterbeispiel wissenschaftlichen Bemühens um die denkbar beste Leistung anempfohlen werden, wie man ihm heute nicht allzu häufig mehr begegnet."
Reichsverwaltungsblatt.

Fischbach, O. G., **Allgemeines Staatsrecht.**
1. Teil. 139 Seiten. 1923. (Sammlung Göschen, Bd. 415.)
Geb. RM. 1.80

II. Teil. 151 Seiten. 1923. (Sammlung Göschen Bd. 416.) Geb. RM. 1.80

Diese Bearbeitung bringt nicht bloß einen leicht faßlichen gemeinverständlichen Überblick über alle Zweige des Staatsrechtes, sondern auch in den einzelnen Partien viele gründliche wissenschaftliche Erörterungen der einschlagenden Probleme und kritischen Beleuchtung der verschiedenen Rechtsansichten.

Stier-Somlo, Fritz, **Deutsches Reichs- und Landesstaatsrecht I.** Oktav. XVI, 726 Seiten. 1924. (Lehrbücher und Grundrisse der Rechtswissenschaft Bd. XVIII.) . . . . RM. 16.50, geb. RM. 18.—

„. . . Von den zurzeit vorhandenen größeren Lehrbüchern des Reichsstaatsrechts das geeignetste.“ *Juristische Wochenschrift.*

Stier-Somlo, Fritz, **Reichsstaatsrecht.** I. Grundbegriffe des Staatsrechts. Verfassungsgeschichte vom Ende des 18. Jahrhunderts bis zur Reichsverfassung vom 11. August 1919. 108 Seiten. 1927. (Sammlung Göschen Bd. 967.) . . . . Geb. RM. 1.80
II. Das geltende Reichsstaatsrecht. 114 Seiten. 1927. (Sammlung Göschen Bd. 968.) . . . . Geb. RM. 1.80

Stier-Somlo, Fritz, **Preußisches Staatsrecht.** Zweite Auflage. 136 Seiten. 1927. (Sammlung Göschen Bd. 298.) . . . . Geb. RM. 1.80

„Die drei schmalen Bändchen werden nicht allein als wünschenswertes Orientierungsmittel für den Laien und den angehenden Juristen zu begrüßen sein, sondern auch dem im praktischen Berufsleben stehenden Juristen Anregung und Belehrung bieten.“
Juristische Wochenschrift.

Arndt, Adolf, **Die Verfassung des Deutschen Reiches.** Dritte Auflage. Taschenformat. 1927. (Guttentagsche Sammlung Deutscher Reichsgesetze Bd. 137.) . . . . RM. 8.—

„Für alle, die sich auf dem schwierigen Gebiet der Reichverfassung orientieren wollen, liegt hier ein vorzügliches Nachschlagewerk von gediegener Wissenschaftlichkeit vor.“
Staats- und Selbstverwaltung.

Stier-Somlo, Fritz, **Kommentar zur Verfassung des Freistaates Preußen.** Groß-Oktav. 319 Seiten. 1921 . . . . Geb. RM. 3.—

„Die Darstellung ist flüssig und knapp und ist als treffliche Orientierung über das neue Verfassungswerk, eine Orientierung, die ihre notwendige Ergänzung in dem vorzüglichen Kommentar Stier-Somlos findet, sehr zu empfehlen.“ *Zeitschrift für öffentliches Recht.*

Arndt, Adolf, **Die Verfassung des Freistaats Preußen** vom 30. November 1920. Mit Einleitung, vollständigem Kommentar, Landeswahlgesetz und Sachregister. Taschenformat. 158 Seiten. 1921. (Guttentagsche Sammlung Preußischer Gesetze Bd. 1.) Geb. RM. 2.—

„Die Einleitung ist eine vortreffliche staatsrechtliche Abhandlung, die unter Berücksichtigung und Verwertung der einschlägigen Literatur in die Entstehungsgeschichte und in die Bedeutung der Verfassungsurkunde einführt. Der Kommentar wird denjenigen, die sich mit den einzelnen Bestimmungen der Verfassung vertraut machen wollen, ein willkommener Ratgeber sein.“
Zeitschrift für Polizei- und Verwaltungsbeamte.

Veröffentlichungen der Vereinigung deutscher Staatsrechtslehrer.
Heft 1: Der deutsche Föderalismus. Oktav. 1924 . . . RM. 5.—
Heft 2: Der Schutz des öffentlichen Rechts. Oktav. 1925. RM. 12.—

Heft 3: Die Gleichheit vor dem Gesetz. Der Einfluß des Steuerrechts auf die Begriffsbildung des öffentlichen Rechts. Oktav. 1927. RM. 7.—
Heft 4: Das Recht der freien Meinungsäußerung. — Der Begriff des Gesetzes in der Reichsverfassung. Oktav. 1928 . . . . . RM. 10.—
Heft 5: Wesen und Entwicklung der Staatsgerichtsbarkeit. — Überprüfung von Verwaltungsakten durch die ordentlichen Gerichte. Oktav. 1929 . . . . RM. 12.—
Heft 6: Bundesstaatliche und gliedstaatliche Rechtsordnung. Verwaltungsrecht der öffentlichen Anstalt. Berichte von Fritz Fleiner, Josef Lukas, Lutz Richter und Arnold Köttgen. Verhandlungen der Tagung der deutschen Staatsrechtslehrer zu Frankfurt a. M. am 25. und 26. April 1929. Mit einem Auszug aus der Aussprache. Oktav. IV, 166 Seiten. 1929 . . . . RM. 9.—

Sehling, Emil, **Kirchenrecht.** Zweite Auflage.

I. Teil. Einleitung. Quellen, Verfassung und Verwaltung der katholischen Kirche. Anhang: Die griechisch-orthodoxe Kirche. 119 Seiten. 1922. (Sammlung Göschen Bd. 377.) . . . . Geb. RM. 1.80

II. Teil: Das evangelische Kirchenrecht. Die Stellung des Staates zur Kirche und das Verhältnis der Religionsgesellschaften zueinander. 87 Seiten. 1927. (Sammlung Göschen Bd. 954.) . . . Geb. RM. 1.80

Edler v. Hoffmann, H., **Deutsches Kolonialrecht.** 150 Seiten. 1907. (Sammlung Göschen Bd. 318.) . . . . Geb. RM. 1.80

Reier, Otto, **Sozialisierungsgesetze.** Taschenformat. 214 Seiten. 1920. (Guttentagsche Sammlung Deutscher Reichsgesetze Bd. 141.) Geb. RM. 2.20

„Das Werk stellt die erste zusammenfassende kommentarische Darstellung der Sozialisierungsgesetzgebung dar und ist für alle Interessenten unentbehrlich." Zentralblatt der Reichsversicherung.

Delius, H., **Die Beamtenhaftpflichtgesetze** des Reiches und der Länder. Vierte, vermehrte und vollkommen neubearbeitete Auflage. Taschenformat. 384 Seiten. 1929. (Guttentagsche Sammlung Deutscher Reichsgesetze Bd. 94.) . . . . Geb. RM. 10.—

Hohenstein, Adolf, und **Goldbaum,** Wenzel, **Reichsschädengesetze.** Textausgabe mit Anmerkungen. Oktav. 360 Seiten. 1922. (Guttentagsche Sammlung Deutscher Reichsgesetze Bd. 150.) . . . Geb. RM. 4.—

„Im ganzen ist das vorliegende Werk nicht nur ein wertvolles Hilfsmittel für den Fachmann, sondern ist besonders jedem Geschädigten zu empfehlen, der sich über seine Ansprüche orientieren will." Auslandswarte.

Wörterbuch des Völkerrechts und der Diplomatie. Begonnen von Professor Dr. Julius **Hatschek** †. Fortgesetzt und herausgegeben von Dr. Karl **Strupp,** Professor an der Universität Frankfurt a. M., Associé de l'institut de droit international, membre de l'Academie Diplomatique Internationale. Lexikon-Oktav.
Band I: Aachen—Lynchfall. VI, 860 Seiten. 1924.
RM. 35.—, in Halbleder geb. RM. 40.—
Band II: Maas—Utschiali. 779 Seiten. 1925.
RM. 35.—, in Halbleder geb. RM. 40.—
Band III (Schluß): Vasallenstaaten—Zwangsverschickung. Ferner Anhang: Abessinien—Weltgerichtshof; Sachverzeichnis und Mitarbeiterregister. II, 1316 Seiten. 1929.
RM. 62.—, in Halbleder geb. RM. 67.—

„Der Vorsprung, den entsprechende Werke in französischem Sprachgewande bisher hatten, ist nunmehr in Deutschland eingeholt. Die Form der alphabetischen Zergliederung des Stoffes ermöglicht eine

breitere Behandlung der Einzelfälle, die im internationalen Rechtsleben nicht selten von größerer Bedeutung als vorzeitig aufgestellte Abstraktionen sind.“ *Zeitschrift für Völkerrecht.*

Anzilotti, D., **Lehrbuch des Völkerrechts.** Übersetzt und herausgegeben vom Institut für ausländisches öffentliches Recht und Völkerrecht, Berlin. I. Band. Groß-Oktav. 444 Seiten. 1929. RM. 19.—, geb. RM. 20.—

Mit der Herausgabe der Übersetzung dieses Lehrbuches des berühmten Völkerrechtlers ist das Institut für ausländisches öffentliches Recht und Völkerrecht einem in Deutschland außerordentlich fühlbaren Bedürfnis entgegengekommen. Das Buch ist nicht schlechthin eine Übersetzung der italienischen Originalausgabe, sondern berücksichtigt auch die gesamte Rechtsprechung und Literatur der letzten Zeit und stellt somit das zurzeit modernste Lehrbuch des Völkerrechts überhaupt dar.

Niemeyer, Theodor, **Völkerrecht.** 168 Seiten. 1925. (Sammlung Göschen Bd. 865.) . . . . Geb. RM. 1.80

Dieses Bändchen gibt in gedrängter Form eine vollständige Übersicht über das Völkerrecht.

Beiträge zum ausländischen öffentlichen Recht und Völkerrecht. Herausgegeben im Auftrage des Instituts für ausländisches öffentliches Recht und Völkerrecht in Berlin in Gemeinschaft mit Friedrich Glum, Ludwig Kaas, Rudolf Smend, Heinrich Triepel von Viktor **Bruns.** Groß-Oktav.

Eine Sammlung einschlägiger wissenschaftlicher Abhandlungen, Materialsammlungen, Übersetzungen besonders wertvoller ausländischer Werke u. a.

Heft 1:

Triepel, H., **Staatsrecht und Politik.** Rede beim Antritt des Rektorats der Friedrich-Wilhelms-Universität zu Berlin am 15. Oktober 1926. 40 Seiten. 1927 . . . . RM. 2.—

Heft 2:

Schmitt, Carl, **Volksentscheid und Volksbegehren.** Ein Beitrag zur Auslegung der Weimarer Verfassung und zur Lehre von der unmittelbaren Demokratie. 54 Seiten. 1927 . . . . . . RM. 2.60

Heft 3:

Heck, K., **Der Aufbau des britischen Reiches.** (Der Verhandlungsbericht der Reichskonferenz von 1926.) 152 Seiten. 1927. RM. 6.—

Heft 4:

Heller, P., **Die Souveränität.** Ein Beitrag zur Theorie des Staats- und Völkerrechts. 177 Seiten. 1927. . . . . RM. 8.50

Heft 5:

Grentrup, Theodor, **Die Missionsfreiheit** nach den Bestimmungen des geltenden Völkerrechts. 112 Seiten. 1928 . . . . RM. 5.50

Heft 6:

Robinson, Jakob, **Das Minoritätenproblem** und seine Literatur. Kritische Einführung in die Quellen und die Literatur der europäischen Nationalitätenfrage der Nachkriegszeit, unter besonderer Berücksichtigung des völkerrechtlichen Minderheitenschutzes.

Allgemeiner Teil. 265 Seiten. 1928 . . . . RM. 9.—

Heft 7:

Bilfinger, Karl, **Der Reichssparkommissar.** 68 Seiten. 1928. RM. 3.60

Heft 8:

Bumiller, J. M., **Die völkerrechtliche Stellung der fremden Truppen im Saargebiet.** 156 Seiten. 1928 . . . . RM. 9.—

Heft 9:

Das Recht des Ausnahmezustands im Auslande (Frankreich, Belgien, Niederlande, Italien, England, Irland). 296 Seiten. 1928. RM. 14.—

Heft 10:

Gerland, B., **Die Beziehungen zwischen dem Parlament und den Gerichten in England.** Eine rechtsvergleichende Studie. 137 Seiten. 1928. RM. 8.—

Heft 11:

Leibholz, Gerhard, **Zu den Problemen des fascistischen Verfassungsrechts.** Akademische Antrittsvorlesung. 112 Seiten. 1928. RM. 5.—

Heft 12:

Glum, Friedrich, **Der deutsche und der französische Reichswirtschaftsrat.** Ein Beitrag zu dem Problem der Repräsentation der Wirtschaft im Staat. 188 Seiten. 1929 . . . . RM. 9.—

Heft 13:

Leibholz, Gerhard, **Das Wesen der Repräsentation** unter besonderer Berücksichtigung des Repräsentativsystems. Ein Beitrag zur allgemeinen Staats- und Verfassungslehre. Groß-Oktav. 214 Seiten. 1929. RM. 14.—

Kraus, H., **Internationale Schiedssprechung.** Eine Sammlung der für das Deutsche Reich verbindlichen Verträge und Vertragsbestimmungen, die sich auf internationale Gerichtsbarkeit, Schiedsgerichtsbarkeit, sowie Vergleichsverfahren beziehen, nebst den dazugehörigen deutschen Regierungsdenkschriften. Taschenformat. XXXVI, 348 Seiten. 1929. (Guttentagsche Sammlung Deutscher Reichsgesetze Bd. 174.) . . . . Geb. RM. 10.—

„Die vorliegende Dokumentensammlung füllt eine Lücke aus, da es bisher schwer war, alle schiedsrichterlichen Verpflichtungen des Deutschen Reiches auf einmal einzusehen." Friedenswarte.

Strupp, Karl, **Das Werk von Locarno.** Eine völkerrechtlich-politische Studie. Oktav. 180 Seiten. 1926 . . . . RM. 10.—

„Die lückenlose Mitteilung aller für das Verständnis und die Auslegung wichtiger Urkunden macht das aktuelle Buch zu einem außerordentlich wertvollen Mittel der Erkenntnis des Inhalts und der Tragweite dieser grundlegenden Staatsverträge." D. A. Z.

Sering, Max, **Deutschland unter dem Dawes-Plan.** Entstehung, Rechtsgrundlagen, wirtschaftliche Wirkungen der Reparationslasten. Oktav. VIII, 237 Seiten. 1928 . . . . RM. 10.—

„Nicht nur dem Juristen und Volkswirtschaftler, sondern auch dem Laien verständlich, gibt das Werk einem jeden wertvollen Einblick in Deutschlands wirtschaftspolitische Abhängigkeit, die sich bis in die kleinsten Betriebe hineinzieht, die jedes einzelne Glied des deutschen Volkes betrifft." Prakt. Rundschau.

2. Verwaltungsrecht.

Reichsrecht

Bühler, O., **Verwaltungsgesetze des Reiches und Preußens.** Taschenformat. XI, 682 Seiten. 1930 . . . . Geb. RM. 11.—

(Lehrausgaben Deutscher Gesetze, Bd. III.)

Außer den preußischen Verwaltungsgesetzen bringt der vorliegende Band als erster auch die immer wichtiger werdenden Verwaltungsgesetze des Reichs. Durch Weglassung aller für den Unterricht überflüssigen Gesetze, Weglassung auch unwichtiger Bestimmungen in den oft sehr weitschweifigen Verwaltungsgesetzen (wobei aber der Inhalt weggelassener Bestimmungen jeweils kurz angedeutet ist) ist es ermöglicht worden, auch hier einen Band erstehen zu lassen, der nicht schon durch seinen Umfang abschreckt.

Blume, E., und **Weirauch,** W., **Die Eisenbahn-Verkehrsordnung** vom 16. Mai 1928 mit Allgemeinen Ausführungsbestimmungen sowie dem Internationalen Übereinkommen über den Eisenbahnfrachtverkehr vom 30. Mai 1925 und dem Internationalen Übereinkommen über den Eisenbahn-Personen- und Gepäckverkehr vom 12. Juni 1925. Textausgabe mit Anmerkungen. Vierte Auflage. Taschenformat. X, 482 Seiten. 1928. (Guttentagsche Sammlung Deutscher Reichsgesetze Bd. 91.)
Geb. RM. 9.—

„Ein treffliches Hilfsbuch für alle, die sich mit dem Eisenbahnverkehrsrecht theoretisch und praktisch zu beschäftigen haben. Der Kommentar wird besonders auch den Gerichten und den Anwälten gute Dienste leisten, da die Ausführungsbestimmungen zur Eisenbahnverkehrsordnung, die vollständig abgedruckt werden, sonst nur in den Tarifen veröffentlicht werden, die in den Kreisen der Juristen weniger bekannt sind. Allen, die es angeht, kann daher die Anschaffung der neuen Auflage dringend empfohlen werden."
Juristische Wochenschrift.

Fischer, D., und **Staedler,** E., **Die deutsche Post- und Telegraphengesetzgebung.** Teil I: Postrecht (mit Ausschluß des internationalen Rechts). Siebente Auflage. 47*, 586 Seiten. 1929. (Guttentagsche Sammlung Deutscher Reichsgesetze Bd. 7.) . . . . Geb. RM. 15.—

Teil II: **Telegraphen- und Fernsprechrecht** (mit Ausschluß des internationalen Rechts). Taschenformat. 495 Seiten. 1930. (Guttentagsche Sammlung Deutscher Reichsgesetze Band 7a.) . . RM. 13.—

Sebba, Julius, **Seewasserstraßenordnung.** (Polizeiverordnung zur Regelung des Verkehrs auf den deutschen Seewasserstraßen vom 31. März 1927.) Taschenformat. 493 Seiten. 1928. (Guttentagsche Sammlung Deutscher Reichsgesetze Bd. 171.) . . . . Geb. RM. 8.50

„Es bedarf hierbei wohl nicht der besonderen Hervorhebung, daß die Kommentierungsmethode des rühmlichst bekannten Neu-Herausgebers von Schaps-Seerecht auch in dem vorliegenden Werke eine knappe und doch gründliche geworden ist."
Verkehrsrechtliche Praxis.

Busse, Rudolf, **Luftrecht einschließlich Luftverkehrsgesetz und Pariser Luftverkehrsabkommen.** Taschenformat. XVIII, 448 Seiten. 1928. (Guttentagsche Sammlung Deutscher Reichsgesetze Bd. 170.)
Geb. RM. 10.—

Das vorliegende Buch sucht in einem nationalen und internationalen Teil einen klaren Überblick über das gesamte Luftrecht zu geben; der neueste Stand der Rechtsprechung ist hierbei berücksichtigt. Den erläuterten Gesetzesabkommenstexten ist eine systematische Einführung in das gesamte Luftrecht mit seinen vielseitigen Rechtsdisziplinen vorausgeschickt.

Volkmann, Kurt, **Die Straßenverkehrsordnungen** nebst den einschlägigen Nebenbestimmungen. Taschenformat. 312 Seiten. 1929. (Guttentagsche Sammlung Deutscher Reichsgesetze Bd. 175.) . . . Geb. RM. 7.—

„Das übersichtliche Werkchen, das uns eine schnelle Information über auftauchende Rechtsfragen auf diesem besonderen Verkehrgebiete ver-

schafft, kann Polizeibeamten, Gerichten, Anwälten, Fuhrwerksbesitzern, Kraftfahrern und Radfahrern zur Anschaffung empfohlen werden."
Verkehrsrechtl. Rundschau.

Kirchner, Rudolf, **Gesetz über den Verkehr mit Kraftfahrzeugen** vom 3. Mai 1909. Vierte, völlig neubearbeitete Auflage. (Guttentagsche Sammlung Deutscher Reichsgesetze Bd. 92.) . . In Vorbereitung.
„Der Verfasser hat sich mit der nicht unschwierigen Materie auf das beste vertraut gemacht und seine Kenntnisse mit großer Gewandtheit in logischen, klaren und ausführlichen Erläuterungen zum Gesetze verwertet." Zeitschrift für Polizei- und Verwaltungsbeamte.

Aumer, Georg, **Der Kraftfahrzeugverkehr.** Richtlinien für Polizeibeamte und Kraftfahrer. Mit 79 Abbildungen und Figuren. Zweite Auflage. Taschenformat. 208 Seiten. 1928 . . . . Geb. RM. 4.50
„Ein kleines, aber nicht nur für jeden Polizeibeamten, sondern für jeden bei einem Kraftfahrzeugunfall — sei es nur als Zeugen — Beteiligten interessantes Kapitel über Hinweise auf Feststellungen bei Unglücksfällen und eine Übersicht über den Kraftfahrzeugbestand schließen die interessante Schrift, die — wenn sie sich auch ihrem Zweck entsprechend von juristischen Erörterungen fernhält — doch auch dem Juristen eine Fülle rechtstatsächlichen Materials, das gerade auf diesem Gebiete besonders wichtig ist, bietet."
Juristische Wochenschrift.

Holzapfel, W., **Die Siedlungsgesetzgebung** im Reich und in Preußen. 347 Seiten. 1920. (Guttentagsche Sammlung Deutscher Reichsgesetze Bd. 140.) . . . . Geb. RM. 3.—
„Die zur Ausführung jener Gesetze bestimmten Behörden und auch die literarische Forschung wird dem Verfasser für seine mühevolle Arbeit Anerkennung zollen." Archiv für öffentliches Recht.

Behrend, Ernst, und **Stranz-Hurwitz,** Helene, **Sammlung von Wohlfahrtsgesetzen** des Deutschen Reichs und Preußens nebst den allgemeinen Wohlfahrtsgesetzen von Sachsen, Thüringen, Hamburg, Mecklenburg-Schwerin und -Strelitz, Oldenburg, Lippe und Lübeck.
Teil I: Taschenformat. 560 Seiten. 1923 . . . . . Geb. RM. 5.—
Teil II: Nebst Ausführungsgesetzen sämtlicher Länder zum Reichsjugendwohlfahrtsgesetz. Taschenformat. XVI, 551 Seiten. 1925. (Guttentagsche Sammlung Deutscher Reichsgesetze Bd. 152 und 152a.)
Geb. RM. 9.—
Teil I und II zus. RM. 12.—
„Die kurzen, alles Wesentliche zusammenfassenden Einleitungen zu den einzelnen Gesetzen sind mit außerordentlicher Sachkunde und Klarheit geschrieben; sie genügen zusammen mit den Literaturangaben völlig für den Praktiker, um die Gesetzestexte richtig handhaben zu können. Das Werk ist für alle in der Wohlfahrtspflege Arbeitenden unentbehrlich und sehr praktisch."
Nachrichtendienst des Deutschen Vereins für öffentliche Fürsorge.

Wegner, Arthur, **Jugendrecht.** Ein Lehrbuch zur Einführung. Oktav. IX, 219 Seiten. 1929 . . . . RM. 6.—, geb. RM. 7.50
„Ein gleichartiges und gleichwertiges Werk über das Jugendrecht gibt es noch nicht." Breslauer Zeitung.

Drewes, Paul, und **Sandré,** Emil, **Das Reichsgesetz für Jugendwohlfahrt** vom 9. Juli 1922 und **Jugendgerichtsgesetz** vom 16. Februar 1923 nebst Nebengesetzen. Zweite Auflage. Taschenformat. XVI, 496 Seiten. 1928. (Guttentagsche Sammlung Deutscher Reichsgesetze Bd. 154.)
Geb. RM. 11.—
„Eine sehr handliche Gesetzesausgabe. Sie bietet in ausführlichen geschichtlichen und rechtlichen Vorbemerkungen und Einleitungen wertvolles Material zur Einführung in den Willen und Geist beider Gesetze und gibt in knappen, aber ausreichenden Erläuterungsbemer-

kungen zu den einzelnen Bestimmungen dem Praktiker die erforderlichen Unterlagen zur richtigen Anwendung. Das Werk dürfte sich in der Praxis beliebt machen." *Blätter für öffentliche Fürsorge*

Sandré, Emil **Verordnung über die Fürsorgepflicht.** Vom 14. Februar 1924. Mit Einschluß der für die Durchführung dieser Verordnung in Frage kommenden reichs- und landesgesetzlichen Bestimmungen. Taschenformat. 342 Seiten. 1925. (Guttentagsche Sammlung Deutscher Reichsgesetze Bd. 160.) . . . . Geb. RM. 6.—

„Die Zusammenstellung der bis in die jüngste Zeit ergangenen gesetzlichen Bestimmungen, die in Beziehung zur Fürsorgepflichtverordnung stehen, gibt der Sandréschen Arbeit ihre besondere Bedeutung. Die Anmerkungen sind zahlreich und zeichnen sich durch einen feinen, klaren Stil aus. Das Buch ist übersichtlich geordnet und leicht zu handhaben." *Schleswig-Holsteinsche Wohlfahrtsblätter.*

Szczesny, Viktor, **Das Lichtspielgesetz** vom 12. Mai 1920 mit der Ausführungsverordnung Einleitung, Gebührenordnung und Sachregister. Taschenformat. 106 Seiten. 1920. (Guttentagsche Sammlung Deutscher Reichsgesetze Bd. 147.) . . . . Geb. RM. 1.50

„Das neue Lichtspielgesetz hat hier eine ausführliche Kommentierung gefunden. Das Buch kann bei der gründlichen Behandlung des Stoffes als ein geeignetes Hilfsmittel für die Praxis bezeichnet werden." *Preußische Gemeinde-Zeitung.*

Wündisch, Ernst, **Das Gesetz über Schußwaffen und Munition** vom 12. April 1928 (RGBl. I S. 143) nebst der Ausführungsverordnung der Reichsregierung vom 13. Juli 1928 (RGBl. I S. 198) und dem Preußischen Erlaß zur Durchführung des Gesetzes vom 7. September 1928 (MBliV. S. 925). Taschenformat. 139 Seiten. 1928. (Guttentagsche Sammlung Deutscher Reichsgesetze Bd. 173.) . . . . Geb. RM. 5.—

Durch das neue Gesetz über Schußwaffen und Munition vom 12. April 1928 sind auf diesem für die Öffentlichkeit so wichtigen Gebiet neue Rechtsverhältnisse geschaffen worden, für die die Praxis exakte Erläuterungen wünscht. Eine solche Erläuterung stellt das vorliegende Buch dar, das, von einem auf diesem Gebiet besonders erfahrenen Sachkenner bearbeitet, eine absolut zuverlässige Darstellung der neuen Bestimmungen enthält. Außer dem Gesetzestext sind die für die Praxis wichtigen Ausführungsbestimmungen des Reiches und Preußens abgedruckt. Auf Übersichtlichkeit, Leichtverständlichkeit und Vollständigkeit der Erläuterungen, die die Hauptvorzüge der Guttentagschen Sammlung sind, wurde auch bei diesem Gesetze Wert gelegt.

Fraustädter, W., und **Kreutzberger,** M., **Das deutsche Ausländerrecht.** Die Bestimmungen des Reichsrechts und preußischen Landesrechts. Textausgabe mit Erläuterungen und Sachregister. Taschenformat. 396 Seiten. 1927. (Guttentagsche Sammlung Deutscher Reichsgesetze Bd. 166.) Geb. RM. 9.—

„Eine höchst begrüßenswerte Veranstaltung, aus dem Bedürfnis der Praxis hervorgegangen und mit vollendetem Sachverständnis unternommen. Sowohl die Vollständigkeit der mannigfach verstreuten gesetzlichen Bestimmungen als deren Anordnung, Registrierung und Erläuterung durch Ausführungsbestimmungen, Gerichtsentscheidungen, Verwaltungspraxis ist vortrefflich."
Niemeyers Zeitschrift für internationales Recht.

Voß, Werner, **Die reichs- und landesrechtlichen Bestimmungen auf dem Gebiete des Gesundheitswesens.** Zusammengestellt und mit Anmerkungen versehen. Taschenformat. 608 Seiten. 1929. (Guttentagsche Sammlung Deutscher Reichsgesetze Bd. 172.) . . . . . . Geb. RM. 11.—

„Der Band enthält eine Sammlung der Gesetze, Verordnungen und Bestimmungen auf dem Gebiete des Gesundheitswesens, wie sie in dieser Vollständigkeit sonst nicht besteht. Dadurch erst ist ein zu-

verlässiger und rascher Überblick über die einschlägigen weit verstreuten Bestimmungen gewährleistet."

Württ. Zeitschr. f. Rechtspflege.

Hippel, W. von, **Reichsviehseuchengesetz** vom 26. Juni 1909 nebst Ausführungsvorschriften und dem preußischen Ausführungsgesetz. Zweite Auflage. Taschenformat. 486 Seiten. 1913. (Guttentagsche Sammlung Deutscher Reichsgesetze Bd. 103.) . . . . Geb. RM. 4.—

Boxberger, L. von, **Vogelschutzgesetz** vom 30. Mai 1908 nebst den das Flugwild betreffenden Bestimmungen der Preußischen Jagdordnung. Taschenformat. 57 Seiten. 1909. (Guttentagsche Sammlung Deutscher Reichsgesetze Bd. 89.) . . . . Geb. RM. 1.—

Landesrecht

Bitter, von, **Handwörterbuch der Preußischen Verwaltung.** Dritte, vollständig umgearbeitete Auflage. Unter Mitwirkung zahlreicher hoher Reichs- und preußischer Staatsbeamten herausgegeben von Dr. Bill Drews, Staatsminister a. D., Präsident des Pr. Oberverwaltungsgerichts, und Dr. Franz Hoffmann, Wirklicher Geheimer Oberregierungsrat, Berlin. Lexikon-Oktav. 1928.

RM. 120.—, in Halbleder geb. RM. 132.—

Erster Band, 1. Halbband: Abbaugerechtigkeiten—Fleisch- und Viehagenten. 552 Seiten.

2. Halbband: Fleischvergiftung—Kyffhäuserbund. Seite 553 bis 1134 und IX Seiten.

Zweiter Band: Lackfabriken—Zwischenkredit. VII, 1220 Seiten.

(Im Verlage der Firmen: Walter de Gruyter & Co., Berlin; Carl Heymanns Verlag, Berlin; Roßberg'sche Verlagsbuchhandlung, Leipzig.)

Das zentrale Werk der Praxis des Verwaltungsrechts.

Reichelt, H., **Verwaltungsgesetzbuch für Preußen.** Systematische Zusammenstellung der wichtigsten Verwaltungsgesetze und Verordnungen für Praxis und Unterrichtszwecke. Lexikon-Oktav. VII, 1302 Seiten. 1914 . . . . Geb. RM. 7.60

„Das Buch ist sehr wertvoll, dem Praktiker unentbehrlich und leistet demjenigen, der sich auf eine Prüfung vorbereitet, vorzügliche Dienste. Allen Verwaltungsbehörden wird das Buch warm empfohlen."

Preußische Verwaltungs- und Finanz-Zeitung.

Friedrichs, K., **Die Gesetzgebung über die allgemeine Landesverwaltung** und Zuständigkeit der Verwaltungs- und Verwaltungsgerichtsbehörden. Dritte, durchgesehene Auflage. Taschenformat. XXIII, 295 Seiten. 1927. (Guttentagsche Sammlung Preußischer Gesetze Bd. 42.)

Geb. RM. 5.—

„Der Wert dieser Arbeit liegt darin, daß er eine erschöpfende und klare Übersicht über das tatsächlich geltende Verwaltungsrecht bringt. Das Werk ist ein vorzügliches und nie versagendes Hilfsmittel."

Gesetz und Recht.

Fischbach, O. G., **Das Reichsbeamtengesetz vom 31. März 1873 in der Fassung der Bekanntmachung vom 18. Mai 1907 mit allen Abänderungen und Ergänzungen.** Taschenformat. 311 Seiten. 1930. (Guttentagsche Sammlung Deutscher Reichsgesetze, Bd. 82.) Geb. RM. 6.—

Die vorliegende Erläuterung des Beamtengesetzes durch den bekannten Staatsrechtlehrer kommt einem besonderen Bedürfnis der Praxis entgegen, die s. Zt. eine den neuesten Fortschritten der Wissenschaft und Rechtsprechung entsprechende Handausgabe sehr entbehrt. Bemerkenswert ist, daß auch verwandte Gesetze und Verordnungen der einheitlichen Erläuterung unterzogen wurden, so daß dieses Buch für die Praxis ein der Sache wie der Erläuterungsart wichtiges Hilfsmittel darstellt.

Pfafferoth, Carl, **Preußische Beamtengesetzgebung.** Fünfte Auflage. XIV, 280 Seiten. 1916. (Guttentagsche Sammlung Preußischer Gesetze Bd. 2.) . . . . Geb. RM. 2.40

Dultzig, Eugen von, **Das preußische Disziplinargesetz für die nichtrichterlichen Beamten.** Taschenformat. XIV, 364 Seiten. 1914. (Guttentagsche Sammlung Preußischer Gesetze Bd. 51.) . . . . Geb. RM. 4.20

„Der Verfasser kennt das Disziplinarrecht aus eigener Tätigkeit und aus langer Erfahrung. Diese hat er zu einem praktischen Nachschlagebuch für alle praktischen Fragen des Disziplinarrechts ausgestaltet. Bei tunlichster Kürze sind doch recht erschöpfende, klare und anschauliche Erläuterungen entstanden, die das Verständnis und die Anwendung des Disziplinarrechts in zweckmäßiger Weise erleichtern. Das Büchlein verdient volle Beachtung."

Zeitschrift für Polizei- und Verwaltungsbeamte.

Hagemann, Rudolf, **Hinterlegungsordnung** vom 21. April 1913. Taschenformat. 175 Seiten. 1914. (Guttentagsche Sammlung Preußischer Gesetze Bd. 53.) . . . . Geb. RM. 2.20

„Das in der vorteilhaft bekannten Guttentagschen Sammlung erschienene Buch darf als ein Hilfsmittel zu dem nicht immer ganz einfachen Verständnis der neuen Hinterlegungsvorschriften bestens empfohlen werden; es ist klar, übersichtlich und ausführlich."

Zentralblatt für freiwillige Gerichtsbarkeit.

Aschrott, P. F., **Gesetz über die Fürsorgeerziehung Minderjähriger.** Vom 2. Juli 1900. Nebst Ausführungsanweisungen. Dritte Auflage. Taschenformat. 374 Seiten. 1917. (Guttentagsche Sammlung Preußischer Gesetze Bd. 28.) . . . . Geb. RM. 2.80

„Das Buch gewährt nicht nur einen klaren Einblick in die gegenwärtige Gestaltung der Fürsorgeerziehung in Preußen, sondern es gibt auch über die Zweifelsfragen, welche bei der Auslegung des technisch ziemlich unvollkommenen Fürsorgeerziehungsgesetzes in besonders reicher Fülle auftauchen, durchweg eine erschöpfende und zutreffende Auskunft." *Das Recht.*

Marcks, A., **Gesetz, betr. die Unterhaltung der öffentlichen Volksschulen.** Taschenformat. 194 Seiten. 1906. (Guttentagsche Sammlung Preußischer Gesetze Bd. 39.) . . . . Geb. RM. 1.80

„Das handliche Büchlein wird, von sachkundiger Seite herrührend und praktisch angelegt, Verwaltungsbeamten, Schulvorständen, Lehrern beim Gebrauch gute Dienste leisten."

Schulblatt der Provinz Brandenburg.

Ledermann, W., und **Brühl.** L., **Die Städteordnung für die sechs östlichen Provinzen Preußens.** Zweite Auflage. Taschenformat. 593 Seiten. 1913. (Guttentagsche Sammlung Preußischer Gesetze Bd. 32.) Geb. RM. 6.—

„Der Kommentar, eine hervorragende Arbeit, ist von der Kritik und der Praxis so einmütig günstig aufgenommen worden, daß er auch in seiner zweiten durch Gesetzgebung, Literatur und Rechtsprechung der letzten zehn Jahre bereicherten Ausgabe keiner weiteren Empfehlung bedarf." *Kommunale Praxis.*

Wölbling, P., **Bildung der neuen Stadtgemeinde Berlin.** Zweite Auflage. Taschenformat. 114 Seiten. 1920. (Guttentagsche Sammlung Preußischer Gesetze Bd. 59.) . . . . Geb. RM. 1.40

„Die Ebenmäßigkeit mit den Kommentaren anderer Gesetze der Guttentagschen Sammlung erringt der Verfasser durch seine strenge Sach-

lichkeit. Damit muß seinem Werk die Beachtung bei der Durchführung des Gesetzes und bleibender Wert gesichert erscheinen."
Soziale Praxis.

Lohmann, W., Gesetz, betr. die Feuerbestattung. Taschenformat. 79 Seiten. 1912. (Guttentagsche Sammlung Preußischer Gesetze Bd. 47.)
Geb. RM. 1.50

„Der Verfasser, der als Mitglied der Kommission des Abgeordnetenhauses an dem Zustandekommen des Gesetzes hervorragend beteiligt war, konnte als zuständiger Bearbeiter des Gesetzes in erster Linie gelten. Der kleine Kommentar ist besonderer Aufmerksamkeit sicher."
Jahrbuch des Verwaltungsrechts.

Caro, H., Gesetz, betr. Austritt aus der Landeskirche, vom 14. Mai 1873. Taschenformat. 190 Seiten. 1911. (Guttentagsche Sammlung Preußischer Gesetze Bd. 46.) . . . . Geb. RM. 2.40

„Ein sehr praktisches Buch, das in den Anmerkungen zum Wortlaut des Gesetzes eine reiche Fülle von Material bietet für alle möglichen Fragen, die mit Aus- und Übertritt zusammenhängen. Das genau gearbeitete Inhaltsverzeichnis ermöglicht bei gelegentlicher Benutzung ein leichtes Auffinden des Nötigen."
Deutsch-Protestantische Bücherschau.

Meyer, O., Gesetz, betr. die Anlegung und Veränderung von Straßen und Plätzen in Städten und ländlichen Ortschaften. Taschenformat. 211 Seiten. 1913. (Guttentagsche Sammlung Preußischer Gesetze Bd. 50.)
RM. 3.—

Strauß-Torney, Hugo von und **Saß,** Carl, früher **Friedrichs,** R., **Gesetz, betr. Anlegung und Veränderung von Straßen und Plätzen** in Städten und ländlichen Ortschaften. (Straßen- und Baufluchtengesetz.) Kommentar. Sechste Auflage. Groß-Oktav. 211 Seiten. 1920.
RM. 8.—, geb. RM. 9.50

„Das Werk zeigt eine Reichhaltigkeit und Vollständigkeit, die sonst wenigen Kommentaren eigen ist, und übertrifft hierin noch weit die früheren Auflagen. Besonders erwähnenswert ist die geschickte Anordnung der Erläuterungen und das praktische Inhaltsverzeichnis."
Wochenschrift des Architektenvereins zu Berlin.

Heine, H. **Die preußischen Baupolizeigesetze** nebst den sonstigen einschlägigen Reichs- und Landesgesetzen. Taschenformat. 404 Seiten. 1928. (Guttentagsche Sammlung Preußischer Gesetze Bd. 64.)
Geb. RM. 8.—

Diesem Band ist die Aufgabe gestellt, die in erster Linie in Betracht kommenden Gesetze und sonstigen Vorschriften und die im Zusammenhang hiermit entstehenden Rechtsfragen in übersichtlicher Weise zusammenzufassen und zu erörtern. Die Rechtsprechung des Oberverwaltungsgerichts und anderer Gerichte ist hierbei berücksichtigt worden.

Goldschmidt, O., Gesetze gegen die Verunstaltung landschaftlich hervorragender Gegenden mit Ausführungsanweisungen. Taschenformat. 152 Seiten. 1912. (Guttentagsche Sammlung Preußischer Gesetze Bd. 49.)
Geb. RM. 2.40

„Der Kommentar bietet eine sachgemäße, sorgfältige und erschöpfende Erläuterung der einzelnen gesetzlichen Bestimmungen. Er wird als ein durch Vollständigkeit und Zuverlässigkeit ausgezeichnetes Hilfsmittel jedem Freunde des Heimatschutzes ein willkommener Ratgeber sein." *Jahrbuch des Verwaltungsrechts.*

Wulff, G., und **Herold, F., Wassergesetz** vom 7. April 1913. Mit Einleitung, Erläuterungen und Sachregister. Zweite, umgearbeite Auflage von G. Wulff. Taschenformat. XVI, 665 Seiten. 1928. (Guttentagsche Sammlung Preußischer Gesetze Bd. 52.) . . Geb. RM. 12.—

„Gründlichkeit und trefflichere Kürze bilden einen besonderen Vorzug des Werkes." Ministerialblatt f. d. preuß. innere Verwaltung.

Holtgreven, A., und Wolff, Th., Das Wildschadengesetz vom 11. Juli 1891. Kommentar. Vierte, vermehrte und verbesserte Auflage. Oktav. VIII, 216 Seiten. 1902 . . . . RM. 4.—

„Dieses Werkchen will einerseits die juristisch zweifelhaften Punkte des Wildschadengesetzes wissenschaftlich erörtern und klarstellen und andererseits allen denjenigen, welche bei der Handhabung dieses Gesetzes in irgendeiner Weise, sei es als Private, Beamte, Grundbesitzer oder als Jagdberechtigte, beteiligt sind, ein praktischer Berater sein."
Allgemeine Forst- und Jagdzeitung.

Born, A., Das preußische Fischereigesetz vom 11. Mai 1916 in der geltenden Fassung. Taschenformat. 428 Seiten. 1928. (Guttentagsche Sammlung Preußischer Gesetze Nr. 62.) . . . . Geb. RM. 7.50

Die Ausgabe bietet eine bis jetzt fehlende neue Darstellung des Fischereigesetzes, in der vor allem die neue Rechtsprechung eingehend verwertet ist. Außer dem Fischereigesetz, das eine ausführliche Erläuterung gefunden hat, sind die wichtigen Ausführungsverordnungen und im Anhang die einschlägigen Bestimmungen anderer für die Anwendung des Fischereigesetzes in Frage kommenden Gesetze berücksichtigt.

Born, A., Die preußischen Jagdgesetze in ihrer geltenden Fassung. Mit Erläuterungen versehen. Taschenformat. 433 Seiten. 1928. (Guttentagsche Sammlung Preußischer Gesetze Nr. 63.) . . . Geb. RM. 8.—

„Das Buch kann zur Belehrung und Handgebrauch den Gerichten, Landratsämtern, Gemeinden und Forstbehörden sowie allen jagdlich interessierten Personen warm empfohlen werden."
Leipziger Ztsch. f. dtsch. Recht.

Kunze, F., Das Jagdscheingesetz. Zweite Auflage. Taschenformat. 157 Seiten. 1899. (Guttentagsche Sammlung Preußischer Gesetze Bd. 19.) . . . . Geb. RM. 2.—

„Die eingehenden Anmerkungen und die im Titel hervorgehobenen Beigaben machen den kleinen Kommentar zu einem vortrefflichen, in der Praxis schwer entbehrlichen Hilfsmittel zur Auslegung des Gesetzes." Zeitschrift für die gesamte Strafrechtswissenschaft.

Holzapfel, W., Umlegungsordnung. Taschenformat. 144 Seiten. 1921. (Guttentagsche Sammlung Preußischer Gesetze Bd. 60.) . . RM. 1.80

„Holzapfel, der hervorragende Kenner der Auseinandersetzungsgesetze, erläutert die Vorschriften der Umlegungsordnung in seiner scharfsinnigen Art in durchaus erschöpfender Weise und gibt in diesen Erläuterungen ein außerordentlich anschauliches Bild von der Umlegung der Grundstücke. Das Buch ist auch für Laien leicht und gut verständlich und kann jedem, der für die Umlegung Interesse hat, zur Benutzung angelegentlich empfohlen werden."
Preußisches Verwaltungsblatt.

Holzapfel W., Gesetz über Landeskulturbehörden. Taschenformat. 176 Seiten. 1919. (Guttentagsche Sammlung Preußischer Gesetze Bd. 57.) Geb. RM. 2.—

„Der Titel gibt den Inhalt des Werkchens vollständig an, hinzuzufügen ist aber, daß die Erläuterung, die umfangreich und eingehend ist und der praktischen Handhabung des Gesetzes Schritt für Schritt folgt, aus der Feder eines Mannes herrührt, der durch seine sachliche Qualifikation als gründlicher Kenner der Materie für eine zuverlässige

Führung die größte Gewähr bietet. Dankenswert ist die Gründlichkeit der im bescheidenen Rahmen geleisteten Arbeit."
Verwaltungs-Archiv.

Kollenscher, M., Rechtsverhältnisse der Juden in Preußen. Taschenformat. VIII, 199 Seiten. 1910. (Guttentagsche Sammlung Preußischer Gesetze Bd. 45.) . . . . RM. 2,40

„Eine zusammenfassende, erschöpfende Darstellung der in den verschiedensten Quellen zerstreuten zahlreichen Judengesetze und Verordnungen. Jede Synagogengemeinde und jeder, der sich mit jüdischen Angelegenheiten beschäftigt, müßte dieses Buch besitzen."
Jüdische Rundschau.

3. Steuerrecht

Nieberl, A., Reichsabgabenordnung vom 13. Dezember 1919 nebst Einführungsverordnung vom 18. Dezember 1919 und Übergangsverordnung vom 11. Oktober 1921. Textausgabe mit Anmerkungen und ausführlichem Sachregister. Zweite, neubearbeitete Auflage. Taschenformat. 1927. (Guttentagsche Sammlung Deutscher Reichsgesetze Bd. 143.) . . . . Geb. RM. 12.—

„Die Darstellung ist leicht verständlich und klar. Das Sachregister ist gründlich bearbeitet. Jedenfalls wird das Buch, das einen mit der praktischen Handhabung der RAbgO. vertrauten Verfasser erkennen läßt, nicht nur den Steuerbeamten, sondern auch dem rechtsuchenden Publikum und seinen Beratern ein willkommener guter Führer auf diesem Gebiet sein." Juristische Wochenschrift.

Michaelis, Richard, **Die Dritte Steuernotverordnung** vom 14. Februar 1924. Mit besonders ausführlicher Berücksichtigung der Vorschriften über die Aufwertung und die öffentlichen Anleihen. Taschenformat. VIII, 388 Seiten. 1924. (Guttentagsche Sammlung Deutscher Reichsgesetze Bd. 157.) . . . . Geb. RM. 7.—

„Ganz besonders zu rühmen ist der Kommentar von Michaelis, der dank seiner eingehenden und gründlichen Bearbeitungsweise erheblichen Einfluß auf die Praxis gewonnen hat." Juristische Wochenschrift.

Hollaender, Adolf, **Einkommensteuergesetz und Körperschaftsteuergesetz** nebst den zugehörigen Aus- und Durchführungsbestimmungen, Verordnungen und Erlassen. Taschenformat. XXXIX, 697 Seiten. 1926. Mit Nachtrag. 1928. (Guttentagsche Sammlung Deutscher Reichsgesetze Bd. 151.) . . . . Geb. RM. 24.—

„Das auf die Bedürfnisse der Praxis abgestellte und ihnen gerecht werdende Buch wird jedem gute Dienste leisten, der sich handelnd oder leitend auf dem äußerst unsicheren, ohne Hilfsmittel überhaupt nicht begehbaren Boden der heutigen Einkommensteuer zurechtfinden muß." Juristische Rundschau.

Pick, Reichsbewertungsgesetz. Textausgabe mit Anmerkungen.
In Bearbeitung.

Wrzeszinski, Richard, und **Simon,** H. Veit, **Vermögenssteuergesetz und Reichsbewertungsgesetz.** Kommentar . . . . . . In Bearbeitung.

Schachian, Herbert, **Erbschaftsteuergesetz,** Fassung vom 22. August 1925, mit Anmerkungen. Vierte Auflage. Oktav. 65 Seiten. 1926. RM. 2.50

„Eine vollständige Darstellung des Erbschaftssteuerrechts und der zugrunde liegenden bürgerlich-rechtlichen Vorschriften des Erbrechts. Als wissenschaftliche und praktische Leistung steht der klar und scharf geschriebene Kommentar in vorderster Reihe unter seinen Rivalen; er ist als Wegweiser besonders zu empfehlen."
Juristische Wochenschrift.

Hoffmann, U., **Die preußischen Erbschaftsteuergesetze.** Taschenformat. 561 Seiten. 1905. (Guttentagsche Sammlung Preußischer Gesetze Bd. 20.) . . . . RM. 3.—

Lindemann, Otto, **Umsatzsteuergesetz** (neueste Fassung) mit Ausführungsbestimmungen. Vierte, vermehrte und verbesserte Auflage. Taschenformat. 518 Seiten. 1926. (Guttentagsche Sammlung Deutscher Reichsgesetze Bd. 132.) . . . . Geb. RM. 10.—

„Es handelt sich um einen ausführlichen, gediegenen und klar abgefaßten Kommentar, der den weiteren Vorzug besitzt, auf dem laufenden zu sein. Das Werk kann allen Interessenten nur warm empfohlen werden." Industrie- und Handelszeitung.

Meyer, E. H., **Gesetzgebung über Steuer- und Kapitalflucht.** Zweite Auflage. Taschenformat. 129 Seiten. 1921. (Guttentagsche Sammlung Deutscher Reichsgesetze Bd. 145.) . . . . Geb. RM. 1.60

„Das Büchlein enthält den Text der einschlagenden vier Gesetze samt den vier Verordnungen gegen die Kapitalabwanderung bzw. Kapitalflucht, eine kurze Übersicht über den Inhalt der Gesetze und sehr knapp gehaltene Anmerkungen. Sein Wert liegt in der handlichen Zusammenfassung der einschlagenden Vorschriften."
Juristische Wochenschrift.

Lindemann, Otto, **Grunderwerbsteuergesetz** (neueste Fassung) mit den Ausführungsbestimmungen. Zweite, völlig umgearbeitete Auflage. Taschenformat. 186 Seiten. 1926. Mit Nachtrag 1927. (Guttentagsche Sammlung Deutscher Reichsgesetze Bd. 139.) . . . . Geb. RM. 4.—

„Das Buch wird manchem in den mannigfachen Streitfragen des in der Praxis sehr einschneidenden Gesetzes ein willkommener Ratgeber sein. Die Erläuterungen zeichnen sich durch Klarheit und Gemeinverständlichkeit im besten Sinne aus." Württembergische Industrie.

Hagelberg, E., und **Krämer,** L., **Grunderwerbsteuergesetz** vom 12. September 1919 (RGBl. S. 1617) in der Fassung des Gesetzes vom 11. März 1927 (RGBl. I S. 72) nebst Einleitung, Sachregister und Ausführungsbestimmungen und der einschlägigen Vorschriften des Finanzausgleichs-Steuermilderungsgesetzes und Steuerstrafrechts. Für die Praxis erläutert. Zweite, völlig umgearbeitete und erweiterte Auflage. 1928. Groß-Oktav. 355 Seiten . . . . Geb. RM. 15.—

„Die verhältnismäßige Kürze ihrer Erläuterungen bei großer Vollständigkeit ist zu rühmen. Das Buch ist nicht nur für den Juristen, sondern auch für den gebildeten Laien, namentlich Grundstücksmakler und Hausbesitzer, von großem, praktischen Wert."
Zeitschrift d. Deutsch. Notarvereins.

Hagelberg, E., und **Krämer,** L., **Wertzuwachssteuerrecht.** Kommentar. Groß-Oktav. 256 Seiten. 1929 . . . . . RM. 12.—, geb. RM. 13.50

Die Verfasser kommentieren die neue Wertzuwachssteuerordnung für Berlin und die preußische Mustersteuerordnung. Ihr Buch ist ein Leitfaden für die Steuerpflichtigen und ihre Rechtsberater und die mit der Wertzuwachssteuer befaßten Behörden. Es stellt die rechtliche und wirtschaftliche Bedeutung der Bestimmungen klar: Die Rechtsprechung des Preußischen Oberverwaltungsgerichts wurde erschöpfend berücksichtigt. Auch Spezialfragen wie die Aufwertung und das Schwarzkaufwesen wurden behandelt.

Hoepker, Heinrich, **Die Industriebelastungsgesetze** vom 30. August 1924 nebst den Durchführungsbestimmungen zum Gesetz über die Industriebelastung. Taschenformat. XV, 200 Seiten. 1925. Mit Nachträgen. (Guttentagsche Sammlung Deutscher Reichsgesetze Bd. 159.)
Geb. RM. 4.—

„Die Anmerkungen sind erschöpfend und führen den Leser mit Geschick in die schwierige und neue Materie ein. Rechtsanwälte sowie

Kaufleute, für welche die Industriebelastung in Frage kommt, werden das mit einem guten Sachregister ausgestattete Werk mit gleichem Nutzen gebrauchen!“ Industrie- und Handels-Zeitung.

von Lympius, W., von Elbe, K., **Das Kommunalabgabengesetz und das Kreis- und Provinzialabgabengesetz.** Dargestellt in der Rechtsprechung des Oberverwaltungsgerichts. Groß-Oktav. X, 440 Seiten. 1930. RM. 22.50, geb. 24.—

Mit diesem Buch ist eine ganz auf die Praxis zugeschnittene Erläuterung der preußischen Kommunal-, Kreis- und Provinzialabgabengesetze geschaffen. Bei der großen Bedeutung, die bei der Anwendung dieser Gesetze die Rechtsprechung der Verwaltungsgerichte hat, ist für die praktische Arbeit der vielfachen Verwaltungsstellen eine besondere Darstellung dieser wichtigen Rechtsgebiete nach dem letzten Stand der Rechtsprechung bereits seit langem notwendig. Die Verfasser haben die Erläuterung der einzelnen Paragraphen lediglich auf die Entscheidungen (auch die nichtveröffentlichten) des Oberverwaltungsgerichts gestützt und sie besonders ausführlich und übersichtlich gehalten.

Eiffler, Kurt, **Staatliche Verwaltungsgebühren.** Gesetz über staatliche Verwaltungsgebühren vom 29. September 1923 nebst Gebührenordnungen und Ausführungsbestimmungen. Taschenformat. 192 Seiten. Mit Nachtrag. 1925. (Guttentagsche Sammlung Preußischer Gesetze Bd. 61.) Geb. RM. 6.—

„Das Buch ist für alle preußischen staatlichen und kommunalen Behörden unentbehrlich.“ Deutsches Beamtenarchiv.

Loeck, P., und **Eiffler,** K., **Preußisches Stempelsteuergesetz** mit den gesamten Ausführungsbestimmungen. Unter besonderer Berücksichtigung der Entscheidungen der Verwaltungsbehörden und der Gerichte herausgegeben. Zehnte, neubearbeitete Auflage. Taschenformat. 476 Seiten. 1928. (Guttentagsche Sammlung Preußischer Gesetze Bd. 18.) Geb. RM. 13.—

„Die zahlreichen Auflagen zeugen für die Güte und praktische Brauchbarkeit des Buches, das durch den von Eiffler hinzugefügten Anhang auf den gegenwärtigen Rechtsstand gebracht ist.“ Finanz-Ministerialblatt.

Lebbin, Georg, **Nahrungsmittelgesetze** mit Erläuterungen. Zweite, stark vermehrte Auflage in zwei Bänden.
Zweiter Band: **Getränkegesetze und Getränkesteuergesetze** (Wein, Bier, Branntwein, Mineralwasser). Unter Mitarbeit von Rechtsanwalt Dr. Kniebe. Taschenformat. XII, 400 Seiten. 1926. (Guttentagsche Sammlung Deutscher Reichsgesetze Bd. 54b.) . . . . . . Geb. RM. 10.—

„Die wichtigsten Gesetze sind eingehend kommentiert und so vollständig ergänzt, daß die Sammlung als unentbehrliches Hilfsmittel, wie es in dieser Art bislang noch fehlte, für den Sachbearbeiter bei Behörden und Verbänden sowohl als auch für den Kaufmann der Branche zu begrüßen ist.“ Württembergische Wirtschafts-Zeitschrift.

Wündisch, Friedrich, **Das Tabaksteuergesetz** vom 12. September 1919 nebst den Ausführungsbestimmungen vom 26. Februar 1920. Taschenformat. 286 Seiten. 1920. Mit Nachtrag 1925. (Guttentagsche Sammlung Deutscher Reichsgesetze Bd. 146.) . . . . Geb. RM. 4.—

„Endlich ein Kommentar zum Tabaksteuergesetz! Die Ausgabe kommt den Wünschen der Praxis nach einer erschöpfenden Darstellung des neuen Gesetzes in umfassender Weise entgegen. Das Buch bildet eine ausgezeichnete Informationsquelle für alle Fragen, die in der Praxis vorkommen.“ Deutsche Tabak-Zeitung.

VII. Entscheidungs-Sammlungen und Zeitschriften.

Entscheidungen des Reichsarbeitsgerichts. Herausgegeben von den Mitgliedern des Reichsarbeitsgerichts. Oktav.
Band I. 1928. Band II. 1928/29. Band III. 1929. Band IV. 1929/30. Band V u. VI. 1930 . . . . Je RM. 6.50, geb. RM. 8.—

Entscheidungen des Reichsgerichts. Herausgegeben von den Mitgliedern des Gerichtshofes u. d. Reichsanwaltschaft. Oktav. (2 Sammlungen.)

1. **Entscheidungen in Zivilsachen.** (Werden in Heften im Umfange von etwa 5 bis 6 Bogen sowie in vollständigen Bänden, geheftet und gebunden, ausgegeben. Jährlich 4 Bände.) 1.—129. Band.
Je RM. 6.50, geb. RM. 8.—

2. **Entscheidungen in Strafsachen.** (Werden in Heften im Umfange von 5 bis 6 Bogen sowie in vollständigen Bänden, geheftet und gebunden, ausgegeben. Jährlich 1 Band.) 1.—64. Band. Je RM. 6.50, geb. RM. 8.—

Schiedsgericht für Oberschlesien. Trybunal Rozjemczy dla Górnego Slaska. Amtliche Sammlung von Entscheidungen des Schiedsgerichts für Oberschlesien, veröffentlicht gemäß der Bestimmung des Art. 592 des Genfer Abkommens vom 15. Mai 1922. Zbiór urzedowy orzeczeń Trybunalu Rozjemczego dla Górnego Śląska ogloszony wedle postanowienia art. 592 Konwencji Genewskiej z dnia 15 maja 1922r. Oktav. Band I. Tom. I. Nr. 1/2. 129 Seiten. 1929.
Pro Band RM. 12.—

Diese amtliche Sammlung veröffentlicht Entscheidungen des Schiedsgerichts für Oberschlesien, soweit sie von grundsätzlicher Bedeutung sind, in deutscher und polnischer Sprache. Die veröffentlichten Entscheidungen sind insofern für alle Gerichte und Verwaltungsbehörden von besonderer Bedeutung, als sie für sie bindend sind und jede Abweichung dem Schiedsgericht zur Entscheidung vorzulegen ist.

Zeitschrift für die gesamte Strafrechtswissenschaft. Gegründet von Fr. von **Liszt** und **A. Dochow.** Unter ständiger Mitarbeiterschaft hervorragender Fachmänner herausgegeben von Prof. Dr. K. **von Lilienthal,** Prof. Dr. Ed. **Kohlrausch** und Prof. Dr. W. **Gleispach.** Der Jahrgang besteht aus 8—9 Heften. Quart.

Bd. 1—43. 1881—1922. Je RM. 15.—. Bd. 44. 1922. RM. 25.—.
Bd. 45. 1924. RM. 21.—. Bd. 46—49. 1925—1929. Je RM. 30.—. Bd. 50. 1929/30. RM. 36.—.

Juristische Rundschau. Herausgegeben von Otto **Lindemann,** Ministerialdirektor, Geh. Oberjustizrat, Berlin, Dr. Friedrich **Flad,** Senatspräsident beim Reichsgericht, Leipzig, Fritz **Hartung,** Ministerialrat im preußischen Justizministerium, Berlin, und

Höchstrichterliche Rechtsprechung. Herausgegeben von Eugen **Friedrichs,** Oberlandesgerichtsrat, Naumburg a. d. S., Dr. Albert **Feisenberger,** Reichsanwalt, Leipzig, Benno **Mugdan,** Kammergerichtsrat i. R., Geh. Justizrat, Berlin. — Erscheint am 1. und 15. jeden Monats.
Jahrgang 1930. Vierteljährlich RM. 7.50, Einzelheft RM. 1.50
Beilage „Höchstrichterliche Rechtsprechung" einzeln vierteljährlich 5.—

Judicium. Vierteljahresschrift für die gesamte Zivilrechtspflege. Unter ständiger Mitarbeit von J. Goldschmidt (Berlin), H. Lehmann (Köln), R. Pollak (Wien), L. Rosenberg (Gießen), H. Walsmann (Rostock) herausgegeben von W. **Kisch** (München), H. **Lucas** (Berlin), A. **Mendelssohn-Bartholdy** (Hamburg), M. **Pagenstecher** (Hamburg),

J. D. **Sauerländer** (München), H. **Sperl** (Wien), E. **Volkmar** (Berlin). Vierteljährlich erscheint 1 Heft. Der Jahrgang beginnt am 15. November. 2. Jahrgang 1929/30. (Friederichsen, de Gruyter & Co. m. b. H., Hamburg 36.) . . . . RM. 24.—

Zeitschrift für ausländisches öffentliches Recht und Völkerrecht. Im Auftrage des Instituts für ausländisches öffentliches Recht und Völkerrecht herausgegeben von Dr. Viktor **Bruns**, Professor an der Universität Berlin, Leiter des Instituts. Lexikon-Oktav.

Band I, Teil 1: Abhandlungen. XXVIII, 657 Seiten. 1929. RM. 43.—

Band I, Teil 2: Urkunden. XVI, 858 Seiten. 1929 . . . RM. 54.—

Der neuen Zeitschrift für ausländisches öffentliches Recht und Völkerrecht ist es als Aufgabe gesetzt, die wichtigsten, die Wissenschaft und die Praxis beschäftigenden Probleme des Völkerrechts und des außerstaatlichen öffentlichen Rechts zu behandeln. Sie wird zu all diesen Fragen eingehend Stellung nehmen und über alle wichtigen Ergebnisse der Gesetzgebung und der Rechtsprechung auf diesem Gebiete im In- und Ausland eingehend berichten. Der I. Jahrgang der Zeitschrift wird in zwei Bänden herausgegeben; künftig erfolgt das Erscheinen vierteljährlich.

Zeitschrift für ausländisches und internationales Privatrecht. Herausgegeben in Gemeinschaft mit Ernst **Heymann**, Heinrich **Titze**, Martin **Wolff**, ordentliche Professoren an der Universität Berlin, wissenschaftliche Berater des Instituts, Max **Pagenstecher**, o. Professor an der Universität Hamburg, Franz **Schlegelberger**, Ministerialdirektor im Reichsjustizministerium, Honorarprofessor an der Universität Berlin, von Ernst **Rabel**, o. Professor an der Universität Berlin, Direktor des Instituts Jährlich 6 Hefte im Umfang von etwa 65 Bogen.

Preis des vierten Jahrganges RM. 54.—

Sonderhefte: **Die deutsche Rechtsprechung auf dem Gebiete des internationalen Privatrechts in den Jahren 1926 und 1927.** 1928. RM. 8.—
do. **im Jahre 1928.** 1930 . . . . RM. 11.—

Zeitschrift für Bergrecht. Bis zu seinem Tode herausgegeben von dem Wirkl. Geh. Rat, Berghauptmann a. D. Dr. jur. H. Brassert. Redigiert und herausgegeben von den rechtskundigen Ministerialräten der Bergabteilung des Preußischen Ministeriums für Handel und Gewerbe. Jährlich ein Band von mehreren Heften. Die Hefte erscheinen in zwangsloser Folge. 1928/29. RM. 20.—, Jahrgang 70. 1929. RM.20.—
Jahrgang 71, Heft 1/2. 1930 . . . . RM. 11.—

Zeitschrift für das gesamte Luftrecht (ZLR.). Herausgegeben von weiland Dr. jur. Otto **Schreiber**. Erscheint in Bänden zu je vier Heften.

Band I. 1926/28 . . . . RM. 50.—, geb. RM. 55.—

Band II, Heft 1 . . . . RM. 10.—

Bank-Archiv. Zeitschrift für Bank- und Börsenwesen. Unter Mitwirkung von hervorragenden Fachmännern herausgegeben von Geh. Justizrat Prof. Dr. **Rießer**, Berlin. Schriftleitung: Rechtsanwalt Otto **Bernstein**, geschäftsführendes Mitglied des Centralverbandes des Deutschen Bank- und Bankiergewerbes. Quart. Jährlich 24 Nummern. XXX. Jahrgang. 1930/31 . . . . Pro Halbjahr RM. 12.—

FSC
www.fsc.org
MIX
Papier | Fördert
gute Waldnutzung
FSC® C083411

Kolibri 360 GmbH
Ferdinand-Jühlke-Straße 7
99095 Erfurt, Deutschland
produktsicherheit@kolibri360.de